# IM AUGENBLICK DIE WAHRHEIT

Herausgegeben von Thomas Schröder

Frankfurter Allgemeine Magazin

# IM AUGENBLICK DIE WAHRHEIT

Die großen
Porträt-Inszenierungen
von Serge Cohen
Gestaltet von
Hans-Georg Pospischil

Keyser

Redaktion Christopher Schwarz
Layout Peter Breul

*Zu Serge Cohens Foto-Kunst*

# DAS BILDNIS IST EIN ABENTEUER

*Von Wilfried Wiegand*

Als eine Offenbarung wurde von der französischen Presse gefeiert, was 1987 aus Anlaß des Internationalen Foto-Festivals im Musée Réattu zu Arles gezeigt wurde: eine Serge Cohen-Ausstellung mit Farbaufnahmen aus dem „Frankfurter Allgemeine Magazin". Verblüfft notierten die französischen Kritiker, daß dieser makellose Meister der Magazinfotografie ein Star in Deutschland ist und ein Unbekannter in seinem Heimatland, in Frankreich.

Mit Ausnahme von Helmut Newton und Robert Mapplethorpe ist vom deutschen Publikum in den letzten Jahren vermutlich kein anderer Fotograf mit solch verblüfftem Erstaunen wahrgenommen, mit solch neidlosem Respekt bewundert und mit solch zäher Skepsis auch immer wieder diskutiert worden wie Serge Cohen. Was die drei Fotografen verbindet und zu bevorzugten Gegenständen neugieriger Aufmerksamkeit macht, ist offenkundig: Sie scheuen sich nicht, jeder auf seine Weise, ihr Publikum zu verblüffen, ja zu provozieren. Alle drei sind sie Künstler, die kein Tabu zu respektieren scheinen. Bei Newton und Mapplethorpe sind es erotische Tabus, aber welches wäre es bei Serge Cohen? Es ist ein Tabu der Ästhetik. Seinen Porträtaufnahmen, wenn sie denn kritisch diskutiert werden, gilt immer nur der eine Vorwurf: daß der Fotograf ein allzu freies Spiel mit den Dargestellten treibe, daß er sie zu Objekten degradiere, sie in Opfer seiner Inszenierungskunst verwandle, daß er also den eigentlichen Auftrag des Porträts verrate, das innerste Wesen des Porträtierten zum Ausdruck zu bringen.

Dieser Vorwurf ist falsch. Zutreffend daran ist allenfalls die Beobachtung, daß Serge Cohen die Dargestellten in Rollen vorführt, die nicht sie sich ausgedacht haben, die vielmehr seiner Phantasie entsprungen sind. Nehmen wir eine seiner sensationellsten Bilderfolgen: George Tabori. Sie zeigt den Theatermann unter anderem, frei nach einem berühmten Chagall-Gemälde im Centre Pompidou, als jüdischen Bräutigam, auf einem anderen Bild gar mit einem nackten Modell im Sarge liegend. Es ist verständlich, daß sich mancher fragt, was derlei mit Taboris Lebenslauf und Lebensleistung, mit seinem Charakter, mit seiner Persönlichkeit zu tun haben soll.

Aber je genauer wir fragen, desto deutlicher wird, wie sehr auch solche Motive mit ihm zu tun haben könnten. Sind Tod, Überleben, Judentum nicht gerade entscheidende Stichworte seiner Biographie? Und wer wollte bestreiten, daß ein Theatermann gerade durch eine fotografische Inszenierung angemessen dargestellt wird? Selbst eine Bilderfolge wie diese, so sehr sie auch auf den Verblüffungseffekt, ja auf den blasphemischen Schock abzielen mag, erweist sich also keineswegs als ein freies oder gar beliebiges Spiel mit dem Gegenstand. Serge Cohen, das ist wohl wahr, inszeniert für den Porträtierten einen Auftritt, er macht ihn gleichsam zum Schauspieler in einem Stück von Serge Cohen, aber die visuellen Stichworte, die er dem Hauptdarsteller zuflüstert, sind alle auf diesen bezogen, haben auf intimste Weise mit ihm zu tun, könnten geradezu Kapitelüberschriften sein aus dessen Biographie.

Cohens Einfälle sind nicht willkürlich, sondern das Ergebnis einer intensiven Auseinandersetzung mit dem Porträtierten. Wer mit Serge Cohen zusammengearbeitet hat, kennt seine extreme Gewissenhaftigkeit. Kein Porträtierter, über den er sich nicht vorher systematisch informiert hätte. Verfehlt wäre freilich die Vermutung, er würde aus dieser intensiven Beschäftigung, dieser pausenlosen Grübelei etwa einen fertigen Plan entwickeln, der dann mit der Kamera nur noch realisiert werden müßte. Seine Aufnahmen sind keine Illustrationen vorgefaßter Ideen. Das Ergebnis seiner ausführlichen Beschäftigung mit der darzustellenden Person ist oft nur ein einziger visueller Anknüpfungspunkt, der zudem nur zögernd ins Auge gefaßt wird, denn ob er sich überhaupt verwenden läßt, wird sich erst in der Praxis entscheiden. Die Nervosität des Dargestellten, unerwarteter Zeitdruck, ein überraschendes Ambiente, ungünstige Lichtverhältnisse: Derlei reicht schon aus, um jede vorgefaßte Bildvorstellung zu vernichten. So ist jeder Fototermin im Grunde der Beginn einer völlig neuen Arbeit, vom Nullpunkt an, und da kaum jemals einer der Porträtierten so viel Zeit hat, wie Serge Cohen nur zu gerne in das Fotografieren gerade dieses einen Menschen investieren würde – deshalb entsteht jedesmal aufs neue eine Situation der höchsten Anspannung, der abgründigen Ängste, des riskanten Improvisierens.

Jene kleinen Zufälligkeiten, die schließlich bei der Begegnung mit dem Dargestellten, Auge in Auge mit den Imponderabilien von Raum und Zeit, alle vorgefaßten Pläne zunichte machen können, liefern andererseits oft erst das entscheidende visuelle Stichwort. Im entscheidenden Moment, wenn Cohens Phantasie eine Lösung finden muß, läßt er sich nicht von der Routine helfen, sondern er vertraut dem Eindruck, den er vom Porträtierten gewonnen hat: Mehr als sich selbst vertraut er dem anderen.

Die Ansicht, das Rollenspiel vor der Kamera verfehle den eigentlichen Sinn des Porträts, gehört zu jenen Theorien, die von der Praxis längst widerlegt wurden. Ein kurzer Blick auf die Fotografiegeschichte genügt, um zu erkennen, daß viele große Meister gerade das Rollenspiel vor der Kamera gefördert haben. Es ist eine Möglichkeit, dem Porträtierten die Furcht zu nehmen vor dem gnadenlosen Maschinenauge der Kamera, ihn zu bewahren vor dem quasi wissenschaftlichen Dokumentieren seiner bloß äußerlichen Kennzeichen.

Das Rollenspiel, wie Serge Cohen es fordert, verlangt viel. Ohne Zweifel bringt es so manchen an eine Grenze seines Verhaltens. Solch seelische Belastung aber fördert erst die wahrhaft unzerstörbaren Charaktereigenschaften zutage, macht die Persönlichkeit sichtbarer, der durch die Rolle zwar ein neuer Schutz geboten, dafür aber jener genommen wird, den das konventionelle Alltagsverhalten bietet. Und es gibt, anders als bei Porträtaufnahmen der gewohnten Art, in Cohens Inszenierungen auch niemals die schützenden Konventionen einer wie auch immer gearteten visuellen Rhetorik. Cohen zeigt gelegentlich Posen, überdeutlich etwa bei Paloma Picasso, aber es sind gespielte, eben überdeutliche Posen. Serge Cohens Fotokunst ist das Ergebnis eines Kampfes gegen die Klischees des Metiers.

Sein beruflicher Werdegang war lang, schwer, voller Abzweigungen. Der 1951 in Frankreich geborene Fabrikantensohn hat, abgesehen von einer halbjährigen Assistentenzeit bei Daniel Frasnay in Paris, seinen Weg zur Fotografie als Autodidakt gefunden. Er hat in manchem Aushilfsberuf arbeiten, als nimmermüder Fotograf manch demütigende Zurückweisung einstecken müssen, ehe ihm nach einigen Schwarzweiß-Aufträgen im Feuilleton der „Frankfurter Allgemeinen Zeitung" von deren Magazin die Chance geboten wurde, seine so lange unterdrückte Begabung weiträumig zu entfalten. Zufällig übrigens ist das Zusammentreffen Serge Cohens ausgerechnet mit diesem Magazin nicht. Denn Serge Cohen wollte unbedingt dorthin, wo der von ihm bewunderte Art-Director Willy Fleckhaus tätig war. Und Willy Fleckhaus, der überstrenge Ästhet, der seine stilbewußte Layout-Ästhetik nicht allzu gern durch fremde, unbekannte Fotografen in Frage stellen ließ – was sagte er, als er zum ersten Mal Fotos von Serge Cohen ansah? „Das ist endlich jemand, der in meinem Sinne arbeitet."

Cohen, der mehrere Jahre in Köln verbracht hatte, seine erste Bildergeschichte im F.A.Z.-Magazin 1982 veröffentlichte, ist inzwischen dessen festangestellter Redaktionsfotograf. Sein Wohnsitz ist wieder in jener Stadt, wo er den ersten Kontakt zur „Frankfurter Allgemeinen Zeitung" fand: Paris. Wiewohl Cohen auch hervorragende Architekturfotos, Landschaften und Reportageszenen veröffentlicht hat, ist die inszenierte Porträt-Sequenz inzwischen doch zu seiner Spezialität geworden. Viele der von ihm Porträtierten verdanken ihm das eine, das entscheidende Bild, das sich seitdem in den Köpfen festgesetzt hat, als wäre es ein offizielles Bildnis. Das gilt beispielsweise für Fernando Botero mit der Schlange, für Arnold Newman mit dem fotografierten Auge, für Brooke Shields in ihrem Laokoon-Kampf mit der eigenen Schönheit. Es sind Bilder, die, festgemacht wie mit Widerhaken, in unserem Bewußtsein haften, die allesamt die Chance haben, die optische Inflation unserer Zeit zu überleben. Das ist eine Leistung, die nur ganz wenigen Fotografen gelingt. Und sie gelingt ihm nur, weil er – wie ein Eroberer, der die Schiffe hinter sich verbrennt – sein Metier jedesmal aufs neue als ein radikales Abenteuer begreift. Trotz der atemberaubenden Kombinatorik des Surrealismus, trotz der neuartigen Bilderwelten von Film und Mode, von Werbung und Videoclip, trotz einer unentwegten Überproduktion von visuellen Reizen – trotz alledem sind noch längst nicht alle Bilder erfunden, die es zu erfinden gilt: Das ist die befreiende, die optimistisch in die Zukunft gerichtete Botschaft, die in diesen Jahren von der neuen Architektur und der jungen Malerei ebenso verkündet wird wie von der Bühnenkunst eines Robert Wilson, von der Magazinfotografie eines Serge Cohen.

Bei der fotografischen Arbeit ist er nicht allein. Serge Cohen mit seiner Freundin, porträtiert von Abe Frajndlich

„Ich entschloß mich, aufzuhören, ein Künstler zu werden“: Jasper Johns, der Gentleman auf dem Kunstmarkt

Leicht auf seinen Stock gestützt, wirkte der Mann in feierlichem Schwarz als der ruhende Pol in der schwirrenden Menschenmenge. Mit der sowohl ihm als auch der Situation angemessenen Würde, mit einer Prise Schelm hinter diskretem Ernst nahm Jasper Johns die Huldigungen der feinen Gesellschaft entgegen. In schwarze Anzüge und strahlende Roben gekleidet, eröffneten an jenem Abend die New Yorker im Museum of Modern Art eine große Retrospektive seiner Lithographien. Wissend, daß der Erfolg nur ein milder Hauch im reinigenden Sturm der Zeitalter ist, schenkte er mit der Heiterkeit eines Philosophen dem Festgezwitscher Gehör. Ein paar Meter vom Trubel entfernt, in den längst geschlossenen, stillen Hallen des Museums, flackerten über

*Von Angelika Heinick*

„Ein Bild ist nie fertig, es kommt ein Punkt, an dem ich aufgeben muß“: Jasper Johns setzt Zeichen mit seinen Handabdrücken

„Manchmal sehe ich es und male es dann, manchmal male ich es und sehe es dann“: Jasper Johns sucht nach dem Bild an sich

schwarzen Zypressen angstvoll die Sterne in der grausamen Nacht jenes Malers, der sein Lebtag kein Bild verkauft hat.

Der Mann, dessen Werke die höchsten je bei Lebzeiten eines Künstlers gezahlten Preise erzielen, scheint jedoch weitab vom Rummel des Kunstjahrmarkts ein stilles, arbeitsames Außenseitertum vorzuziehen. So sehr, daß er immer versucht hat, sich hinter seinem Werk zu verbergen und Persönliches aus ihm fernzuhalten oder zumindest unkenntlich zu machen. Dieses scheinbar Unpersönliche charakterisiert sein Werk schon jetzt als klassisch, es verleiht ihm seine hohe Individualität.

Als Jasper Johns seine Karriere begann, hatten Jackson Pollock und Franz Kline, an der Spitze des abstrakten Expressionismus, in einem gewaltigen Energieausbruch aus den Tiefen ihres Unbewußten ihr Leben wahrhaft aufs Papier geschleudert. Bei Johns findet man jedoch kaum eine Spur dieses „automatischen", fast schamanischen Vorstoßes an die Grenzen der Schöpfungskraft. Immer wollte er seine Kreation einzigartig, wollte mit jeder Verbindung zum Dagewesenen brechen. Er ging bis zur Zerstörung aller seiner früheren Collagen, die noch in seinem Besitz waren, als Kritiker diese Arbeiten mit denen von Kurt Schwitters verglichen. Er entschloß sich, „aufzuhören, ein Künstler zu werden und ein Künstler zu sein". Dennoch verschweigt Johns nicht die Namen großer Vorgänger, die ihn beeindruckt und beeinflußt haben: Cézanne, Picasso und Duchamp, dessen Freund er wurde.

Zuweilen wurde ihm die Vaterschaft der Pop-art untergeschoben, was jedoch, wie sein Entdekker Leo Castelli bemerkt, nur aus der Sicht der Popkünstler mit Einschränkung richtig ist: Allenfalls mag sie seine Art und Weise inspiriert haben, wie er gewisse Objekte aus ihrem Zusammenhang isoliert und sie zur Grundlage von Bildern macht. Seine mathematisch strenge Verarbeitung dieser sorgfältig ausgewählten Objekte hat jedoch nichts gemein mit dem hektischen, medienwirksamen Getöse der Konsumgegenstände, das über die sechziger Jahre hinwegfegte. Nicht als Auswurf des Konsum- und Ideologierausches, sondern aufgrund ihrer klaren Einfachheit bieten Strukturen wie die der amerikanischen Flagge und der Zielscheibe oder Objekte wie die mit Pinseln bestückte Kaffeedose eine Basis für Gedanken und Entwicklungen. „Die Benutzung des Designs der amerikanischen Flagge nahm mir eine große Arbeit ab, denn ich brauchte es nicht mehr zu zeichnen. Dasselbe gilt für die Zielscheibe – es sind Dinge, die der Geist schon kennt. Das gibt mir Raum, auf anderen Ebenen zu arbeiten." Seine Flaggen sind keine exakten Kopien des Originaldesigns und nehmen damit eher Abstand von seiner Symbolik. Der oft unfertig gelassene untere Bildrand weist darauf hin, daß es sich nicht um eine reine Darstellung alltäglicher Objekte handelt, sondern um Gemälde, die sich auf deren Struktur gründen. Ihrer Alltäglichkeit wegen werden diese Objekte, so Jasper Johns, „gesehen, aber nicht angeschaut".

Das New Yorker Atelier liegt nicht weit vom Greenwich Village am Rande der Lower Eastside, einer heute verarmten Gegend. Vormals eine Bank, bietet das Gebäude den abwehrenden Anblick einer Festung. Beim Eintreten in den hellen, großen, hohen Raum verfliegt der ungemütliche Eindruck sofort – der Hausherr und die alte Hündin begrüßen den Besucher gleichermaßen herzlich. Nur der durchdringende Blick von Jasper Johns wirkt beunruhigend.

Im Gegensatz zu vielen Künstlern scheint es Jasper Johns nicht zu stören, wenn man ihn beim Arbeiten beobachtet. Ihn „anschauend" läßt er den Gesprächspartner lange warten, bevor er antwortet oder mit zurückgeworfenem Kopf schallend lacht. Denn der Mann mit dem tragischen Zug im Gesicht, hat einen sehr lebendigen Humor. Als bescheidener Besucher ist man überrascht, daß dieser in ein Mysterium gehüllte Mensch plötzlich da ist, einen anguckt und sich beim Sprechen viel Zeit nimmt. Mit dem Charme des Gentleman gibt er seinem Gast das Gefühl, ihm ganz zur Verfügung zu stehen. Sobald er sich der Arbeit zuwendet, nimmt er ihn allerdings nicht mehr wahr.

In seiner Bank, von der Außenwelt abgeriegelt, kämpft er, von seinen Ideen besessen, um deren Verwirklichung. Oft half ihm der Umweg über die lithographischen Werkstätten, in denen ein wichtiger, eigenständiger Teil seines Werks entstanden ist. Die Lithographie interessiert ihn weniger als Ausdrucksmittel denn als technisches Experiment. Sie ist ein Medium, das neue Perspektiven öffnet: „Die Wartezeiten zwischen den Arbeitsgängen bringen Ideen hervor, und man möchte sie nutzen." Jasper Johns, auch wenn er oft nur ein Gemälde im Jahr fertigstellt, arbeitet gerne zügig voran – er verordnet sich fruchtbare Denkpausen.

Bilder wie die Flagge, die sich ihm im Traum aufzwingen, oder nachts vom fahrenden Auto blitzartig wahrgenommene Strukturen heften sich fest in seinen Geist. Im Katalog der Ausstellung „Sixteen Americans" von 1959 notierte Johns: „Manchmal sehe ich es und male es dann. Manchmal male ich es und sehe es dann. Beide Situationen sind unrein, und ich ziehe keine vor." Wie einst die Physiker sucht Johns nach dem „Perpetuum mobile", dem der Malerei, nach dem Bild, das sein Wesen nur aus sich selbst heraus nährt. Im Bewußtsein der eigenen Endlichkeit sucht er nach Vorlagen und schon fertigen, scheinbar banalen Objekten. Als wollte er uns vor irrigen Interpretationen bewahren, nennt er den im Gemälde „Fool's House" befestigten Besen beim Namen.

„Study for Skin" – 1962 rieb Jasper Johns sich mit Öl ein, drückte sich auf ein saugfähiges Blatt Papier, bestäubte es und rieb Graphitpulver darüber: Ein unkenntliches Gesicht mit weit auseinandergezogenen Ohren scheint stumm verzweifelt um seine volle Existenz zu ringen.

Im Werk von Jasper Johns ist die Frage nach dem Sinn der Malerei ständig gegenwärtig. Immer wieder finden wir in den Bildern Handabdrücke des Malers – als sei die Hand seine persönlichste und zugleich allgemeingültigste Aussage. Oft beschreibt sie einen Kreis, wobei der Arm in dessen Mittelpunkt verankert ist. Mit der Spur seines Instruments hält der Künstler die Zeit an durch das Setzen eines Zeichens; gleichzeitig schreibt er sich in ihren Lauf ein: Der Kreis schließt sich hin zu obskuren Vorfahren, die einst eine solche Spur auf einer Höhlenwand hinterließen.

Jasper Johns produziert sehr langsam aufgrund seiner sich mühsam vortastenden, überlegten Arbeitsweise. Im großzügigen, nahezu leeren ehemaligen Schalterraum hat er sich, fast beiläufig, eine Arbeitsecke eingerichtet. Auf einer altmodischen Anrichte stehen eine kleine Heizplatte, diverse Aluminiumtöpfchen, Pinsel und säuberlich aufgereiht weiße Plastikbehälter mit Pigmenten in allen Grundfarben. Auf der Heizplatte schmilzt er Bienenwachs, dem er die Pigmente beimischt. Ganz zu Anfang seines Schaffens las Jasper Johns über die schon in der Antike angewandte Wachsmalerei, die Enkaustik, und hielt sie geeignet für seine Vorstellungen. Das rasch trocknende Wachs erlaubt schnelles Malen. Es schmiert und zerläuft nicht unkontrolliert, man kann mehrere Schichten übereinander auftragen, ohne daß sich die Farben vermischen. Sie besitzen Transparenz, die das Licht einfängt. Im trockenen Wachs bleibt der Charakter des Pinselstrichs erhalten – er wird selbst zum Objekt. Die noch weiche Masse ist empfänglich für Abdrücke. Einmal erkaltet und trokken, ist die Oberfläche allerdings sehr empfindlich.

Jasper Johns verwischt Strukturen und Farben durch das Auftragen vieler Schichten, durch Abdrücke, durch das Aufsetzen eines Bügeleisens oder das Aufkleben von Papierfetzen, die oft ihrerseits wieder übermalt werden, bis eine dicke Kruste entsteht. Nun steht er vor den vier Jahreszeiten, vier übermannshohen Gemälden, die ein Resümee seines Werkes darzustellen scheinen. Elemente aus früheren Arbeiten – die Schraffierungen, der Totenkopf mit der Warnung „Gletscherabbruch", Fragmente der Flagge – türmen sich mit zerbrochenen, notdürftig zusammengebundenen Leitern zu einer chaotischen Anhäufung. In diesen Bildern, die den Betrachter nachdenklich, fast traurig stimmen, erscheinen zum ersten Mal die schattenhaften Umrisse einer menschlichen Gestalt. Bisher hatte Jasper Johns sich auf die Verwendung einzelner Körperteile beschränkt.

Das Radio spielt dezent die ätherischen Töne von Erik Satie. In weiten Jeans und herunterhängendem Baumwollhemd, den Pinsel in der Hand, tritt Jasper Johns ein paar Schritte zurück. Die linke Hand in die Hüfte gestützt, lehnt er den Kopf zurück und betrachtet seine Arbeit. Plötzlich, aus der Versunkenheit erwachend, beschreibt er blitzartig mit dem rechten Arm eine präzise Bewegung in der Luft. Ruhig geht er nach vorn und führt die gleiche Bewegung mit dem Pinsel auf der Leinwand aus. Wird dieser Strich in dem vollendeten Werk noch sichtbar sein, oder wird er begraben im Gedächtnis der so zarten und lichten Wachsschichten? Wann weiß der Maler denn nun wirklich, daß sein Bild fertig ist? Lange betrachtet Jasper Johns den Fragenden: „Es ist nie fertig. Es kommt ein Punkt, an dem ich aufgeben muß." Sein Kopf kippt zurück, und sein Lachen ertönt.

Paloma, die Tochter: Als Modedesignerin entkam sie dem Mythos des Vaters

Die Ratte, die meine weiße Taube getötet hat", erinnert sich Picassos Tochter, „war eigentlich sehr hübsch. Meine Großmutter, bei der ich damals wohnte, warnte mich, als mir eine Freundin zum Geburtstag zwei zahme Tauben schenkte. Sie sagte kopfschüttelnd, wenn ich Futter streute: ‚Wo Körner sind, kommen Ratten.' Ich dachte, Großmutter übertreibt. Eines Nachts, es war inzwischen Sommer, wachte ich auf, wie wenn man plötzlich spürt, daß jemand anwesend ist. Nichts. Erst Tage später habe ich die Ratte dann gesehen. Sie hatte ein schönes perlgraues Fell. Sie gefiel mir. Aber kurze Zeit danach war eine der Tauben tot. Da habe ich die andere sofort in die Freiheit fliegen lassen." Die Taube, „la paloma", war für Pablo Picasso ein Symbol für Freiheit

*Von Vera Füssmann*

Paloma, die Extravagante: An ihrem Körper wird ihr Schmuck lebendig

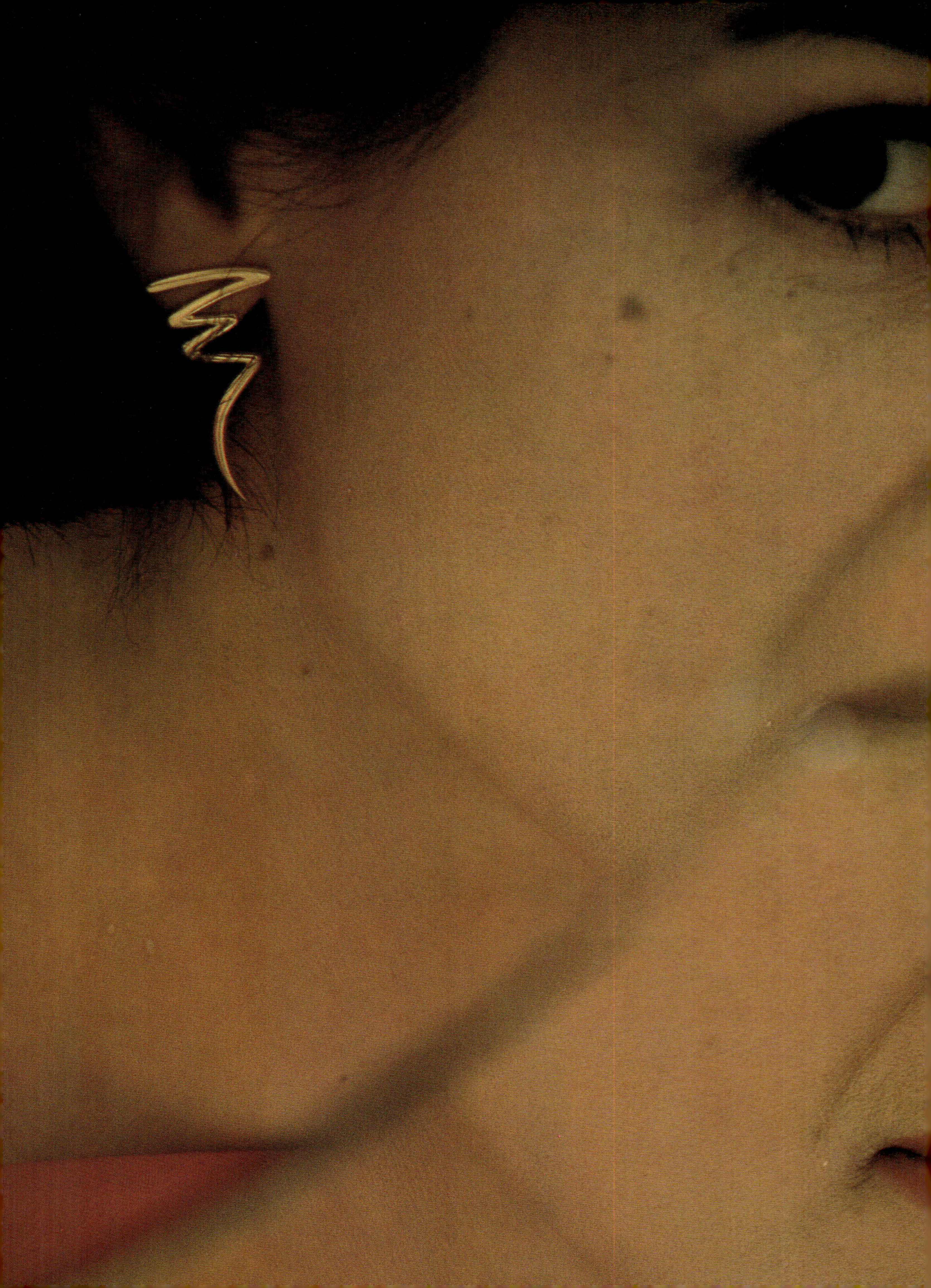

Paloma, die Wandelbare: In der Metamorphose bleibt sie sich treu

Paloma, die
Friedenstaube: In ihrem
Namen verbirgt sich ein
Lebensgleichnis

und Frieden. Mit seiner berühmten Taube, die er zum Weltfriedenskongreß in Paris zeichnete, ging diese Botschaft in alle Welt. Auch seiner Tochter, die dem damals achtundsechzigjährigen Künstler am 19. April 1949, genau einen Tag vor Beginn des Kongresses, von seiner Lebensgefährtin, der Malerin Françoise Gilot, geboren wurde, gab er diese Wünsche mit auf den Lebensweg. Er nannte sie Paloma.

„Die erste Erinnerung, die ich von meinem Vater habe, ist ungenau und wiederum in manchem ganz deutlich. Er trägt mich in seinen Armen die Treppen unseres Hauses in Vallauris im Süden Frankreichs empor. Die Treppenstufen dort sind breit, aber nicht sehr hoch. Also ein kleiner Schritt hinauf, zwei Schritte auf der Treppe, dann wieder ein kleiner Schritt nach oben. Alles ringsherum liegt wie hinter einem Schleier. Vielleicht ist da noch ein Gefühl von Wärme und Sommer, aber ganz genau die Erinnerung an die Bewegung in seinen Armen. Ich muß damals etwa drei Jahre alt gewesen sein."

Ungefähr um diese Zeit soll Pablo Picasso gesagt haben: „Wenn Paloma bis zu ihrem einundzwanzigsten Lebensjahr schlafen würde, wäre sie die ideale Frau." Paloma weiß nicht, ob dieser Satz wirklich von ihrem Vater gesagt worden ist oder zu den Geschichten gehört, die sich als Legenden um das Leben des Malers ranken. „Vielleicht hat er es gesagt, weil ich ein sehr scheues Kind war, das zwar alles genau beobachtete, aber kaum ein Wort sprach. Freunde meiner Eltern sollen sogar besorgt gefragt haben, ob das normal sei. Aber da ich in der Schule die schlechtesten Noten im Betragen hatte, beweist das ja wiederum, daß ich doch den Mund aufgemacht haben muß." Paloma lacht, und immer dann blitzt es in ihren sonst eher ernst blickenden dunklen Augen auf, bilden sich Fältchen, die verraten, daß sie gern lacht und den Kopf zurückwirft, als ob sie ihr Gegenüber herausfordern wollte.

Aus dem scheuen und nicht immer braven Kind ist eine vielseitige junge Frau geworden: Paloma, die Millionenerbin, die weiß, daß Geld Freiheit bedeuten kann, Paloma, die Schmuckdesignerin, die sich durch ihre Kreativität Wege geebnet hat, die ihr sonst vielleicht verschlossen geblieben wären, Paloma, die Karriere-Frau, die ihr eigenes Parfum kreierte, Paloma, die New York mag, weil diese Stadt die Menschen in einen besonderen Zustand der Erregung versetzt, und Venedig liebt, weil dort der Widerhall von Schritten in leeren Straßen so unvergleichlich klingen kann, Paloma, wie sie ihre Freunde kennen, Paloma, die Weltgewandte, die man auf den Festen der Reichen, Berühmten und Schönen trifft, Paloma, bei der man, wie sie meint, eigentlich immer richtig liegt, wenn man ihr „Bon Voyage" wünscht, denn sie ist unentwegt unterwegs. „Freiheit bedeutet für mich, dieses ‚Offen-Sein' für die unzähligen Möglichkeiten, die das Leben bietet, und damit die vielen Facetten, die man in sich spürt, ausdrücken zu können", sagt sie mit ihrer tiefen, bestimmten Stimme. Sie mag Metamorphosen, wie sie Pablo Picasso bei seinen Kreationen liebte, und bleibt dabei dennoch immer nur sie selbst.

„Ich bin mir sehr früh bewußt geworden, welch ein enormer Ausgangspunkt es in meinem Leben war, die Tochter Picassos zu sein. Zu akzeptieren, daß dies die Leute zunächst sagen würden, war wohl die beste Entscheidung, die ich treffen konnte. Schließlich bin ich ja auch stolz darauf, und es ist weiter nicht dramatisch. Aber manchmal störte es mich schon, daß man es immer zuerst sagte. Ich wußte jedoch, es wird eine Lösung geben, ich mußte ganz ich selbst sein, und dann würde man schließlich sagen: ‚Sie ist auch die Tochter Pablo Picassos.'"

Paloma ergriff die Chance, sich einen eigenen Namen zu machen, als sie 1980 einen Exklusivvertrag mit Tiffany in New York abschloß. Sie hatte schon früher Schmuck entworfen, aber diese Zusammenarbeit förderte sie mehr als alles davor. „Tiffany ist wohl der einzige Juwelier der Welt dieser Bedeutung, wo alles unter einem Dach entsteht, das heißt, wo sich auf der teuren Fifth Avenue selbst die Werkstätten im selben Haus befinden." Sie entwirft gerne großzügig wirkenden Schmuck, wehrt sich allerdings entschieden dagegen, wenn man ihre Schmuckstücke als Skulpturen charakterisiert. „Im Gegensatz zu einer Skulptur fängt für mich das Leben eines Schmucks erst auf der Trägerin an. Wenn ich einen Schmuck kreiere, denke ich zunächst vor allem an die Person, die ihn tragen wird. Manche meiner Kreationen würden zu mir gar nicht passen. Natürlich ist der erste Impuls immer, etwas zu machen, was einem selbst entspricht. Aber dann ist da eben diese Chance, die jeder kreative Mensch hat, daß im Unterbewußtsein schlummernde Dinge zum Ausdruck kommen können. Vielleicht ist irgendwo in mir doch eine Blonde mit blauen Augen, die sich auch einmal bemerkbar macht. Was mir gefällt, ist, daß Dinge immer wieder intuitiv geschehen. Es ist ja so, daß etwas passiert, und dann sucht man eine Erklärung dafür. Aber selbst große wissenschaftliche Entdeckungen sind immer von diesem Quentchen Zufall oder Intuition abhängig. Mit einer Zeichnung geht es ebenso. Man hat eine Fülle von Gedanken und Informationen, aber dann kommt dieser Moment, wo die Dinge wie von selbst ihren Lauf nehmen."

Zufälle hat es im Leben von Paloma Picasso viele gegeben. Was hingegen nicht heißt, daß sie alles nur dem Zufall überlassen hätte. Zu ihren ersten Erinnerungen an eine Situation, in der sie dem Schicksal etwas nachgeholfen hat, gehört, daß sie sich als Kind sehnsüchtig einen Strandball gewünscht hat und zunächst nicht darum zu bitten wagte. „Schließlich habe ich es dann doch getan und bin sicher, daß mein Vater gar nicht begeistert war, denn er trug gewöhnlich nie Geld bei sich. Natürlich haben viele Menschen eine bestimmte Vorstellung davon, wie es sein muß, als Kind eines so reichen und berühmten Mannes aufzuwachsen. Aber es war alles ganz anders bei uns. Wir hatten kein englisches Kindermädchen, und auch den Chauffeur gab es wohl nur, weil mein Vater selbst nicht Auto fuhr. Ich erinnere mich noch, daß ich in der Schule, wie alle anderen in meiner Klasse, glühend einen kleinen Jungen beneidet habe, den sein Vater jeden Morgen im Wagen – einem Riesenschlitten – zur Schule brachte. Viele sehen übrigens immer nur Vater als starke Persönlichkeit in meinem Leben. Das ist natürlich wahr, aber auch meine Mutter ist eine außergewöhnliche Frau."

Als Françoise Gilot Picasso verließ, was bis dahin noch keine seiner Lebensgefährtinnen freiwillig getan hatte, war Paloma vier Jahre alt. „Aber es geschah alles so, daß wir Kinder es nicht als Drama empfanden. Schließlich lebten wir, mein Bruder Claude und ich, vier Monate im Jahr bei unserem Vater." Cocteau, Prévert, Braque und viele andere berühmte Zeitgenossen gingen damals zu Hause ein und aus. Für das junge Mädchen Paloma war es freilich ebenso interessant, daß ihr Vater Madame Vachon kannte, die damals in Saint-Tropez die Mode diktierte. Wenn sie auf dem Weg zur Corrida nach Fréjus waren, kaufte Pablo Picasso mit seiner Tochter Paloma manchmal bei Madame Vachon einige Sachen ein.

Paloma mag Mode. Nicht um ihrer selbst willen, sondern weil man sie so gut für sich und für das, was man ausdrücken möchte, einsetzen kann. Ob die Kleidungsstücke dabei von einem berühmten Couturier geschneidert oder auf dem Flohmarkt erstanden wurden, ist ihr gleichgültig. „Es gibt wenige Frauen auf der Welt, die einen so persönlichen Stil und so ein persönliches Auftreten haben wie Paloma", sagt Karl Lagerfeld, dessen Mode sie gern trägt und der sie seit langem kennt. Wie dieser Stil denn definiert werden könne, dazu meint Yves Saint-Laurent: „Paloma Picasso ist beispielhaft für eine gewisse Eleganz, bei der Strenge, Kühnheit und Stil zusammentreffen. Mit den Jahren hat sich ihre Persönlichkeit immer stärker entwickelt, und sie bewegt sich geradeaus weiter in die Richtung der ihr so eigenen weltgewandten Eleganz, die alles Überflüssige abstreift."

Paloma macht keinen Hehl aus ihrer Bewunderung für den Couturier. Sie erinnert sich noch gut an die erste Kollektion, die sie bei ihm sah. „Ich kam in einem grellgelben Satinmantel sowie Schuhen mit Plateau-Sohlen und hohen rot-gelben Absätzen. Die übrigen Damen dort waren in den neutralen Farben der damaligen Mode gekleidet und wohl eher entsetzt über meinen Auftritt. Denn prompt titelte die amerikanische Presse: ‚Paloma was wearing the wrong thing'. Ich war heilfroh, daß ich falsch angezogen gewesen sein sollte, denn ich war mir ganz sicher, daß ich den richtigen Stil trug. In der nächsten Saison hatte Yves dann lebhaft farbige Satins und Schuhe mit Plateau-Sohlen in seiner Kollektion", sagt sie mit sichtlicher Genugtuung.

Was Paloma mag, findet nicht überall Anklang. Als ihr eines Tages ein Freund von einer Mexiko-Reise einen riesigen Skarabäus-Käfer mitbrachte, gefiel ihr der so gut, daß sie ihn an einer Goldkette immer bei sich trug. Es erheiterte sie, wenn es im Restaurant zu hysterischen Szenen kam, wenn Tischnachbarn bemerkten, wie der vermeintliche modische Reversschmuck ihres Kostüms in Bewegung geriet. Extravaganzen sind für sie die selbstverständlichste Sache der Welt.

Der Mann mit dem Lachen des Clowns: Die Musik ist für ihn Spiel und Unterhaltung

Mit dieser Art, das Instrument anzusetzen, würde kein professioneller Trompetenlehrer der Welt seinen Schüler nach Hause lassen: Die Backen werden aufgeblasen wie bei einer balzenden Kröte, und das Mundstück wird gegen die Lippen gepreßt, als ob man einen Blasebalg an der verkehrten Stelle anzapfen wollte. Aber um kanonisierte Lehrmethoden in die Tat umzusetzen – dazu hat Dizzy Gillespie nicht das goldene Horn zum Munde geführt. Wenn der Jazz die Heimat des unverwechselbar sich darstellenden Individuums ist, dann ist Dizzy Gillespie der Jazzmusiker par excellence – ungebärdig, freiheitsdurstig, skurril, unkopierbar. Angefangen zu atmen hat John Birks Gillespie am 21. Oktober 1917 in Cheraw, South Carolina, als jüngstes von

*Von Ulrich Olshausen*

Der Mann mit
dem Knick im goldenen
Horn: Für den
Bebop umrundet er
den Globus

Eastern
AIR FRANCE
Première
PAR
EASTERN
SUGINOI HOTEL

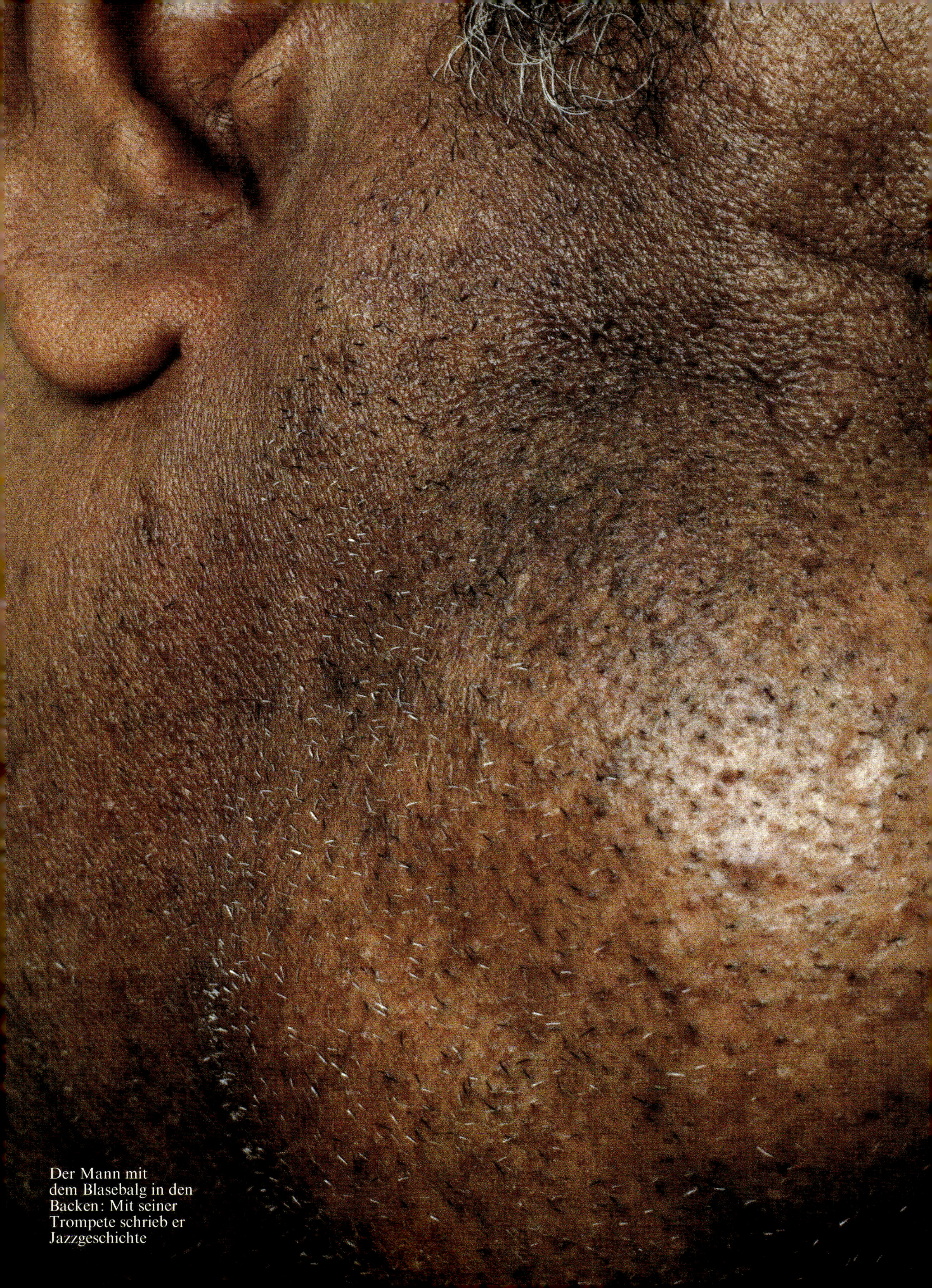

Der Mann mit
dem Blasebalg in den
Backen: Mit seiner
Trompete schrieb er
Jazzgeschichte

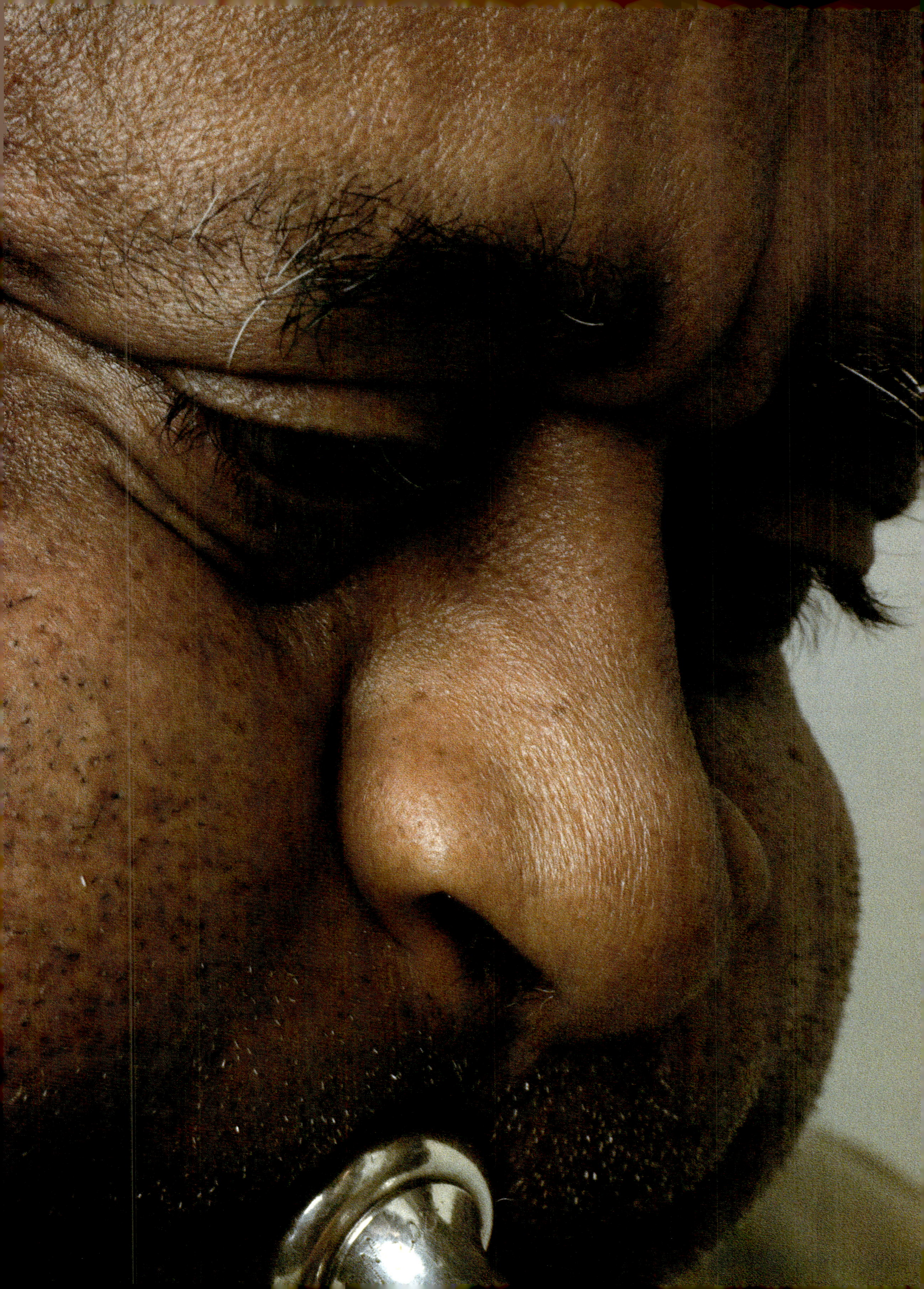

neun Kindern. Sein Vater war Maurer, und zwar ein musikalischer, der nebenbei eine Kapelle leitete und deren Instrumente zu Hause aufbewahrte. Er unterrichtete den Kleinen schon früh auf verschiedenen Instrumenten, von denen schließlich die Trompete übrigblieb. Bewährung in Schul-Bands und der Empfang eines Fortbildungsstipendiums waren Stationen auf einem nicht sehr dornenreichen und keineswegs von den Existenzängsten des Gettos begleiteten Weg. Vielleicht liegt darin der souveräne Witz der späteren Tage begründet. Sein erstes Idol lernte er im Radio kennen: Roy Eldridge, einen enorm extrovertierten Vertreter des späten Swing. An ihm modellierte er sich und probte die Eigenständigkeit in vielen Big Bands, nämlich denen von Teddy Hill, Lionel Hampton, Cab Calloway, Lucky Millinder, Les Hite, Benny Carter, Earl Hines und Billy Eckstine. In den beiden letztgenannten Orchestern spielte auch der Altsaxophonist Charlie Parker. Mit ihm schrieb Gillespie das erste Kapitel des modernen Jazz.

Mit einer kleinen Gruppe, in der auch Parker spielte, machte er sich 1945 selbständig. Der Bebop, die neue Musik mit ihren jagenden Tempi, ihrer unerhörten Virtuosität, ihrer gegen alle Sanglichkeit sich durchsetzenden, bizarren Melodik, ihrer in immer höhere Grade der Alteration sich abstrahierenden Harmonik und ihrem Selbstverständnis als „Kunst" (Gillespie: „Ich spiele für Musiker") – mit diesem Quintett wurde sie manifest. Sie wurde die technische und musikalische Herausforderung schlechthin, das Maß aller Dinge für die kommenden Generationen, mit Ausnahme der Free Jazzer, die sich in ihren Themenerfindungen aber auch immer wieder auf den Bebop bezogen und auch in ihrer Artikulation, wenn auch nicht in ihrem Leistungsverständnis, vom Bebop herkamen. Der Schlagzeuger Mel Lewis hat das (1978) so ausgedrückt: „Der Bebop ist die endgültige Form der Jazzmusik. Wenn du ein guter Bebop-Spieler bist, bist du ein guter Spieler. Es ist die höchste Ebene. Um ein guter Bebop-Spieler zu sein, mußt du ein absoluter Meister deines Instruments sein. Du mußt einen Sound haben, gutes Zeitgefühl, ausgezeichnete Ohren und eine totale Kenntnis von Akkorden und Skalen. Du mußt ein exzellenter Notenleser sein." Und der Pianist Ronnie Matthews sagte es kurz und knapp so: „Wenn du keinen Bebop spielen kannst, kannst du nicht spielen."

Die Bebop-Revolution hat ihre grimmigen Seiten: Miles Davis, der dem Publikum verächtlich den Rücken zukehrte, der mit Rauschgift sich zerstörende Charlie Parker, der in sich hineingrübelnde Thelonius Monk. Gillespie war in dieser Gruppe der große Außenseiter. Schon 1937 galt er in der Band von Teddy Hill als Verrückter und Spaßmacher. Keine Zornesfalte kam ihm je auf die Stirn. Bis heute gab es keine Skandale und Rauschgiftexkursionen. Er trinkt nicht und raucht nicht einmal. Seit dem 9. Mai 1940 ist er mit derselben Frau, einer ehemaligen Revue-Tänzerin, verheiratet. Er ist ein Entertainer und ein Clown, allerdings einer, der dadurch nie seine Ansprüche an die Perfektion seiner Musik unterminieren ließ – wenn auch in späteren Jahren das Verhältnis von Musik und Ansagen gelegentlich ein gewisses Schonungsbedürfnis für den strapaziösen Trompetenansatz vermuten ließ. Gillespie ist der größte Ansager, den der Jazz bisher hervorgebracht hat. Seine Attitüde, sich als unterwürfiger Diener des Publikums darzustellen („Ich bringe mich Ihnen als Opfer dar; nehmen Sie mich hin!"), die Scheinheiligkeit solcher Äußerungen aber durch den Tonfall offenzulegen – das gehört zu seinen komischsten Erfindungen, gefolgt etwa von seinen mit Fremdwörtern überladenen Tiraden („Ich danke Ihnen für die tumultuöse Ovation"), mit denen er Kritiker-Ergüsse ad absurdum führt. Hamlets Grübelevergreen heißt bei Gillespie "To be or not to bop", und aus dem imaginären Gospelgefährt, das den Gläubigen sanft ins Paradies schaukelt ("Swing low, sweet chariot"), machte er einen Cadillac. Dieses Stück übrigens versah er schon 1967 mit einer Einleitung aus adaptierten afrikanischen Stammesgesängen, deren skurriler Humor sein enormes Verständnis für ethnische Essenzen nicht verdecken konnte.

Freilich kann Gillespie auch ernsthaft sein, zum Beispiel, wenn er seine Verehrung für das Gewaltlosigkeitskonzept von Martin Luther King dartut. (Auf Gewalt hat er freilich einmal in seinem Leben nicht verzichtet, nämlich 1941, als der Orchesterchef Cab Calloway während einer Show mit Papierkügelchen beschossen und dieser Untat der ewige Kindskopf der Band verdächtigt wurde, der es ausnahmsweise nicht war. Es ergab sich ein Handgemenge, in dessen Verlauf Dizzy das Sitzfleisch von Calloway mit dem Messer so verletzte, daß der Chirurg mit Nadel und Faden den kostbaren Dirigentenkörper mehr als zehnmal durchlöchern mußte.)

Zu Gillespies Vokaläußerungen, die durch ihren überschäumenden Witz jedes Aufkommen von Revolutionsmessias-Posen verhindern, gehören auch die sogenannten Scats, burleske Gesänge auf bedeutungsfreie Silben wie „Oop bop sh'bam" oder „Ool ya koo" – um zwei Kompositionen von Gillespie zu nennen. Auch wenn Louis Armstrong schon lange vorher textlosen Un-Sinn gesungen hatte – es war Dizzys hals- und zungenbrecherischer Gesang, der die „Scat Vocals" durchsetzte und zum festen Repertoire etwa von Ella Fitzgerald und Sarah Vaugham werden ließ.

Eine Erfindung von Gillespies Show-Witz ist auch die unmögliche Form seiner Trompete. Gillespie erzählt, daß bei einer Geburtstagsparty jemand über das Instrument stolperte, daß es sich dabei verbog und daß er danach einen sanfteren Klang feststellte und deshalb bei der neuen Gestalt blieb. Sicher alles Unsinn. Die Form, die einen doppelt so großen Trompetenkoffer erfordert, ist einfach ein Gag. Wenn Gillespie bei Konzerten das Mikrofon einen halben Meter über seinem Kopf justiert, hat er schon alle Lacher auf seiner Seite.

Als „sieghaft" ist sein Trompetenspiel immer einmal wieder bezeichnet worden. Ach je. Kaum ein Jazzmusiker, der weniger dem Siegertyp entspricht als er. Sicher, das Strahlende, Goldene, Sichvordrängende, die Kraftmeierei in der Höhe – zu all diesen Charakteristika der Jazztrompete hat sich Gillespie bekannt, auch zur Leistung. Gillespie: „Das Instrument ist immer der Boß; selbst wenn du tausend Jahre lebst, bist du immer hinten dran. Der einzige Weg, es zu bekämpfen, ist, bei jeder Gelegenheit zu üben." Aber dieser Wechsel von Staccatosalven und verschmierten Tönen, der Aberwitz bizarrer Tonfolgen und vor allem die herrliche Marotte, das eigene Tempo gegenüber der Rhythmusgruppe zu verschleppen und den Rückstand dann durch Beschleunigung wieder aufzuholen – solche Merkwürdigkeiten sind viel zu kauzig, eigenwillig, brüchig und human, als daß ihnen mit dem schrecklichen Ausdruck „Sieg" beizukommen wäre. Gillespie ist diesem Stil durch die Jahrzehnte ziemlich treu geblieben, in Tausenden von Konzerten und auf mehr als hundert Platten. Unübersehbar die Zahl der Trompeter, die er beeinflußte. Alle Bebop- und Hardbop-Trompeter sind selbstverständlich darunter, aber auch Free Jazzer wie Don Cherry und Lester Bowie und am sonderbarsten der junge Jon Faddis, der gar nicht erst versucht, ein eigenes Profil zu bekommen, sondern nur eines im Sinn hat: dem Meister möglichst nahe zu kommen. In der Auseinandersetzung des Jazz mit der lateinamerikanischen Musik war Gillespie nicht der erste, aber der entscheidende Anstoß, als er sich kubanische Trommler in seine Gruppen holte und damit auf das afrikanische Erbe hinwies. Deshalb ist Gillespie bei allen kubanischen Musikern die hochverehrte Vaterfigur. Bei der ersten Generation nach ihm, also etwa bei Paquito D'Rivera und Arturo Sandoval; aber auch noch bei der zweiten Generation, etwa Gonzalo Rubalcaba, für den Dizzys Satz: „Das ist der beste Pianist, den ich seit Jahren gehört habe", 1985 die Erhebung in den Adelsstand war.

Schon vor den großen Bebop-Tagen hatte der auch theoretisch gebildete Gillespie Arrangements für Big Bands geschrieben. Seine Kompositionen wurden später zu unendlich nachgespielten Evergreens des Jazz. Anders als bei Charlie Parker, der nur verzwackte einstimmige Themen erfand, deckten Gillespies Kompositionen das ganze Feld ab – von einfachen Blues- bis hin zu komplizierten Big-Band-Partituren, von denen „Things to come" (1946) eine für die Zeit so unfaßlich zerklüftete und chaotische Übertragung von Bebop-Ideen aufs Großformat war, daß man von apokalyptischen Visionen sprach. Neben der berühmtesten aller Gillespie-Kompositionen, „Night in Tunesia", seien „Con alma", „Manteca", „Bebop" und „Birk's works" genannt.

Apropos Big Band: Sie war – kein Wunder bei seiner Vergangenheit – immer sein Traum, einer, den er sich wegen des organisatorischen und finanziellen Aufwands selten erfüllen konnte. Überhaupt ist Gillespie bei allem „Gigantentum" nicht reich geworden, weil er sich weigerte, die Kommerz-Ehe mit der Rock-Musik einzugehen. So reist und reist er noch immer mit seinem überdimensionalen Trompetenkoffer rund um den Globus.

Es war einer der Höhepunkte der letzten Madrider Stierkampf-Feria. Zwei der ganz Großen kämpften am selben Nachmittag gegen die starken und lebhaften Bohorquez-Stiere: Der Zigeuner Rafael de Paula, Idol der Dichter und Aristokraten und dazu wegen eines angeblichen Mordversuchs an seiner untreuen Ehefrau, der Zigeunerin Marina, angeklagt, und Antoñete, der von allen und überall nur El Maestro, der Meister, genannt und wie kein anderer gerade von den Madridern geliebt wird. So wie große Toreros früherer Zeiten berühmte Gedichte von Alberti oder García Lorca inspiriert hatten, ist die tödliche Kunst von Rafael de Paula in dem Prosawerk „Die lautlose Musik des Stierkampfes" von Bergamín, einem der letzten aus der großen spanischen Dichtergeneration von 1927, beschrieben worden. Doch Rafael de Paula mißlangen an diesem von der Heerschar der Aficionados mit so viel Spannung und Hoffnung erwarteten windigen Madrider Nachmittag die meisten seiner in guten Tagen mit lautloser Perfektion verwirklichten Figuren, mit denen er – während er selbst zu einer unbeweglichen und fromvollendeten Statue erstarrt – den Stieren ihre Wildheit und Gefährlichkeit zu nehmen pflegt. Der Maestro Antoñete begann mit einer ungewöhnlichen, in den Lehrbüchern der Tauromachie nicht vorgesehenen Figur: Toro und Torero, Stier und Stierkämpfer, fielen gleichzei-

*Von Walter Haubrich*

Der Kämpfer:
Mit lautloser Perfektion
begegnet er dem Stier

tig auf den Rücken und blieben zunächst einmal erschöpft liegen. Der Maestro brauchte übrigens einige Sekunden mehr, um wieder auf die Beine zu kommen, als der Stier, der ja auch ein halbes Jahrhundert jünger war. Antoñete, einer der ältesten Matadoren, die je im Augenblick der Wahrheit sich in der Mitte der Arena dem Stier entgegenstellten, enttäuschte an diesem Nachmittag nach dem Sturz sein Madrider Publikum nicht. Einige Tage später, als er wieder mit einem großen andalusischen Stilisten, diesmal mit Curro Romero, kämpfte, erhielt er die in Madrid überaus selten vergebenen zwei Ohren und durfte auf den Schultern seiner begeisterten Anhänger die erste Arena der Welt durch das eigens für ihn geöffnete große Tor verlassen.

Antonio Chenel, genannt Antoñete, geboren am 24. Juli 1932 in der Nähe von Las Ventas, dem größten und wichtigsten Stierkampfplatz von Madrid und der ganzen Welt, verkörpert äußerlich längst nicht mehr die Idealfigur des Stierkämpfers. Antoñete ist schon etwas füllig geworden, und trotz fast täglichen harten Pelota-Spiels sicher auch langsamer und weniger wendig in der Taille. Doch war er der erfolgreichste Matador der letzten Jahre; ihm verdanken die Aficionados, die Stierkampf-Fans, mehr gelungene Kämpfe als jedem anderen. Maestro nannten ihn viele seiner Kollegen schon vor zehn Jahren; Maestro nennen ihn heute auch die Zuschauer – und nur ihn nennen sie so. Der Meister weiß das zu schätzen: „Wenn ich beim Vorbeigehen höre, wie die Leute auf der Straße sagen: ‚Da geht der Maestro', dann ist das schon ein schönes Gefühl für einen, der so lange tief unten steckte und den fast alle schon aufgegeben hatten. Ich wollte ja auch eigentlich immer ein Maestro sein, einer, von dem andere etwas lernen können."

Antoñete sagt das ganz unprätentiös beim Aperitif in der Cafeteria des Appartementhotels, wo er lange gewohnt hatte, bis er auf seine Finca, ein ländliches Anwesen mit einer großen Stierkampfweide, umgezogen ist. Erst am Ende seiner Karriere hat er sich diese kleine Finca in Valdemorillo, zwischen Madrid und dem Escorial, gekauft. Die Geschichte von Antonio Chenel, dem Maestro Antoñete, das ist schon ein rechtes, wenn auch nicht unbedingt repräsentatives Stierkampfleben mit glanzvollen Höhen und deprimierend ausgedehnten Tiefen. Der Sohn armer, verfolgter Republikaner mußte sich nach dem Bürgerkrieg schon in seiner Kindheit als Laufjunge und Bauarbeiter den Lebensunterhalt verdienen. Der junge Torero heiratete die Tochter eines Großbankiers, doch wenige Jahre später schon pflegte man im Stierkämpfer-Ambiente um eine Zigarette mit dem stehenden Satz zu bitten: „Ich habe keine Zigarette – es geht mir wie Antoñete." Der Kettenraucher Antoñete, der wieder einige Jahre später im Café Gijón von den Intellektuellen gefeiert wurde, hatte in seiner schwärzesten Zeit nicht einmal Geld für Tabak.

Warum wird man Stierkämpfer, aus Berufung oder aus Hunger? Eine oft gestellte, unterschiedlich und meist nicht aufrichtig beantwortete Frage: „Mas cornadas da el hambre" („Mehr Hornstöße versetzt einem der Hunger"), hat mancher Torero auf die Frage, warum er sich denn den lebensgefährlichen Hornstößen der Kampfstiere aussetzt, geantwortet. El Cordobés, der am reichsten gewordene Stierkämpfer überhaupt, verabschiedete sich von seiner Schwester, als er auszog, sein Glück in der Arena zu machen, mit den Worten: „Ich werde dir bald ein Häuschen kaufen, oder du wirst Trauer tragen um mich." Antoñete meint, früher hätten wohl die meisten Stierkämpfer aus Armut und Hunger ihren Beruf ergriffen, eine der wenigen Aufstiegschancen damals für die Angehörigen der unteren Schichten: „Heute, Gott und der einen oder anderen Regierung sei Dank, sind Elend und soziale Ungerechtigkeit etwas geringer geworden."

Er wuchs in den Jahren des Hungers im Stierkampfplatz, in der Arena von Las Ventas, auf. Sein Vater war „Monosabio" gewesen, also einer jener Männer, die in knallroten Hemden in der Arena allerlei nützliche Hilfsdienste ausüben und deshalb halb abschätzig, halb gutmütig ironisch von den feinen Herren „gelehrige Affen", Monosabios, genannt werden. Als Antoñete 1932 geboren wurde, arbeitete sein Vater schon in der Geldprägeanstalt Spaniens. Als diese im Bürgerkrieg von der republikanischen Regierung aus dem belagerten Madrid nach Valencia verlegt wurde, zog auch die Familie Antoñetes mit. Nach Kriegsende wurde der Vater, weil er auf seiten der rechtmäßigen Regierung der Republik gestanden hatte, unter Francos Rachejustiz „gesäubert" und ins Gefängnis gesteckt. Der junge Antonio wurde von seiner älteren Schwester und deren Mann aufgenommen; der Schwager Parejo war als Mayoral des Madrider Stierkampfplatzes für die Stiere verantwortlich, während diese sich in den Ställen des Platzes befanden.

Der Mayoral wohnt im Patio de Arrastre, jenem Innenhof des Stierkampfplatzes, in den die getöteten Stiere von den Mauleseln gezogen werden, um dann gleich von den Metzgern zerlegt und als Fleisch verkauft zu werden. Hier treffen sich häufig die „Aficionados", die Kenner des Stierkampfes, zu Tertulias, zu stammtischartigen Gesprächs- und Diskussionsrunden. Im Patio de Arrastre der bedeutendsten Arena der Welt wuchs Antonio Chenel, der spätere Maestro Antoñete, in der Familie seiner älteren Schwester und seines Schwagers, des Mayoral Parejo, auf. „Parejo", sagt Antoñete, „war nicht nur ein Vater für mich, er war auch mein bester Lehrer im Stierkampf. Noch heute kritisiert er mich heftig, wenn ich bei einer Corrida etwas falsch gemacht habe. Ich kenne kaum jemanden, der so viel von Kampfstieren weiß wie er." Antoñete wuchs unter Kampfstieren auf. Die Kenntnis der Stiere hält er für die wichtigste Qualität eines Stierkämpfers: „Gewiß, man muß Mut haben. Doch den Mut gibt einem die Intelligenz. Dank seiner Intelligenz weiß ein Matador, wie er den Stier beherrschen, ihm seinen, des Toreros, Willen aufzwingen kann. Das hat mich dann mutig gemacht. Am wichtigsten sind die ersten Schritte des Stiers in der Arena. Sie muß der Matador genau beobachten. Beim ersten Angriff, dem gefährlichsten, muß er dann genau achtgeben. Da sollte man auch gar nicht versuchen zu glänzen. Der Matador muß dann seinen Verstand einsetzen, um den Stier, seine Bewegungen, seinen Charakter, seine Angriffsmöglichkeiten richtig einzuschätzen. Denn jeder Stier ist anders, es gibt nicht zwei, die sich in der Arena gleich verhalten."

Von Juan Belmonte, dem vielleicht Größten in der Geschichte des Stierkampfes, stammt der Satz: „Beim Kampf gegen den Stier muß man vergessen, daß man einen Körper hat." Antoñete hat diese Forderung verwirklicht. Er ist eigentlich seit Jahren schon zu alt, seine Knochen sind zu geschwächt, weil zu oft gebrochen, sein Körper ist nicht mehr schlank und beweglich genug, um sich al-

Der Wachsame: Durch Intelligenz weiß er den Stier zu beherrschen

Der Lehrer:
An einer Attrappe
zeigt er, was den
Torero zum Matador
macht

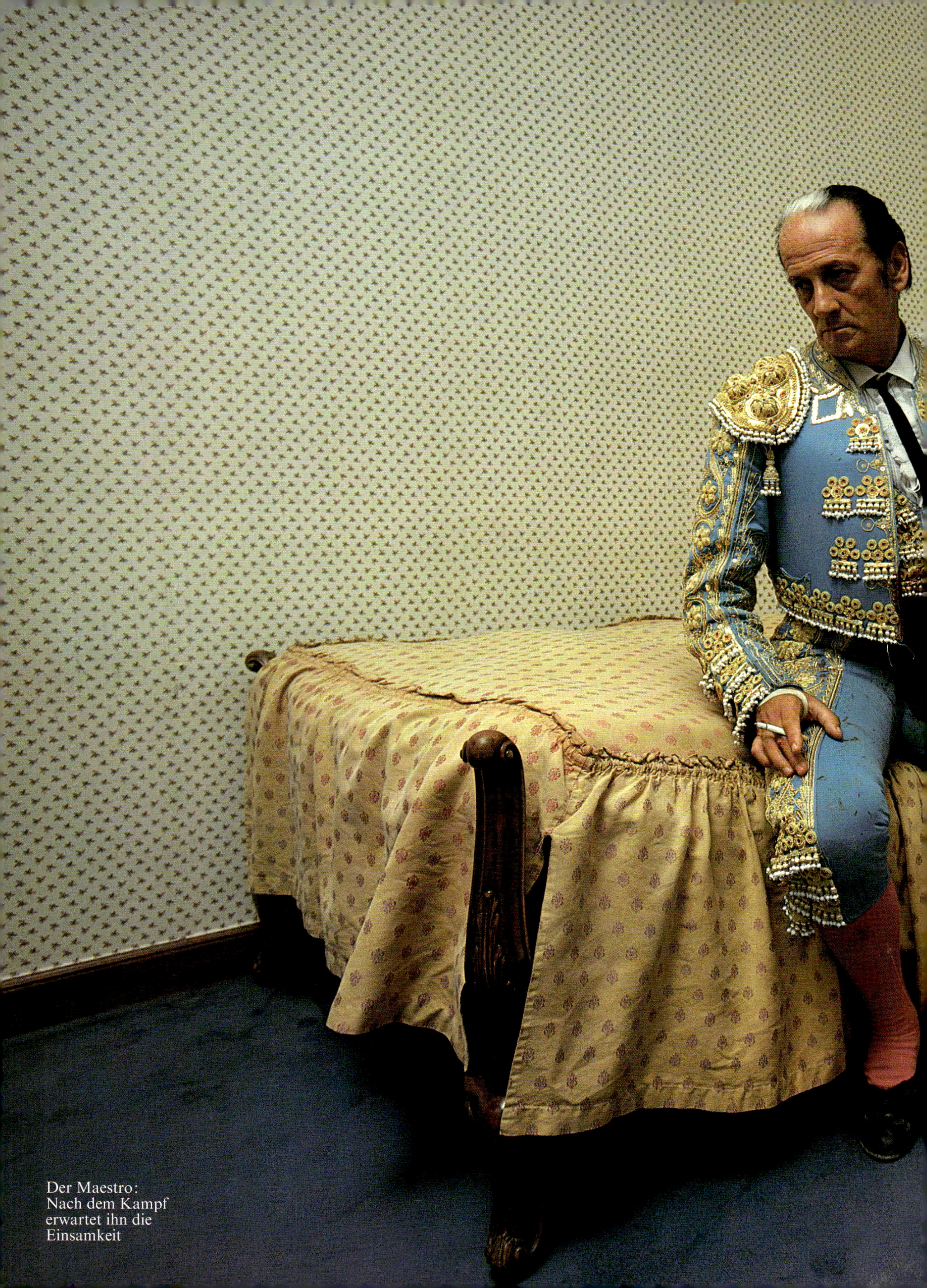

Der Maestro:
Nach dem Kampf
erwartet ihn die
Einsamkeit

lein im weiten Rund der Arena dem stärksten und gleichzeitig im Antritt schnellsten aller Tiere entgegenzustellen. Und doch hat Antoñete den Mut dazu. Ein intelligenter Torero wie Antoñete weiß gewöhnlich schnell, wie er sich dem Stier zu nähern hat, an welcher Stelle des runden Platzes der Stier am besten zu bekämpfen ist, wo er sich am wenigsten sicher, am wenigsten zu Hause fühlt und wie er seine Hörner normalerweise beim Zustoßen bewegt.

Manchmal habe ich mich in der Beurteilung des Stiers geirrt", sagt Antoñete, „und dann war gewöhnlich mein Leben in Gefahr." In der Schule kann Antoñete nicht so gescheit geworden sein: „Ich habe nur fünf oder sechs Tage eine richtige Schule besucht. In den Jahren des Hungers konnten die Kinder der Armen und Verfolgten nicht zur Schule gehen. Sie mußten arbeiten, um die Familie mit zu ernähren. Ich ging abends zu einer guten Frau, der Señora María, die uns Armenkindern aus dem Viertel rund um den Stierkampfplatz für wenig Geld das Lesen, Rechnen und Schreiben beibrachte."

Längst bevor er fünfzehn Jahre alt war, arbeitete Antoñete als Laufjunge und als Anstreicher. Er spielte Fußball und war damals schon Anhänger von Real Madrid, „denn Atlético Madrid, das war ja die Mannschaft der Sieger im Bürgerkrieg". Über Dorfstierkämpfe, „capeas", mit jungen Rindern und als Novillero-Stierkämpfer, der nur junge, dreijährige Stiere töten darf, erwarb er das ihm noch fehlende Können, und 1953 erhielt er die sogenannte Alternativa, die zeremonielle Ernennung zum Matador de toros. 1953 wurde zu einem Jahr des großen Erfolgs für den jungen Matador, und schon bei seiner ersten Madrider Feria erhielt er an einem Tag drei Ohren und durfte den Platz zum erstenmal durch das große Tor verlassen.

Auf seiner Finca draußen in Valdemorillo besucht Antoñete häufig den Stier auf der Weide. Er ist ein Matador de toros, ein Stiertöter, wie sein Beruf wörtlich und richtig übersetzt lautet, der die Stiere liebt: „Für den Torero, zumindest für mich, ist der Stier das schönste Tier, das es gibt. Ein einzigartiges Tier. Ich spüre eine ganz besondere Zuneigung zu den Stieren. Schließlich habe ich mein ganzes Leben mit ihnen zusammen verbracht. Der Stier war für mich als Kind schon das Tier, das mir gefiel, das ich liebte. Mein Verhältnis zum Stier war vielleicht so wie das anderer Kinder zu dem kleinen Hund, den sie in ihrer Wohnung hatten. Der Stier ist nicht ein Feind für den Stierkämpfer. Mit dem ‚guten', dem noblen, direkt angreifenden Stier verstehe ich mich in der Arena sehr gut. Das ist eine Art von Verständnis, wie es sonst kaum zwischen Mensch und Tier existiert. Der Stier ist dann so etwas wie die notwendige Ergänzung zum Stierkämpfer. Über den ‚schlechten', den hinterlistigen Stier ärgerst du dich, sagst du dir: Was ist das für ein schlechter Kerl, der dich da hinterrücks unter Anwendung übler Tricks umbringen will? Schließlich denkst du, er ist ja verpflichtet, sich zu verteidigen, und er tut das, was er kann und was er für richtig und erfolgreich hält. Und so kann auch Zuneigung zum schlechten, zum bösartigen Stier entstehen."

Eine Zuneigung, die tötet? „Wenn ein Stier hervorragend kämpft, tapfer und nobel ist, dann tut es mir sehr leid, ihn zu töten. Dann würde ich ihn sehr gern mit zu mir nach Hause auf meine Finca nehmen und ihn bis zu seinem Tod pflegen. Aber schließlich weiß man, daß der Kampfstier geboren wurde, um in der Arena zu sterben. Nur deshalb ist er überhaupt so alt geworden, und es ist wohl auch schöner, kämpfend in der Arena zu sterben, als anonym in einer langen Reihe im Schlachthof. Das Verhältnis zwischen Torero und Toro ist nicht wie etwa das eines Bauern zu seiner Lieblingskuh, die er nicht schlachten möchte. Ich könnte übrigens kein Huhn oder Kaninchen töten, um es zu essen."

Stierkampf – ein grausames Spektakel, eine Tierquälerei? Antoñete akzeptiert, daß manche Leute es so empfinden. „Für mich sind die großen Jagden grausam. Die Tauben, auf welche die Jäger schießen, würden auch ohne die Jäger existieren. Die Stiere nicht, sie würden, wie das bei männlichen Kälbern üblich ist, mit wenigen Ausnahmen – denn durch die künstliche Befruchtung braucht man ja auch nur noch wenige Zuchtstiere – schon kurz nach der Geburt getötet und zu Kalbfleisch verarbeitet. Grausamkeit gibt es sicher auch beim Stierkampf, vor allem bei schlechten Kämpfern."

Der Stierkämpfer erlebt nicht nur den Tod des Stiers immer wieder – normalerweise sechsmal an einem Nachmittag –, manchmal muß er auch beim Tode eines Menschen dabeisein, muß das Sterben eines Kollegen, eines Freundes ohnmächtig mit ansehen. Im Herbst 1985 tötete ein schon fast getöteter Stier den jungen Matador Yiyo, einen sehr guten Freund Antoñetes. Der Maestro kämpfte in derselben Corrida und konnte nichts tun, um den unerwartet heimtückischen Hornstoß in Yiyos Rücken zu verhindern. Am nächsten Tag mußte Antoñete in Almería, sechshundert Kilometer südöstlich, kämpfen: „Es war eine schreckliche Nacht im Auto. Doch ich mußte an diesem Nachmittag in der Arena sein. Ich bin einer der alten Toreros und mußte ein Beispiel geben. Die Tragödie gehört nun mal zu unserer Stier-Fiesta, und man darf sie nicht totschweigen." An diesem Sonntag, am Tage nach Yiyos Tod, wurde Antoñete aufs Horn genommen; verletzt mußte er mehr als vier Wochen pausieren.

Die Verletzungen waren sicher mit schuld an den vielen Rückschlägen in der Karriere des Toreros Antoñete. Folgenreicher als die Hornstöße waren die Knochenbrüche: „Ich habe mir schon so gut wie alle Knochen im Körper gebrochen, nur der Kopf ist noch heil." Warum Antoñete sich im Stierkampf so viele Knochen brach, ist leicht zu erklären. Die Unterernährung in den Jahren nach dem Bürgerkrieg hatte Kalkmangel in seinem Körper verursacht. „Die Rückschläge hatten aber sicher auch etwas mit meinem Privatleben zu tun. Meine sentimentalen Probleme haben meine Arbeit in der Arena beeinflußt, meist negativ; manchmal, sehr selten, konnten meine Bitterkeit, meine Enttäuschungen und Depressionen in einer, glaube ich, großen ‚Faena', einem großen Kampf, Ausdruck gewinnen, etwa am 15. Mai 1966 in Madrid bei der berühmten Corrida mit dem weißen Stier."

Antoñete und die Frauen – das wäre eine andere lange Geschichte voller im Grunde wohl bitterer Erfolgserlebnisse. Er habe sich immer sehr heftig verliebt, „auch in meine Frau, und sie wohl in mich. Und dabei paßten wir überhaupt nicht zusammen, obwohl wir in kurzer Zeit sechs Kinder in die Welt setzten. Meine Kinder, die ich lange Zeit kaum sah, und mit denen ich heute so viel zusammenlebe." Antoñete heiratete jung eine Tochter des Großbankiers López Quesada. „Ich paßte nicht in ihre Welt und sie nicht in die meine. Sie interessierte sich überhaupt nicht für meinen Beruf, für die Corrida, für mein Ambiente; ich konnte ihren gesellschaftlichen Hintergrund nicht ertragen. Und trotzdem liebten wir uns sehr. In meinem Ausweis steht übrigens immer noch ‚verheiratet'. Ich habe nichts für die legale Trennung getan. Sie hat dann die Annullierung unserer Ehe in Panama erreicht. Annullierung erlaubt ja eine weitere katholische Heirat, und die katholische Kirche tut gegen einiges Geld reichen Leuten ja den Gefallen, ihre Ehe zu annullieren. Mir war das ganz recht. Ich bin ausgezogen und habe nicht einmal eine Krawatte mitgenommen. Die harten Schläge in meinem Leben haben meine Kämpfe beeinflußt. Die langen Stunden der Einsamkeit allein in einem kleinen Zimmer sind keine guten Vorbereitungen für die Corrida. Am besten habe ich immer gekämpft, wenn ich große Liebe zu einer Frau spürte. Man hat mir den Ruf eines Schürzenjägers anhängen wollen, nur weil ich mich öffentlich immer mit den Frauen, die mir gefielen, gezeigt habe. Doch wirklich glücklich bin ich mit den Frauen vielleicht nie geworden."

Glück und Erfolg scheint der Maestro jetzt im reifen Alter bei Charo López, der für viele schönsten, wahrscheinlich populärsten und unzweifelhaft sehr gescheiten spanischen Filmschauspielerin, zu haben.

Antoñete ist, wie er sagt, nicht abergläubisch, „doch die gelbe Farbe kann ich nicht ausstehen. Sie bringt mir immer Unglück. Und vor dem ‚Traje de luces', der Lichtertracht, dem Kampfanzug des Matadors, habe ich einen großen Respekt. Ihn sollte man nie und nirgendwo profanieren." Vielleicht liegt es daran, daß der Mensch Antonio Chenel in seiner Mischung aus profunder Intelligenz und direkter Einfachheit so attraktiv ist, wenn so viele Intellektuelle sich mit ihm beschäftigt haben – und so mancher Stierkampf-Philosoph beim Schreiben über Antoñete ins Schwärmen geriet. Einer von ihnen, José Carlos Arévalo, mag vielleicht recht haben, wenn er in Antoñete den größten Künstler sieht, „den die Kathedrale des Stierkampfes, Las Ventas, hervorgebracht hat". Der Abschluß einer komplizierten Figur mit der Muleta durch eine knappe, langsame und harmonische Bewegung des Handgelenkes von Antoñete – das ist vielleicht die gültigste und gerade noch erfaßbare Reduktion der Tauromachie, der Kunst des Stierkampfes, auf das Wesentliche.

Jean-Charles de Castelbajac, der Modeschöpfer, ist der Intellektuelle seiner Zunft. Für seine Entwürfe braucht er Schere, Papier – und gute Einfälle

Eigentlich sollte er der Künstler unter den Pariser Modeschöpfern heißen. In einem Milieu aber, wo alle sich für Künstler halten, muß ein Ehrentitel selbstverständlich anders lauten. Und so gilt Jean-Charles de Castelbajac denn als der Intellektuelle seiner Zunft. Ein intellektueller Modeschöpfer ist in Paris nicht unbedingt ein Widerspruch. Eine gewisse literarische Attitüde gehört zu vielen, wenn nicht zu allen Bereichen französischen Lebens, und die Defilees der Modeschöpfer machen da keine Ausnahme. Die meisten sind, seit Jahren schon, in thematische Auftritte unterteilt, die bald erzählerische, bald symbolische, auf jeden Fall aber ausgetüftelte Titel tragen – als seien es Kapitelüberschriften in einem Roman. Jean-Charles de Castelbajac jedenfalls beherrscht diese

*Von Wilfried Wiegand*

Jean-Charles de Castelbajac, der Sammler, setzt sich für die jungen Maler ein. Seine Kleiderkunst wird für den Transport in Müllsäcke gesteckt

Jean-Charles de Castelbajac, der Denker, liebt die Farbe und die strenge Form. Wenn er seine geistigen Wurzeln sucht, so sollen sie keltisch sein

Kunst, seine Mode nach literarischen Themen zu präsentieren, bis hin zum beziehungsvollen Wortspiel – und zum kaum verschlüsselten Selbstbekenntnis.

Eine meiner ersten Modeschauen", so erinnert er sich nachdenklich, „war ganz in Schwarz, denn damals hatte ich fürchterlichen Liebeskummer." Dann legt er den Kopf tief in die Armbeuge, lächelt verschmitzt wie ein Kind und bekennt erinnerungsselig: „Im nächsten Jahr waren meine Farben ganz hell und bunt..." Kein Zweifel, für Castelbajac sind auch Kleider nichts als Bruchstücke einer großen Konfession. Sein Büro unweit des Invalidendoms ist eine Steigerung dessen, was ansatzweise schon seine Boutiquen sind: Schauplätze der Kunst, genauer: der Gegenwartskunst. Denn Castelbajac ist nicht nur Sammler, sondern auch Mäzen, und er versteht es, beide Leidenschaften übergangslos in seine Mode zu integrieren. Er war einer der ersten Sammler des jungen französischen Malerstars Jean-Charles Blais und ist einer seiner treuesten geblieben. Das geht so weit, daß er nicht nur Bilder sammelt, sondern den Künstler auch Einladungskarten zeichnen und Kleider bemalen läßt; außerdem ließ er ihn zusammen mit seinem selbstbemalten Kleid auf einer fotografierten Firmenreklame posieren, und in seiner Kleiderfabrik in Limoges richtete Castelbajac sogar eigens eine Kunstgalerie ein, um die Zeichnungen von Blais auszustellen. Im Treppenhaus seines Pariser Büros, selbstverständlich, hängt ein Großformat seines Lieblingskünstlers, in seiner Boutique neben der Rue Saint-Honoré zieren zartfarbige, dezent gerahmte Blais-Gouachen die wie in einer Galerie weißgekalkten Wände; und als nächstes wohl, sinniert Jean-Charles de Castelbajac, werde er sich von Blais einen Briefkopf entwerfen lassen.

Die Liebe zur Gegenwartsmalerei ist eine Art zweites Markenzeichen dieses Modekünstlers, nachdem das „carré long", die Rechtecksilhouette, zu seinem ersten, sensationellen Signet geworden war. Das eine allerdings hängt mit dem anderen zusammen. Die Idee, Kleider von Künstlern bemalen zu lassen, als hätten sie eine

Jean-Charles de Castelbajac, der Maler, versinkt vor seinem von Gilles Mahé geschaffenen Porträt in einen schönen Traum: „Meine Kreativität", sagt er, „ist die Folge von Passionen"

normale Leinwand vor sich, ließ sich mit solcher Radikalität nur verwirklichen, weil schon das Kleid wie ein Stück Leinwand zurechtgeschnitten war: rechteckig nämlich, das heißt ohne Rücksicht auf die Körperformen, also nicht am Mannequin modelliert, sondern linear auf dem Zeichentisch entworfen. Nur so freilich kommt jener Effekt zustande, der seit vielen Jahren schon den Höhepunkt der Castelbajac-Modeschauen bildet: Das Mannequin präsentiert sich, die Arme seitlich weggestreckt wie Flügel, als eine Art Staffelei aus Fleisch und Blut, denn das Kleid, das wie ein Sack an ihr herunterhängt, ist fast so glatt, als hinge es an der Museumswand, und wenn Blais oder ein anderer der jungen „Wilden" es bemalt hat, dürfte es eines nicht allzu fernen Tages wohl auch dort enden. Denn jedes dieser gemalten Kleider ist ein Unikat, wird individuell auf Bestellung angefertigt und ist zum Tragen eigentlich zu schade. Ob dieses Engagement für die junge Kunst, diese unentwegte Vergabe von Aufträgen, denn finanziell lohnend sei, will ich wissen — und sehe mich einem völlig verblüfften Modeschöpfer gegenüber, der versichert, an die ökonomische Kehrseite der Kunstmedaille noch nie gedacht zu haben. Geschadet hat ihm das offenbar nicht.

Sein Angebot jedenfalls bekommt expansive Züge, und neben Parfum offeriert er als augenfälligste Novität nun auch Bestecke und Geschirr, darunter auch jene Gläserkollektionen, die „Parthenon" und „Sparta" heißen; bei letzterem ruht der farblose Kelch, ganz spartanisch, auf einem einzigen Stiel, während es beim Glas Parthenon deren drei sind. Keine Frage, es ist der Geist der postmodernen Architektur, der sich hier anschickt, den Tisch zu erobern: eine Art gläsernes Palladiomotiv, das Ricardo Bofill ausgedacht haben könnte — wenn nicht Jean-Charles de Castelbajac es ersonnen hätte. Widerspricht dieses Bekenntnis zum postmodernen Klassizismus nicht allen künstlerischen Stilrichtungen, die Castelbajac sonst bevorzugt? Durchaus, und er selbst weiß das am besten. Der vermeintliche Widerspruch freilich ist beabsichtigt, und das sonst so geschmähte Wort „Eklektizismus" wird von ihm gern mit positivem Unterton gebraucht. Eklektisch in diesem Sinn sei beispielsweise seine Kunstsammlung. Abgesehen von der Vorliebe für Jean-Charles Blais achtet er darauf, von jedem Künstler möglichst nur ein einziges Bild zu besitzen. Für sein Bekenntnis zum Eklektizismus gibt Castelbajac gern die lebenskünstlerische Begründung, daß unterschiedliche Werke auch unterschiedliche Energien ausstrahlen, mithin sich das Auf und Ab der Lebensstimmungen nur so kreativ beantworten lassen. Kreativität ist ein zentraler Begriff für diesen Modeschöpfer, der selbst so sehr Künstler und so sehr Lebenskünstler ist, daß er fast ununterbrochen darüber nachzudenken scheint, wie sich die Flamme des Einfallsreichtums am Brennen erhalten läßt. Ob ich recht gehört habe, daß er selber male? Ja, das stimme, sagt Castelbajac, aber er wolle noch nichts zeigen, vielleicht später einmal, man werde sehen. „Ich funktioniere zyklisch", sagt er dann plötzlich, „meine Kreativität ist die Folge von Passionen" — was, alles in allem, eine hervorragende Definition von Kreativität überhaupt ist.

Es ist schwer, mit ihm nicht über das Sammeln zu reden. Das Merkwürdigste, was er zu erzählen hat, dürfte seine Leidenschaft für das Sammeln von Fahnen sein. Irgendwo habe ich gelesen, daß er an die zweihundert Stück besitze, aber er kann mich lächelnd korrigieren: „Mittlerweile sind es zweihundertachtzig." Und es werden mehr und mehr: „Gerade jetzt habe ich eine Fahne aus der französischen Revolution gekauft, wobei ich gegen drei Museen bieten mußte." Er besitzt eine Fahne aus der Zeit König Franz I., mehrere Vietcong-Fahnen „mit Kampfspuren", die Fahne, die über dem Volkswagenwerk gehißt wurde, als Hitler zu Besuch kam, aber das begehrteste Objekte, dem er seit längerem hinterherjagt, ist die „acht mal zwölf Meter große" Hakenkreuzfahne, die am Eiffelturm angebracht war und die schließlich ein Pariser Widerstandskämpfer mit nach Hause nahm. Dort ist sie zum Kummer Castelbajacs noch immer, aber er hat das Warten gelernt. Ob es nicht mühselig sei, ausgerechnet Fahnen zu sammeln, die mit soviel konkreter historischer Erinnerung verknüpft seien? „Gewiß, aber die anderen interessieren mich nicht."

Obwohl jedem, der seine Modenschauen kennt, auch die Liebe zu den Bannern nicht entgangen ist (denn er verwendet die Fahnen, wenngleich sehr dezent, manchmal zur Dekoration), so scheint unter allen seinen Passionen diese doch die merkwürdigste. Alles hat damit angefangen, daß er als Achtzehnjähriger von der Familie eine Fahne geschenkt bekam, die von einem ruhmvollen Vorfahren stammte: dem einzigen französischen Offizier nämlich, dem es gelungen war, beim legendären Übergang über die Beresina die Regimentsfahne unversehrt ans andere Ufer zu bringen. Jean-Charles de Castelbajac hat dieses Familiengeschenk als eine Verpflichtung begriffen, die ihn noch heute erfüllt, so daß er, was bei einem Modeschöpfer etwas überraschend klingt, allen Ernstes von sich sagen kann: „Ich bin von der Vergangenheit fasziniert, und die Zukunft interessiert mich nur insofern, als sie meine beiden kleinen Söhne betrifft." Womit wir bei einem seiner liebsten, wenn nicht gar seinem allerliebsten Gesprächsthema wären, bei den „racines", den Wurzeln. Was bei ihm einerseits Abstammung und Herkunft, Familie und Ausbildung meint, andererseits aber den weiten Bereich der historischen Erinnerung, aus dem er sich nicht unbedingt alle seine Anregungen holt (denn die findet er selbstverständlich zur Genüge in der Gegenwart), wohl aber die Kraft der Selbstvergewisserung. Über die Familie redet der Fünfunddreißigjährige gern, aber so beiläufig, wie es sich für tausendjährigen französischen Adel gehört: militärisch knapp sozusagen, denn alle seine Vorfahren sind Soldaten gewesen. Erst bei seinen Eltern scheint die künstlerische Begabung durchgebrochen zu sein: Der Vater hat lange Zeit als Pianist gearbeitet, die Mutter kam aus dem Architektenmilieu. Von ihr, deren Familie aus Polen stammt, hat Castelbajac die slawisch breiten Züge.

Jean-Charles de Castelbajacs Werdegang könnte man auf das Stichwort „Entwurzelung" bringen, was seine spätere Sehnsucht nach den Wurzeln erklären mag. So wurde ausgerechnet er, der geschichtsbewußte Erzfranzose, in Casablanca geboren, wo der Vater damals gerade gearbeitet hat, und bald begann in Frankreich jenes Internatsleben, das insofern wiederum eine Entwurzelung bedeutet, als es das Kind aus der Familie herausreißt. Daß Schulen, Internate und Kollegien in Frankreich durch eine bemerkenswerte Härte gekennzeichnet sind, ist aus einer Legion von Romanen und Filmen zur Genüge bekannt, und daß Jean-Charles de Castelbajac, getreu der Familientradition, schließlich auf eine militärische Erziehungsanstalt kam, hat die Strenge nur noch verschärft. „Es war hart", sagt der Modeschöpfer lakonisch, „so richtig mit körperlichen Strafen, verstehen Sie", aber dann, nach kurzem Überlegen, setzt er nicht ohne ernsten Nachdruck hinzu, daß er dennoch alles in allem nur gute Erinnerungen an seine Kindheit habe. Früh, so erzählt er, habe er die Schule verlassen, und zwar „ohne irgendeinen Abschluß". Architekt wollte er anfangs werden, zeichnen konnte er schon früh, ein bißchen habe er angewandte Kunst studiert, aber bald angefangen, Modezeichnungen an Thierry Mugler und Guy Laroche zu verkaufen — „für zwanzig Francs das Stück". Die erste eigene Modenschau ließ nicht lange auf sich warten: Sie fand 1970 statt und wurde „ein Triumph". Da war er gerade einundzwanzig Jahre alt.

Was ihn über Nacht berühmt machte, könnte man ein Dokument der Pop-art nennen. „Ich suchte mir alle möglichen Materialien zusammen", so erinnert er sich, „die noch nie für Kleidungsstücke verwendet wurden. Zum Beispiel Säcke, Wischlappen, Bandagen und Zeltplanen." Drei Jahre später auf der Schau des Jahres 1973 hatte er dann jene Linie gefunden, die seither zum Markenzeichen geworden ist: die langgestreckte Rechtecksilhouette, die damals ganz neuartig war, inzwischen aber von der Modeentwicklung bestätigt wurde. Castelbajacs persönlicher Stil freilich bleibt unterscheidbar, wenngleich seine Eigenart, wie der Modeschöpfer selbst meint, „schwer zu definieren ist". Auf jeden Fall hat sie viel mit französischer Tradition zu tun, mit einer gewissen „mönchischen Strenge" vielleicht, die Castelbajac am Mittelalter bewundert, und vielleicht noch mit jenem in Frankreich in so vielen Kunstbereichen ausgeprägten Sinn für lineare Eleganz. Eigentlich, sinniert Castelbajac, seien seine geistigen Wurzeln „keltisch", und als ich einwerfe, daß auffallend viele der jungen Maler Frankreichs aus der Bretagne kommen, da nickt er nur kurz, weil es ihm längst schon aufgefallen ist. „Meine Materialien", so erklärt er mir, „hole ich oft aus Schottland, Irland, Norwegen, niemals aus Italien." Und dann nennt er ein Beispiel für neuartige Rockmusik, die seiner Ansicht nach „keltisch inspiriert" ist. „Es klingt wie Kriegslieder", sagt er und macht eine Pause. Dann setzt er, etwas versonnen, aber nicht ohne Stolz, hinzu: „Ein Krieger bin ich nicht geworden, aber kämpferisch bin ich doch."

Der Bildhauer in guter Gesellschaft: Er verarbeitet die Kunstgeschichte auf eigene Art

Er gehört in die Toskana, ist ein Gewächs dieser Gegend, geprägt wie Wein und Öl von ihrer Lebensart, ihrem Licht, ihrer Erde, ihrer Landschaft, ihrer Geschichte und ihrer Vegetation. Sandro Chia liebt die Toskana, denn er kennt sie. Er kennt nur sie, ein Nomade, der sein halbes Leben lang reiste, ohne je anderswo anzukommen. Er reiste, um seine Liebe zu testen, doch als er zu reisen begann, war es schon zu spät. Er habe, erzählt Chia, erst als Einundzwanzigjähriger erfahren, daß Städte anders als Florenz aussehen können. Die Konfrontation mit der Moderne, mit Metropolen, Wolkenkratzern und Großstadthektik, mit einer zerstrittenen Kunstszene und orientierungslosen Akademien spielte für seine künstlerische Bewußtwerdung keine Rolle. Florenz war seine

*Von Katharina Hegewisch*

Der Handwerker mit seinem Werkzeug: In der Toskana will er seiner Kunst einen Altar errichten

Welt, ein Mikrokosmos, der ihn lehrte, künstlerischer Größe mit Gelassenheit zu begegnen. Als Kind spielte er Fußball auf Plätzen, die Brunelleschi gestaltet hatte, als junger Mann ging er in die Uffizien und ergötzte sich an den leeren Flächen zwischen den ausgestellten Bildern. Denn sie gaben ihm die Hoffnung, daß neben den Werken seiner Helden eines Tages Raum sein würde für eigene Arbeiten.

Geübt darin, nur zu sehen, was er tatsächlich sehen wollte, reiste Chia um die halbe Welt. Blind, oder präziser, stumpf allem gegenüber, was ihn an dem einmal eingeschlagenen Weg hätte irre machen können, reagierte er auf Neues stets, indem er letztlich wie immer arbeitete. Er tauchte in das Leben fremder Völker ein, aß ihre Speisen, lauschte ihrer Sprache, benutzte ihre Verkehrsmittel, doch ihre Museen interessierten ihn kaum. Er war nicht auf der Suche nach Anregungen, sondern bemüht, das, was Kindheit und Jugend in Florenz in ihm angelegt hatten, zu klären. Carrà, de Chirico und Picasso, aber auch Mantegna und Giorgione haben Spuren in seinem Werk hinterlassen – Einflüsse, die Chia auf ganz persönliche Weise umgesetzt hat, „verdaut", wie er es nennt. Kunstgeschichte als Verdauungsprozeß – wenn Chias Figuren in goldregenartigen Kaskaden ihre Blase entleeren oder aus wohlgerundeten Gesäßen Winde fahren lassen, die aussehen, als sei ein Feuerwerkskörper explodiert, dann verleihen sie dieser Auffassung Anschauung. Chias Bilder ironisieren den Entstehungsprozeß von Kunst, sie basieren auf dem, was war, und sind doch ganz sie selbst.

„Mich zu deplazieren", erklärt Chia im Rückblick auf seine Reisen, „hat für mich bedeutet, mich wesentlicher Elemente meiner selbst zu vergewissern. Es war eine Methode herauszufinden, was tatsächlich zu meinem System der Wahrnehmung gehörte und was mir durch äußere Zwänge anerzogen worden ist."

Doch nach den langen Jahren der Suche und der Ratlosigkeit, die Chia heute als Initiationszeit bezeichnet, scheint das Nomadenleben für ihn an Reiz verloren zu haben. Vor einem Jahr hat Chia sich einen Besitz in der Toskana gekauft und damit die Voraussetzungen geschaffen für seine Heimkehr. Ob als Grundlage dafür ausreicht, was er an künstlerischem Gepäck von seinen Reisen wieder mitgebracht hat – verändert, verschönt oder verschlissen durch Gebrauch – bleibt offen. Chia wagte keine Prognosen. Kreativität muß herausgefordert werden – je gefährlicher die Herausforderung, desto besser.

Halbe Sachen liegen Chia nicht. Achtzig Hektar umfaßt sein neuer Besitz, fruchtbarer Boden, der bewirtschaftet werden will. Das Land, auf dem Wein, Obst und Oliven gezogen werden sollen, verleiht Sandro Chia's Entscheidung für die Heimkehr Realität und Perspektive.

Wirtschaftliche Erwägungen aber waren nicht allein ausschlaggebend für den Kauf. Chia hätte sich wohl kaum für das Anwesen entschieden, würde es nicht bekrönt von dem um 1300 entstandenen Castello dal Romitorio, einer mittelalterlichen Festung, welche die Sieneser auf einem strategisch günstig gelegenen Hügel errichteten, um während des Krieges mit Florenz die mit ihnen verbündete Stadt Montalcino bewachen zu können. Das Castello ist ein schwerer, von Zweckmäßigkeit geprägter Bau. Kein dekoratives Detail, kein Farbtupfer mildert den Eindruck abweisender Strenge. Die dicken Natursteinmauern sind von Schießscharten übersät. Die Wände der vorspringenden Eckelemente stehen in einem schrägen Winkel zueinander, um die Wucht aufprallender Geschosse zu mildern.

Das Castello hat den Sienesern kein Glück gebracht. Jene, die einst vor der florentinischen Übermacht in die Festung flohen, wurden an Ort und Stelle umgebracht. Die Niederlage Sienas war damit besiegelt – düstere Vergangenheit. Von heiteren Begebenheiten weiß das alte Haus kaum zu erzählen. Zumindest haben sie keine Spuren hinterlassen. Seinen Bewohnern bot es Schutz vor Kälte und Hitze – mehr nicht. Wer in diesen Mauern glücklich sein will, muß stark sein. Ihr Alter wiegt schwer, Möbel und Bilder wirken in den geschichtsgetränkten Räumen wie hilflose Gesten. Sie schaffen die Illusion von einem Zuhause. Das Gefühl aber, nur vorübergehend Gast zu sein, ist schwer zu verdrängen.

Das Haus paßt zu Chia. Es bedarf seiner Anwesenheit nicht, um zu sein, was es ist. Es gestattet ihm zu gehen, wann immer ihm danach ist, und darum wird er vielleicht bleiben. In Chias Atelier steht ein fast fertiges Bild. Ein Jüngling, ein Hirte wohl, liegt ausgestreckt vor einer vierteiligen, von diversen Mustern und Maserungen beherrschten Kulisse. Wo und Wann des Schauplatzes sind nicht näher definiert. Die Beziehung zwischen Raum und Figur bleibt unbestimmt. Die Facettierung des Hintergrundes erinnert entfernt an kubistische Landschaften. Aus der Nähe und aus der Ferne Gesehenes liegt wie in einem Puzzle nebeneinander. Eine Fläche erinnert in ihrer Struktur an die Adern eines welken Blattes, eine andere glitzert wie die Pfützen, die sich bei Regen in den Ackerfurchen bilden. Chia hat in sein Bild geholt, was die Landschaft der Umgebung bestimmt. Es spiegelt Kleinteiligkeit und Unregelmäßigkeit der Felder, reflektiert ihre herbstlichen Farben, die zwischen leuchtendem Grün, Rotbraun und Schwarz changieren, es erinnert an die Belaubung eines Mischwaldes und an die sanften Rundungen der umliegenden Hügel. Das Bild ist ein Zeichen dafür, daß Chia zumindest der Toskana mit sehenden Augen begegnet. Doch auch hier sieht er nur, was er sehen will, genau wie ein von ihm geschaffener Bronzekopf, der archaisch streng den an das Atelier angrenzenden Innenhof bewacht und dessen Augen mit Blättern bedeckt sind. Er sieht durch die Brille der Natur.

Rückblickend bezeichnet Chia seinen Lebensstil der letzten Jahre als imperialistisch. Er habe sich überallhin verbreitet, habe seine Energien verteilt und verschwendet. „Ich habe die Auflösung riskiert, jetzt möchte ich die Konzentration erproben. Ich möchte die spirituelle Qualität meines Lebens steigern."

Chia hofft, die Voraussetzungen dafür geschaffen zu haben. Die Instandsetzungsarbeiten an seinem Haus sind fast abgeschlossen. Ruhe wird einkehren, eine Situation, die Chia bisher kaum kennengelernt hat. Denn unruhig wie sein Leben waren auch seine Studios, ob in Rom, in New York oder in dem in eineinhalbstündiger Entfernung von New York gelegenen Rhinebek. Umzüge, Handwerker, Gäste, ein turbulentes Privatleben und die Tatsache, daß er Anfang der achtziger Jahre innerhalb kürzester Zeit ins Scheinwerferlicht des öffentlichen Interesses rückte – ein endloser Wirbel von Ereignissen. Chia behauptet zwar, auch in Zeiten, in denen er nicht einmal das Geld hatte, um sich Farben zu kaufen, stets so gehandelt zu haben, als wäre er erfolgreich. Der Erfolg habe also einen Erfolgsgewohnten

D. O. M
DIVO ANTONIO PATAVINO
SACELLUM, ET ALTARE HOC
PIETAS FRATRUM
IACOBI, ET FILANDRI TAMANTI
DICAVIT
A. R. S
MDCCVII

Der Maler vor
der weißen Leinwand:
Er hält das Bild für
eine „Kompensation
der Katastrophe“

Der Künstler als Bild einer Ausstellung: Schon als Junge sah er die eigenen Bilder in einer Reihe mit den großen Vorbildern

getroffen. Heute kosten seine Bilder – etwa in der Hamburger Galerie Ascan Crone – zwischen achtzigtausend und hunderttausend Dollar. „Außer der Größe meiner Studios hat sich eigentlich nichts geändert." Doch solange man den Erfolg nur antizipiert, ist sein möglicher Verlust keine unmittelbare Gefahr.

Chia verzettelte sich. Mit den internen Gesetzen der internationalen Kunstszene nicht vertraut, wollte er die Vorteile des Erfolges genießen, ohne die Rechnung dafür zu bezahlen. Anders als Cucchi oder Clemente, die derselbe „Hunger nach Bildern" an die Spitze der Kunstszene katapultierte, versäumte er, sich zu plazieren, sich Kuratoren und Galeristen unentbehrlich zu machen. Heute fühlt er sich aus eigener Schuld isoliert, nennt sein Benehmen der letzten Jahre sorglos, arrogant und kindisch. Doch er bedauert nichts. Hätte er die Chance, noch einmal von vorn anzufangen, würde er jeden seiner Schritte wiederholen, aus Dummheit, wie er selber sagt, aber auch aus Radikalität.

Selbstzweifel sind Chia fremd. Was könne man auch anderes, fragt er, von jemandem erwarten, der sich an der Lektüre der Autobiographie Benvenuto Cellinis gebildet hat. Seine Konzentration wurde zwischenzeitlich anderswo gefordert. Wie Chias jüngste Ausstellungen in New York und London beweisen, war die Schwäche nur vorübergehend.

„Genie hat etwas damit zu tun, wieviel Schmerz man ertragen kann", sagt Chia nachdenklich. Für ihn war Cellini nicht nur ein Angeber, ein eitler, egoistischer, seine Talente verschwendender Prahlhans. Chia ist sensibel für die Wahrheit, die sich hinter Cellinis großspurigem Wortschwall verbirgt. Er weiß, daß sich dieser Mann letztlich nicht an seinem Leben, sondern an seinem Werk verbrauchte, daß er tiefe Verwundungen davontrug und im Alter angeschlagen war wie ein müde heimkehrender Soldat.

Künstler leiden an ihrem Werk. „Wenn Du geboren bist, um zu hängen, wirst Du niemals ertrinken", lautet der melancholische Titel einer seiner jüngsten Arbeiten – Öl auf Papier, das später auf Leinwand aufgezogen wurde. Chia erzählt, wie das Bild entstand. Er wollte etwas Leichtes, Delikates, Subtiles schaffen, etwas von der Eleganz eines Fechtkampfes, dem man Mühelosigkeit und das Glück des günstigen Momentes ansehen sollte. Doch die Formen, die er fand, korrespondierten nicht mit dem, was er ausdrükken wollte. Sie verwoben sich, widerborstige, unfügsame Elemente, zu einem dichten Knäuel ungelöster Probleme. Das Papier zerfiel unter seinen wütenden Versuchen, das Widerstrebende zu ordnen. Dem Resultat ist diese Anstrengung kaum anzumerken. Chia hat den Kampf gewonnen. Doch was er erinnert, ist nicht der Sieg, sondern Schmerz und Mühsal, die ihm vorausgingen.

„Mich interessiert an einem Kunstwerk der Grad des Risikos, das der Künstler eingegangen ist", bekennt Chia. „Es ist wie im Leben, man bringt sich in unmögliche Situationen, um sie zu überwinden. Die weiße Leinwand", fährt er fort, „ist so schön. Warum zerstören wir sie? Wir zerstören sie aus der Arroganz des Augenblicks. Aber dann gilt es, für die Verletzung, die der Leinwand angetan worden ist, eine Entschädigung zu schaffen, eine Kompensation für die Katastrophe, die immer am Anfang steht."

Wir sitzen an einem großen Tisch im zentralen Raum des Hauses. Im Kamin brennt das Feuer, aus dem Nebenzimmer dringt die Geräuschkulisse des italienischen Nachmittagsfernsehens. Julia, Chias amerikanische Freundin, die ein Kind von ihm erwartet, legt ab und zu ein Holzscheit nach. „Man muß versuchen", sagt Chia, „etwas zu tun, das man noch nicht kann, etwas, das außerhalb der eigenen Reichweite liegt. Jedes Werk ist der Versuch, ein Kunstwerk zu schaffen." Das Urteil darüber, ob der Versuch gelungen ist, bleibt der Nachwelt überlassen. Das Geniale entzieht sich sachlichen Beurteilungskriterien. Sandro Chia spricht voller Ablehnung über die Kunstakademien, die heute jedem erlauben, als Genie aufzutreten und die Ausbildung praktischer Fähigkeiten zu vernachlässigen.

Er selbst hat eine harte Schule durchlaufen, eine Schule, wie sie nur in dem von handwerklicher Tradition und Qualitätsbewußtsein bestimmten Florenz denkbar war. Chias künstlerische Laufbahn beginnt mit einer Episode, an der der florentinische Künstlerbiograph Vasari seine Freude gehabt hätte. Von seinen Eltern als Fünfzehnjähriger am technischen Institut angemeldet, traf Chia dort auf einen Mann, der seine Talente umgehend erkannte. Es war ein Geometrielehrer, ein Künstler, der im Krieg einen Arm und damit seine Berufung verloren hatte. Ohne Wissen der Eltern schleuste er den Jungen in das benachbarte Kunstinstitut ein. Dank dieser Einführung schöpfte niemand Verdacht. Als die Eltern endlich entdeckten, was vor sich ging, sahen sie sich vor vollendete Tatsachen gestellt. Der Weg, den ihr Sohn eingeschlagen hatte, ließ sich nicht mehr korrigieren.

Die Ausbildung erforderte viel. Neben sämtlichen Fächern, die an einem normalen Gymnasium gelehrt werden, wurden täglich acht Stunden Kunst unterrichtet. Niemand fragte nach Genie. Es galt, Aufgaben zu bewältigen, die von bewunderten und heiß verehrten Lehrern aufs strengste korrigiert wurden. Handwerkliche, technische Fähigkeiten zählten. Wer seine Sache gut machte, durfte sich an einem Fresco versuchen, eine Auszeichnung, die von den Schülern so hoch eingeschätzt wurde, daß sie selbst bei Temperaturen unter Null und gefrierenden Materialien nicht darauf verzichten mochten.

Die Maler galten an der Schule, die auch Bildhauer und Architekten ausbildete, als Aristokratenclub, kompromißlose Gesellen, deren Zukunft in den Sternen stand. Grabmäler versprachen den Bildhauern ein gesichertes Einkommen, die Architekten würden zumindest als technische Zeichner unterkommen können. Das Malerdasein aber erforderte von Anfang an absolute Risikobereitschaft. In Florenz, wo gutes Handwerk seit jeher höher eingeschätzt wird als der geniale Wurf, hätte Chia nicht zum Künstler werden können, wäre er nicht auf geradezu blasierte Weise von sich selbst überzeugt gewesen.

Filippo, Chias kleiner Sohn aus erster Ehe, kommt zu uns an den Tisch. Nachdem er sich für einen Moment an seinen Vater gelehnt hat, läuft er fort, um sich ein paar Spielsachen zu holen. Sein schmales, feines Gesicht reflektiert die Züge der Mutter. Die Hände aber weisen ihn als Sohn seines Vaters aus. Es sind breite, bewegliche Hände, die ebenso tasten wie zugreifen können und die ständig in Bewegung sind, um irgendetwas herzustellen.

Kinder sind ein häufiges Sujet in Chias Werk. Sie schweben als gute Geister über ihren Vätern, sind ihnen ähnlich in Ausdruck und Bewegung. „Das Kind ist der Vater des Mannes", betitelt Chia eine große Zeichnung und faßt damit zusammen, was er empfindet.

„Kinder", sagt er in seiner bedächtigen, ruhigen Art, „sind das Schönste im Leben. Sie sind die Sublimation kreativer Energie, sie sind wie ein Kunstwerk. Man gibt sein Bestes, um sie zu schaffen, um ihnen eine Form zu geben. Aber dann haben sie ihr eigenes Schicksal, das völlig unvorhersehbar ist. Es wäre ein Fehler, dieses Schicksal kontrollieren zu wollen."

Verfolgt er den Weg, den seine Werke nehmen? Chia ist neugierig auf die Reaktion des Publikums. Er findet sie häufig überraschend, oft abwegig und manchmal klärend. Mißverstanden im eigentlichen Sinne aber fühlt er sich selten. Denn es geht ihm nicht um die Vermittlung vordergründiger Inhalte. Oberflächlich betrachtet, gleichen sich die Geschichten, die seine Bilder erzählen, Geschichten von Liebe und arkadischem Frieden, von Hirten und bukolischer Lebensfreude. Die Botschaft dieser Kunst, die in fröhlichen Farben und unaggressiven Formen schwelgt, ist nicht die Weltentrücktheit, das Mit-sich-eins-sein und die schwebende Heiterkeit ihrer Figuren. Ob diese in einer blauen Grotte Purzelbaum schlagen, im Café Tintoretto herumfliegen oder vor rotglühender Landschaft im Angesicht der Mutter einen Vater-Sohn-Konflikt austragen, ist nur von zweitrangiger Bedeutung. Chia hat eine Tendenz, seine Sujets zu wiederholen. Wichtig ist weniger, was, vielmehr wie etwas dargestellt ist.

Auf den ersten Blick wirken Chias Gemälde, seine Zeichnungen und Skulpturen, erstaunlich konventionell. Was Themen und kompositionelle Lösungen angeht, zitiert er aus dem großen Repertoire der Kunstgeschichte. Er wäre der letzte, der sein Interesse an Prototypen, die im Laufe der Geschichte immer wieder anderen Künstlern zum Ausgangspunkt geworden sind, leugnen würde. Seine 1985 für Bielefeld geschaffene Skulptur „Passione per l'Arte" etwa variiert das Haltungsmotiv eines anatomischen Studienmodells aus dem sechzehnten Jahrhundert, nach dem auch Matisse, Cézanne und van Gogh Arbeiten anfertigten – persönliche Interpretationen, die sich so grundsätzlich voneinander unterscheiden wie verschiedene Inszenierungen eines Stückes.

Chias jüngste Arbeiten dagegen nehmen eine Erfindung der klassischen Moderne auf, das „papier colle", das Picasso und Braque einst half, die analytische Phase des Kubismus zu überwinden. Chia nutzt diese Erfindung, um die räumliche Ambiguität seiner Werke zu steigern. Ein Stück Holzimitation, das aussieht, als wäre es aufgeklebt, in Wahrheit aber in trompe l'oeil-Manier gemalt ist, nimmt der dahinterliegenden bukolischen Szene jegliche Realität. Fläche liegt über Fläche. Der Künstler entlarvt sich selber als Meister des Als-ob.

Chias Kunst ist zeitlos. Er empfindet eine ausgesprochene Abneigung gegenüber Kunstwerken, die in erster Linie von der Provokation leben, die sie in einem bestimmten Moment für ein bürgerliches Publikum bedeuten. „Ich bin sensibel für und kenne die Schönheit von rostfreiem Stahl, von Lehm oder angelaufenem Messing, wenn ich diese Materialien zum Beispiel in den Dogs von New York sehe. Doch sie aus ihrem Kontext zu reißen, ist eine Form von Gewalt, ist Spekulation, die auf die Annahme baut, daß jene Leute, die in Galerien kommen, nicht in den Dogs spazierengehen." Sich um einer fragwürdigen ästhetischen Anerkennung willen zum Bindeglied zweier Welten zu machen, hält Chia für feige. Er spricht in bezug auf solche Kunstäußerungen von politischer Inneneinrichtung. Die Galerie sei der falsche Ort für politische Äußerungen, ein goldener Käfig, in dem man Extremes sagen könne, ohne sich selbst aufs Spiel zu setzen. „Lenin hat für seine Ziele seinen Hintern riskiert – aber einige bourgeoise Sammler zu skandalisieren, was soll das?" Kunst, die provozieren will, aber auf Anerkennung stößt, diskreditiert sich selbst. Chia unterscheidet sehr genau. Er verehrt, was eigenständig, was visionär und ursprünglich war, was sich als wegweisend und tragend für die Zukunft erwies. Beuys, Warhol und Duchamp beispielsweise. Dinge aber, an denen der Geruch des Spekulativen, des Modischen und Plagiativen hängt, sind ihm zuwider. Er bezeichnet sie als indiskret, was für Chia das Negative schlechthin bedeutet.

Metamorphosen bestimmen den Lauf der Kunstgeschichte. Zitate sind nicht per se abzulehnen. Doch auch, was man aufgreift und in die eigene Arbeit integriert, ist für Chia eine Frage der Diskretion. Es gibt für ihn Dinge, deren Benutzung sich durch das Wissen um ihre Entstehungsgeschichte verbietet. Dazu gehören für Chia die Formulierungen und Materialien des Joseph Beuys. Seine Achtung für diesen Künstler ist groß. „Beuys mußte alles selber schaffen, das Umfeld und die Gesellschaft, in der seine Art, Kunst zu machen, ihren Platz finden konnte." Für Chia war Beuys der diskreteste Künstler der Welt. „Bevor er ein Material benutzte, hat er Jahre darauf verwandt, diesem Material mit ungeheurer Genauigkeit und fast religiösem Respekt die ihm gemäße Atmosphäre zu schaffen. Jene, die Beuys heute folgen, beuten ihn aus. Sie bedienen sich seines Publikums, das ihnen aus reiner Ermattung eine Anerkennung zuteil werden läßt, die es Beuys nie zu geben bereit war." Für Chia ist das Leichenfledderei, zynische, nekrophile Spekulation, die er mit der Schändung eines Hauses vergleicht, das einem anderen gehört. „Welche Vorstellung von Erfolg liegt solchem Vorgehen zugrunde?", fragt er angeekelt.

Die seine jedenfalls ist es nicht. Die Verwendung des Zitates ist für ihn nur dann gerechtfertigt, wenn er das Gefühl hat, daß das, was er zitiert, ursprünglich zu ihm gehört, als Metapher für etwas, das Teil seines eigenen Schaffens bildet. „Das Zitat ist der am wenigsten peinliche Ausgangspunkt, ein Vorwand für eine neue Interpretation. Man sollte sich der Mittel bedienen, die am verfügbarsten sind, um auszudrücken, was ausgedrückt werden muß." Lautes Auftreten und schockierendes Gebaren liegen Chia nicht. Seine Kunst will auf leisen Sohlen daherkommen, ein schleichendes Gift, dessen Wirkung mit Verspätung einsetzt. „Kunst muß die Menschen mit subtilen Methoden beeindrucken. Das Direkte, das Offensichtliche und Durchschaubare ist Sache des Fernsehens. Wenn Kunst sich so geriert, wird sie zu einem Medium wie andere auch, hergestellt für einen bestimmten Moment, eine bestimmte Kultur, ein bestimmtes Publikum."

Wichtig ist für Chia nicht der unmittelbare Eindruck, sondern das, was nachklingt, das, was bei der Arbeit als Geheimnis verbleibt und damit über sie hinausweist. Er spricht über den florentinischen Manieristen Pontormo, über die Faszination, die dessen Figuren auf ihn ausüben. „Sie schweben, sie sind keinem bestimmten Ort zuzuweisen. Was sie tun, bleibt unklar. Es ist fast unmöglich, zu entscheiden, warum sie mit diesen Gesichtern und mit diesen Gesten auf der Bildfläche erscheinen." Die Ambiguität, die Sandro Chia an Pontormos Kompositionen schätzt, bestimmt auch seine eigenen Arbeiten. Die Handlungen seiner Figuren bleiben rätselhaft. Sie bewegen sich mit merkwürdiger Selbstverständlichkeit in weder zeitlich noch räumlich näher definierten Umgebungen. Sie sind einander zugeordnet, ohne wirklich miteinander zu kommunizieren. Sie existieren für sich, nicht Abbild eines Menschen, sondern Idee, die Gestalt angenommen hat.

Pontormo war ein Sonderling, ein Neurotiker, der zeitweise auf einem Baum lebte und in seinem Tagebuch genau notierte, was und wieviel er täglich an Nahrung zu sich nahm. Doch seine Gemälde, so seltsam und geheimnisvoll sie auch sein mögen, geben von dieser privaten Existenz nichts preis.

Auch Chia ist ein Einzelgänger. Er mißt sich nicht an anderen, an wem auch? Die Position, die Picasso innerhalb der Kunstszene als ein jedem vertrauter, schulbildender und zu überwindender Bezugspunkt eingenommen habe, sei vakant. Getragen von einer Welle öffentlicher Zustimmung und oft nur vorgetäuschten Verstehens, sitzen heute laut Chia alle gleichberechtigt auf dem Olymp. Die Szene zerfällt in viele Zentren. Die Künstler schauen nicht mehr aufeinander, sondern in erster Linie auf das Publikum.

Doch auch das tut Chia nicht. Er entzieht sich dem Zugriff postmoderner Deutungsversuche – und damit letztlich seiner Rehabilitation –, indem er sich weigert, sein Tun als Interpretation außerkünstlerischer Gegebenheiten zu beschreiben. Chia ist ein Intellektueller, wenn er denkt. Doch wenn er malt, ist er naiv, naiv wie die frühen Meister der Renaissance. Chia kennt seine umstrittene Position innerhalb der Kunstszene, „die mich haßt, wie die Bourgeoisie Beuys gehaßt hat". Sein sonst so ruhiges Gesicht gerät in Bewegung, während er dies sagt. Die Resonanz, die er findet, ist ihm keinesfalls gleichgültig. Zu Konzessionen aber ist er nicht bereit. Er weigert sich, den Erwartungen seiner Umwelt zu genügen und seine künstlerische Radikalität wie so viele andere durch immer größere Formate, immer gigantischer, nur noch im öffentlichen Raum oder im Museum zu verwirklichende Projekte zu beweisen. Seine Radikalität besteht darin, daß er bleibt, was er ist, „die einzige Provokation, die wirklich funktioniert".

Der Jäger vor der Strecke: Aberhunderten Prominenter wurde das Vorrecht zuteil, von Eisenstaedt gesehen zu werden

Ein versteckter Raum, genau achtundzwanzig Stockwerke über New York, nur ein paar Quadratmeter groß und ohne Fenster. Hier drängt sich Geschichte, hier stapelt sich, was Susan Sontag Scheiben der Zeit, Stücke der Welt und Miniaturen der Wirklichkeit nennt. Fotos, überall Fotos. Fotos in gelben Kartons, die sich bis zur Decke türmen. Fotos in prall gefüllten Schubläden. Fotos in Kisten und Kästen, auf Regalen und Tischen und hinter Türen. Und Fotos hängen, wo noch und auch wo kein Platz war, dazwischen und darunter und darüber: Marilyn Monroe in Farbe und in Schwarzweiß, Sophia Loren als Covergirl und liebende Mutter, Marlene Dietrich im Posterformat, der Wiener Hollywoodstar Hedy Lamarr, George Bernard Shaw, John F. Kennedy, die Sil-

*Von Jordan Mejias*

Der Sammler im Archiv: Eine Foto-Dokumentation dieses Jahrhunderts birgt Eisenstaedt in den Schachteltürmen seines winzigen Büros

EISENSTAEDT
SOUTHWEST CRAFT CENTER CHAPEL
Contacts with negatives

houette einer Schlittschuhläuferin auf einem blendenden Eisspiegel und – der Grund und der Grundstock der Sammlung – eine Tennisspielerin im Nachmittagslicht. Mit ihr und ihrem schattigen Doppelgänger begann die Karriere Alfred Eisenstaedts, des Mannes, der für all die Kostbarkeiten in dieser fotografischen Schatzkammer verantwortlich ist. Unter dem Titel „Herbst, die Schatten fallen länger“ stellte der Berliner „Weltspiegel“ die Aufnahme im Jahre 1927 vor. Seitdem hat Eisenstaedt nicht mehr aufgehört zu fotografieren. Seine Bildreportagen gehen in die Tausende. Allein für das amerikanische Magazin Life lieferte er ein knappes Hundert Titelseiten. Es heißt, mehr Fotos als von irgendeinem anderen Fotografen seien von ihm veröffentlicht worden. Dazu seine Erklärung, so einfach wie einleuchtend: „Ich bin niemals müde geworden, habe aber jeden Reporter müde gemacht.“ Bin geworden? Habe gemacht? Er untertreibt, und vor allem redet er zu Unrecht nur von und in der Vergangenheit. Wie er da sitzt, umgeben von seinem Lebenswerk und direkt neben einem noch neueren Foto, das ihn in einer Badehose am Strand zeigt; wie er erzählt, wie er lächelt und manchmal auch lacht, bringt er Vergangenheit doch mitten in die Gegenwart. Einen Schlußstrich unter seine Arbeit hat dieser Mensch nicht gezogen. Aufträge nimmt er zwar nicht mehr an, und überhaupt fotografiert er nun selten. Aber sein Hunger nach neuen Eindrücken und neuen Erfahrungen ist weiterhin ungestillt. „Mein Enthusiasmus hält mich am Leben“, sagt er, der ein gutes Jahr älter ist als das Jahrhundert und täglich mit der U-Bahn ins Büro fährt. „Mein Geist altert nicht, es ist der eines Dreißig- oder Vierzigjährigen.“

Eisenstaedt erzählt, wie er fotografiert. Bei beidem kennt seine Begeisterung fürs Leben und für die Arbeit keine Grenzen. Nicht immer muß das nur Vorteile haben. Sein Enthusiasmus spielte schon einem seiner ersten Aufträge einen Streich. Für die Associated Press war er nach Assisi gereist, um von der Hochzeit König Boris' von Bulgarien mit der jüngsten Tochter der italienischen Königsfamilie zu berichten. So hingerissen war er von dem Land, von der Stadt und dem Spektakel des Festes, daß er alles fotografierte. Mit Ausnahme des Brautpaares. Seine Auftraggeber waren darüber nicht gerade entzückt. Selbst als erfahrener Bildreporter hat er sich immer wieder von einer aufregenden Aufgabe aus dem Gleichgewicht bringen lassen. Besonders wenn sie so aufregend für ihn war wie Marilyn Monroe. Er fotografierte die Filmschauspielerin mit zwei Kameras, einmal schwarzweiß und einmal in Farbe. Erst zu Hause merkte er, daß er die Filme vertauscht hatte. Nicht mehr als zwei Farbaufnahmen waren zu gebrauchen. In Aufregung anderer Art versetzte ihn die Aussicht auf ein gemeinsames Porträt Albert Einsteins und Robert Oppenheimers. Die Folge war nun, daß er anfangs ganz und gar vergaß, einen Film einzulegen.

Unerschöpflicher Enthusiasmus aber und ein von Arroganz und Überheblichkeit völlig freies Berufsverständnis waren die Fundamente seines Erfolges. „Mein ganzes Leben lang habe ich mir nie etwas eingebildet auf meine Arbeit. Was ist denn ein Fotograf schon neben einem Komponisten oder einem Arzt? Neben einem Erfinder?“ Das sagt der Erfinder einiger der schönsten Ballettbilder. Sie entstanden um 1930 in der Pariser Oper. Rembrandt hat bei der Beleuchtung und Edgar Degas bei der Mise-en-scène assistiert.

Und doch interessieren ihn ästhetische Delikatessen nur am Rande. Eisenstaedts Spezialitäten waren das Ergebnis einer schnellen Reaktion und eines geschulten Reflexes. Für die sorgfältig überlegte Pose, das langwierige Arrangement und die kunstvoll ausgeleuchtete Szene hatte er keine Zeit. Er war der Fotograf, der von dem nahm, was er vorfand. Er war der Reporter, der kam, der sah, der knipste. „Wenn ich ein Bild mache, weiß ich nicht, warum ich es mache“, sagt er auch heute noch. „Mein Hirn ist dabei ausgeschaltet, nur meine Augen und meine Fingerspitzen sind beteiligt.“ Ein andermal redet er von einem Kurzschluß zwischen Hirn und Fingern.

Handwerk, die selbstverständliche Voraussetzung eines solchen Arbeitens, beschränkt sich bei Eisenstaedt nicht auf die Technik der Kamera. Er war auch ein Meister zwischenmenschlicher Techniken. Alle Menschen, die er fotografierte, habe er so behandelt, wie er von ihnen behandelt werden wollte: „Und manchmal war es wichtig, mehr Diplomat als Fotograf zu sein“, fügt er hinzu. George Bernard Shaw, dem Vegetarier, sandte er etwa Bananen mit einer Auswahl seiner Fotografien. Die Geste gefiel; Shaw ließ sich porträtieren und setzte sich für den Fotografen auch noch ans Spinett. Von seiner musikalischen Beschlagenheit machte Eisenstaedt guten Gebrauch, als er Dimitri Mitropoulos abzulichten hatte. Den widerstrebenden Dirigenten nahm er mit der Frage für sich ein, wer da im Nebenzimmer wohl gerade William Turner Waltons Violinkonzert übe. (Es war ein Geiger namens Heifetz.)

Als Reporter, sagt Eisenstaedt, wolle er festhalten, was vor seine Kamera komme. Zu interpretieren sei nicht seine Aufgabe. Da gibt er sich eine Spur versöhnlicher, als er es in Wirklichkeit war. Das bekannte Porträt Goebbels', der einen haßerfüllten Blick in die Kamera schleudert, hat immerhin ein weniger bekanntes und freundlicheres Gegenstück. Der Luftballon jedoch, den eine winzige Nadel zum Platzen bringen könnte und der sich Benito Mussolini nennt, verdankt seine lächerliche Pracht ein ganz klein wenig auch dem kritischen Blickwinkel der Kamera.

Fotografie ist mir immer als eine ungezogene Beschäftigung vorgekommen – das mochte ich am liebsten an ihr und deswegen fühlte ich mich sehr pervers zu Beginn.“ Was Diane Arbus so freimütig bekannte, würde Alfred Eisenstaedt nun allerdings nie über die Lippen kommen. Er zog es vor, die Welt mit scharfen, aber wohlwollenden Augen zu beobachten; er wollte gutmütig staunen und staunen machen. Karikaturisten ersetzten seinen Kopf mit einer Kamera. „I am a camera.“ Christopher Isherwoods Satz gilt nicht allein für ihn selbst. Eisenstaedt war ebenfalls eine Kamera. Unermüdlich registrierte und dokumentierte er, hielt er Ausschau, lag auf der Lauer. Sobald sich etwas regte, schoß er. Er traf beinahe immer, und er ließ seine Opfer doch leben.

„Ich war ein Fanatiker und bin ein Fanatiker geblieben“, erklärt er. Ein Fanatiker und sein ganzes Leben lang auch ein Fan. Kaum einmal vergaß er, die Kamera einem Zuschauer in die Hand zu drücken und sich zusammen mit dem berühmten Schauspieler oder dem berüchtigten Politiker fotografieren zu lassen. Kartons über Kartons hat er auch mit solchen Aufnahmen gefüllt. Eisie hier, Eisie da. Hier ein Küßchen für die Loren, da ein Flirt mit der Monroe. Heute im Gespräch mit Haile Selassie, morgen im Bett mit Paulette Goddard (keine Angst oder

Der Fotograf als Modell: Vor Serge Cohen schlägt er sich staunend an den Kopf. Als Fotoreporter war Alfred Eisenstaedt der Mann, der kam, sah und knipste

falsche Hoffnungen: die Aufnahme entstand in den keuschen Nachkriegsjahren und ist durchaus nicht jugendgefährdend). Eisie lief Schlittschuh mit Truman Capote, rückte „Dick“ Nixon die Krawatte zurecht und ging picknicken mit einem Rockefeller.

Und kaum einmal vergaß er auch, um ein Autogramm zu bitten. „Wollen Sie meine Autogrammbücher sehen?“ erkundigt er sich. Was für eine Frage. Ein Stapel gelber Umschläge liegt bereits vor ihm auf dem Schreibtisch. Er fackelt nicht lange und zieht ein Bändchen nach dem anderen aus ihnen heraus. Zeitgeschichte hat es sich im Poesiealbum bequem gemacht. Da ist Dr. Goebbels, der seinen Namenszug in Bleistift hinterläßt und sich jedes weiteren Kommentars enthält. Da ist Gerhart Hauptmann, der seine Signatur dem „Meister des Lichtbildes“ widmet. Da sind zwei Karikaturen von Emery Kelen und Schäfer-Ast, die den „rasenden Photographen“ und den „Mann mit dem Leica-Gesicht“ verulken.

Marilyn Monroe schreibt zum Andenken: „Sie haben einen Palast aus meinem Patio gemacht.“ Jackie Kennedy, beim Fototermin von einem Sturm überrascht, bekennt: „Mit niemandem strande ich lieber in einem Hurrikan.“ Hanna Schygulla schmeichelt fragmentarisch: „... aus heiterem Himmel ... eine Überraschung!“ Albert Einstein trägt sich zweimal ein; „mundus vult decipi (wahr, aber nicht von mir)“ ist ihm 1949 eingefallen, zwei Jahre zuvor hatte er in drastischerer Laune behauptet: „Der Teufel scheißt auf einen großen Haufen.“

Aus Ettal schickt der „sehr ergebene Thomas Mann“ eine eng beschriebene Postkarte. „Schönsten Dank“ will er sagen für die „wohlgelungenen Bilder“, die der „sehr geehrte Herr Eisenstaedt“ anläßlich der Überreichung des Nobelpreises gemacht hatte. Der Herr mit der makellos kontrollierten Schrift zählt auf, was er „besonders geglückt“ findet, was „unvermeidlicher Weise etwas perspektivisch verzerrt“ ist, und schließt: „Jedenfalls bieten diese Photographien die anschaulichsten Erinnerungsmittel meiner skandinavischen Dokumentensammlung, und ich freue mich auf die noch ausstehenden.“

In Eisenstaedts bedeutendsten Bildern verdichtet sich Zeit. Sie sind Konzentrat und Kürzel einer Epoche, einer Befindlichkeit und einer Stimmung. Sein Genie bestand darin, instinktiv den symbolischen Gehalt eines Augenblicks wahrzunehmen oder sogar vorauszuahnen. Bestes Beispiel ist die legendäre Aufnahme, die bei der New Yorker Parade nach dem Sieg der Alliierten über die Japaner entstand. „Ich sah, wie ein Matrose die Straße entlanglief und jedes weibliche Wesen küßte, das ihm über den Weg lief“, erzählt er. „Und plötzlich sah ich, daß er sich etwas Weißes schnappte. Wäre das Mädchen keine Krankenschwester und nicht in Weiß gekleidet gewesen, hätte ich das Foto niemals gemacht.“ Auf dem Bild zu sehen sind der Times Square und in seiner Mitte ein Matrose und eine Krankenschwester in leidenschaftlicher bis akrobatischer Umarmung. Der Begeisterungstaumel dieser Tage war nicht besser zu inszenieren. Zufall und Glück führten Regie, und der wache Blick des Fotografen wählt aus. Bei einem viel früheren Bild war das ähnlich. Ein Jahr vor Ausbruch des Abessinienkrieges wurde Eisenstaedt nach Äthiopien geschickt, um Haile Selassie zu fotografieren. Er kam zurück mit Tausenden von Fotos, mit Aufnahmen von der exotischen Pracht und der Armut des Landes.

Fotografien zu sammeln bedeutet, die Welt zu sammeln“, schreibt Susan Sontag in einem ihrer bedenkenswerten Essays zur Fotografie. Eisenstaedt hat unentwegt gesammelt, über Jahre und Jahrzehnte. Sein kleines Büro im New Yorker Time & Life Building ist eine Zeitmaschine, und ein Besuch bei ihm endet unversehens in einer Reise durchs Jahrhundert. Zwei Generationen Weltgeschehen kann er in Bildern vorlegen, und eine dritte zaubert er aus seinem unfehlbaren Gedächtnis hervor. Bis zur Jahrhundertwende reicht seine Erinnerung zurück, bis zu seinem Geburtsort Dirschau im damaligen Westpreußen. Die große Weichselbrücke sieht er noch deutlich vor sich, auch die gepflasterten Straßen und das Kaufhaus der Eltern.

Als er sieben Jahre alt war, so berichtet er, übersiedelte die Familie nach Berlin. Dreimal zogen sie um, und einmal wohnte Einstein im Haus schräg gegenüber. Das fand er aber erst vor kurzem heraus. Nach seiner Schulzeit am Hohenzollern-Gymnasium fing er eine Kaufmannslehre in Gera an. Der Erste Weltkrieg verkürzte sie zum Zwischenspiel.

Anfang der zwanziger Jahre befand er sich wieder in Berlin, wo er mit Knöpfen und Gürteln sein Brot zu verdienen suchte. Ein schlechter Vertreter sei er gewesen, und verkauft habe er nie etwas. Als er zum zweitenmal Geschmack am Fotografieren fand, wurde er noch schlechter. Die erste Kamera hatte ihm ein Verwandter zum vierzehnten Geburtstag geschenkt. Jetzt aber, um nicht ganz in der Eintönigkeit seiner beruflichen Malaise zu verkommen, sparte er sich das Geld für eine Zeiss Ideal zusammen und fotografierte alles, was ihm vor die Linse kam: „Ich war ständig auf der Suche nach Schatten, Sonnenlicht und Schönheit.“

Sein erstes veröffentlichtes Bild, die Tennisspielerin aus dem Jahre 1927, hatte er in Johannisbad gemacht, während eines Urlaubs in Böhmen. Der Zufall stand Pate, nachträglich. Bei einem Freund fielen ihm ein Holzkasten und eine Glühbirne aus Mattglas auf. Ein Vergrößerungsapparat. Mit diesem Foto versuchte er sich zum erstenmal an der Apparatur. Er vergrößerte nur einen kleinen Teil und schnitt alle Natur, alle Bäume und Sträucher weg. Im Schnappschuß entdeckte er das Bild. Aus der gelegentlichen Mitarbeit bei Berliner Illustrierten und Zeitungen wurde ein Beruf. Seine Leistungen als Verkäufer konnten einfach nicht mehr tiefer sinken. Als Fotograf, als Fotoreporter gar, den Lebensunterhalt zu verdienen, war gleichwohl ein tollkühner Gedanke. Eisenstaedt, dreißig Jahre alt und mittellos, setzte ihn in die Tat um. Er nahm sich Pioniere wie Erich Salomon und Felix H. Man zum Vorbild, verabschiedete sich vom Handel mit Knöpfen und Gürteln und saß wenige Tage später im Zug gen Norden. Die erste Fahrt des Berufsfotografen und Bildberichterstatters Alfred Eisenstaedt ging nach Stockholm zur Verleihung des Nobelpreises für Literatur an Thomas Mann.

Rasant. Anders ist sein Aufstieg zum Pressefotografen und zum Star unter den Pressefotografen nicht zu nennen. Eisenstaedt war dabei, wo auch immer sich ein Ereignis in Kultur oder Politik abzeichnete: beim ersten Treffen von Hitler und Mussolini in Venedig, bei der Beisetzung von Hindenburgs in Tannenberg, bei Konferenzen in Genf, Lausanne und Den Haag und bei Festspielen in Bayreuth und Salzburg. Er war zuständig für eine Gebetsstunde bei der Heilsarmee wie für den Presseball im Hotel Adlon, für die Armen vor den Pariser Hallen wie für die Saison in St. Moritz und die Saisoneröffnung an der Mailänder Scala. Noch 1935 wird ihm das Ehrenkreuz für Frontkämpfer verliehen. Auch deshalb kann er relativ unbehindert fotografieren, wandert Ende des Jahres jedoch aus in die Vereinigten Staaten. Die unbegrenzten Möglichkeiten lokken. Er wird eingeladen, bei der Entwicklung einer neuen illustrierten Zeitschrift mitzuwirken.

Die erste Ausgabe von Life erscheint ein Jahr nach seiner Ankunft in der Neuen Welt. Eisenstaedt bleibt der Illustrierten treu bis in ihren zeitgemäßen Tod im Jahre 1972. Gegen Ende der siebziger Jahre, als das zweite und bescheidenere Leben des Blattes beginnt, steht sein Name wieder im Impressum. Für Life und für Amerika war er der Inbegriff des rasenden Reporters. Sein Tag war zum Fotografieren da und seine Nacht auch. Selbst in seiner (einzigen) Hochzeitsnacht packte er Braut und Fotoausrüstung in den Zug und machte sich auf den Weg zum nächsten Aufnahmeort. „First Life, then wife“ lautete fortan seine Devise. Und „First Life“, das waren Treffen mit Politikern, Wissenschaftlern und Sportlern, das waren Berichte über die Heimatfront im Zweiten Weltkrieg und den Glamour Hollywoods, über die Fahrt an den Polarkreis mit dem Herzog von Edinburgh und die Inauguration eines Präsidenten. Eisenstaedt brachte die Welt in die Wohnstube und versprach einen Hauch von Abenteuer beim feierabendlichen Blättern. Die Zeit war ihm dabei günstig. Ohne handlichere Kameras und wundersamere Emulsionen hätte er vielleicht nicht ganz so spektakuläre Ergebnisse erzielt. Aber auch von seiner konstitutionellen Ausstattung her, mit seiner robusten Natur und unerschöpflichen Energie war der gerade anderthalb Meter große Mann wie geschaffen für das neue Metier.

Heute hat sich Alfred Eisenstaedt aus dem fotografischen Alltagsgeschäft zurückgezogen und genießt einen äußerst aktiven Ruhestand. Wäre er ein Mitglied der Computergeneration, finge er jederzeit mit allem noch einmal von vorn an: „Es tut mir schon leid, daß ich nicht fünfzig Jahre später geboren wurde. Zu meiner Zeit spielte Technik keine Rolle. Wenn ich jetzt jünger wäre, dann hätte ich eine andere Ausrüstung, andere Kameras, Lichter, Kabel, Assistenten. Ich habe eine schöne Zeit gehabt, aber ich würde doch auch gerne wissen, was in hundert Jahren passiert.“

*Von Walter Haubrich*

Der Tänzer als Traditionalist: Die harten und heftigen Bewegungen sind Ausdruck der kastilischen Schule

Eines sollte man Antonio Gades nicht mehr fragen: wann er denn die Berufung zum Tänzer, die Liebe zum Tanz zum erstenmal gespürt habe. Dann muß er das schon so oft Gesagte noch einmal sagen und eine Antwort geben, die sich schon fast wie eine abgenutzte politische Parole anhört und doch eine große und einfache Wahrheit enthält. Eine Wahrheit, die in den verlogenen Jahren der Diktatur Francos aufrüttelnd und provozierend wirkte. Damals, als dank des vom lieben Gott selbst so begnadeten und mit einem sicheren Sinn für Gerechtigkeit ausgestatteten Caudillo jeder Spanier genau das hatte, was er verdiente, da sagte Gades, vom Fernsehen des Regimes nach seiner künstlerischen Berufung gefragt: „Ich bin weder aus Berufung Tänzer geworden noch aus

brennender Liebe zur Kunst, sondern aus Hunger." Was er denn nach „unserem Kreuzzug der Befreiung" – so nannten die Franco-Leute den von ihnen angezettelten Bürgerkrieg – getan habe?

Recht unsentimental, mit kühler Härte antwortete Gades: „In den Jahren nach dem Bürgerkrieg habe ich das einzige getan, was die Kinder der Verlierer dieses Krieges, der republikanischen Arbeiter, tun durften: Hunger leiden und irgendeine Arbeit suchen, die ich schließlich auch als Laufjunge und dann als Hilfsarbeiter in der Druckerei der Madrider Zeitung ‚ABC' fand."

Der revolutionäre Erneuerer des spanischen Tanzes Antonio Gades, der auch dem Flamenco wieder seine Würde und Seriosität zurückgab, hat geradezu eine Musterbiographie für eines der beiden Spanien. Eine Biographie, die er sich nicht selbst ausgesucht hat und die er zunächst mehr zu erleiden als zu erleben hatte. Ein Tänzer der Wiener oder Berliner Staatsoper, so meinte vor kurzem ein spanischer Schriftsteller in einem Gespräch über Gades, könne eigentlich keinen Grund haben, sich zu beklagen. Dessen Großvater habe ja wahrscheinlich schon mit Perücke und Frack im selben Theater die Klarinette gespielt, während draußen die industrielle Revolution verwirklicht wurde. Den Vater von Gades hingegen haben seine Landsleute, die des anderen Spanien, füsiliert, allerdings dilettantisch füsiliert. Er wurde wie so viele, die als Soldaten auf der Seite der Republik gekämpft hatten, von Franco vor ein Hinrichtungspeloton gestellt. Den republikanischen Soldaten Antonio Esteve – den Künstlernamen Gades legte sich der Sohn später zu – trafen die Schützen des Pelotons ungenau, nur ins Auge. Ein Bruder holte den Verwundeten unter den Leichen der Erschossenen hervor, Antonio Esteve, der Vater, überlebte die Hinrichtung, wenn auch mit einem Auge weniger, und zog mit seiner Familie bald darauf nach Madrid.

In Elda, der Stadt der Schuhfabriken im Innern der Mittelmeerprovinz Alicante, wurde Antonio Esteve Ródenas, dem die Tänzerin Pilar López, seine große Lehrmeisterin, den römischen Namen der Stadt Cádiz – Gades – gab, am 16. November 1936, vier Monate nach Ausbruch des Bürgerkriegs geboren. In Madrid fand der Vater eine Anstellung als Hausmeister in einer Mietskaserne. Antonio Gades spricht in ernstem Ton, doch ohne Larmoyanz von seiner Kindheit: „Es gibt nichts Ärmeres auf der Welt, als Hausmeister in einem Haus von Armen zu sein." Es waren die Jahre nach dem Bürgerkrieg, die als „Jahre des Hungers" in die Geschichtsschreibung eingegangen sind; denn zumindest die eine Hälfte Spaniens hungerte damals. Zu später Stunde im Künstler- und Intellektuellencafé „Oliver", dessen Mitbesitzer er inzwischen ist, erinnert sich Antonio Gades: „Ich wollte gern studieren, und ich lernte auch leicht in der Schule. Aber als ich elf Jahre alt war, war mein Vater eine Zeitlang krank, und da hatten wir überhaupt nichts mehr zu essen. Da suchte ich mir Arbeit: zuerst als Laufjunge bei einem Madrider Gesellschaftsfotografen, bei dem ich auch etwas vom Fotografieren lernte. Mit vierzehn Jahren kam ich dann zu ‚ABC', arbeitete dort von fünf Uhr morgens bis neun Uhr und nachmittags noch einmal vier Stunden. Um meinen kargen Lohn bei ‚ABC' etwas aufzubessern, schleppte ich in der Zeit dazwischen Körbe voller Früchte aus den Obstgeschäften der Serrano-Straße in die Wohnungen der Kunden."

Geld ist nun für Antonio Gades viel weniger wichtig, seit er ausreichend davon hat. Doch auch als er schon recht gut verdiente, hatte er zwischendurch mal gar nichts mehr: etwa als er den teuren avantgardistischen Bühnen-Don-Juan von Alfredo Mañas finanzierte und die Aufführung zu einer finanziellen Katastrophe wurde. „Eine wunderbare Katastrophe", meint Gades heute. Don Juan als positiver proletarischer Held – da wollte oder konnte man in der zweiten Hälfte der sechziger Jahre in Spanien so leicht nicht begreifen. Einmal Geld zu haben, mußte das große Ziel sein für den zwölf- oder dreizehnjährigen Antonio Esteve. Die Traumkarrieren der Kinder der allerärmsten Spanier, die Möglichkeiten, zu Ruhm und zu Geld zu kommen, waren wenige: Torero, Boxer, Radrennfahrer, Schauspieler, Tänzer. Gades versuchte sich auch als Boxer: „Doch schlagen machte mir keinen Spaß und geschlagen werden noch weniger. Radrennfahrer wollte ich auch werden, da bot sich aber keine rechte Gelegenheit. Außerdem brauchte man zum Trainieren ein Fahrrad. So wurde ich eben Tänzer."

„Die Rache der geflügelten Füße" lautet der Titel einer der

Der Tänzer als Revolutionär: Antonio Gades gibt dem Flamenco, dem spanischsten aller Tänze, Würde und Seriosität

interessantesten Arbeiten über Antonio Gades. Sein Tanz als eine Form der Vergeltung des besiegten, unterdrückten Spanien an dem Sieger, den Herrschenden und der von ihnen bestimmten Gesellschaft? Von einer Ästhetik des Rachetanzes ist da die Rede, die gar nichts zu tun habe mit den nutzlosen Klagetönen des spanischen Südens. Damit hat der Tanz von Gades wirklich nichts zu tun. Sicher könnte man sich vorstellen – wenn man erlebt, wie Antonio Gades den Zapateado tanzt –, da wolle einer mit seinem Absatz ein ganzes Heer von Kakerlaken feindlicher Ideologie zertreten. Doch sind die allzu politischen Interpretationen auch vom Wissen um die Kindheit des Künstlers und seiner entschiedenen Parteinahme in politischen Fragen beeinflußt. Der Flamenco hatte, längst bevor er in Gefahr geriet, Gesellschaftsamüsement und hohle Artistik zu werden, durchaus soziale, ja politische Inhalte. Er war in seiner spontanen Form in den Dörfern Andalusiens auch Protest, klagend oder aggressiv, und selbstbewußtes Aufbegehren. Wenn Antonio Gades anders tanzt als die meisten seiner spanischen Kollegen, so hat das nicht nur politische Gründe.

Der Tänzer als Tragöde: Bei Antonio Gades ist der Flamenco wieder Protest und Klage. An seiner Seite Christina Hoyos, aus dem Ballett „Carmen“

Gades ist im Gegensatz zu den meisten Flamenco-Tänzern weder Zigeuner noch Andalusier. Sein Tanz ist karger, nüchterner, weniger verspielt; seine Bewegungen sind härter, die Konturen schärfer. Man mag das etwas vereinfachend kastilischen Tanz im Gegensatz zum andalusischen nennen. Vicente Escudero, für viele der Größte des spanischen Tanzes, sagte über Gades: „Er hat zweifellos meine Arbeit mit den Armen am besten erfaßt, doch tanzt er kälter als ich, was ich als kleinen Defekt betrachte.“ Escudero nannte schon den jungen Gades einen „Ohren-Dieb“, einen, der mit dem Gehör sofort Musik, Rhythmus, Bewegungsabfolgen erfaßt und auf eigene, originale Art umzusetzen versteht.

So war denn auch die Entscheidung des Vierzehnjährigen, nicht Boxer oder Radrennfahrer, sondern Tänzer zu werden, nicht ganz so zufällig, wie man es nach Gades' eigenen Erzählungen heute meinen könnte. Antonio Gades wußte schon, als er noch Antonio Esteve hieß, daß er tanzen konnte, und er tanzte damals schon gern. Auf den Rat einiger älterer Arbeitskollegen in der Zeitung „ABC“ hin besuchte Gades eine private Madrider Tanzschule. „Da zeigte man mir, was man damals so für typisch spanischen Tanz hielt. Nun, ich lernte da auch etwas: Ich machte wie ein Affe alles nach, was man mir vormachte, und konnte dabei feststellen, was an Tanzfiguren ich aus meinem Körper herausholen konnte. Was mich an den Madrider Tanzschulen störte, war das überaus stark von Homosexuellen geprägte Ambiente. Natürlich habe ich überhaupt kein Recht, Homosexuelle und Homosexualität abzulehnen, und tue das ja auch nicht. Nur, vor dreißig Jahren war die Repression der Homosexuellen in der spanischen Gesellschaft so stark, daß viele von ihnen Zuflucht suchten in einem der wenigen Freiräume der Tolerenz, die es damals gab: den Tanzschulen und den Tanzgruppen, obwohl sie nicht tanzen konnten und es eigentlich auch gar nicht wollten. Das hat sich heute Gott sei Dank geändert. Jetzt wird jeder Tänzer, der tanzen will und kann."

Manche Kritiker versuchen die bewußt männlichen, manchmal vielleicht aus „machistischen" Züge im Tanz von Gades als Reaktion auf die früher so häufige Gleichsetzung von Tänzern und Homosexuellen zu erklären. Auch das dürfte eine etwas zu weit hergeholte Interpretation sein. Abgesehen davon, daß es im Flamenco selbstbewußt-männliche, wenn man so will, auch machistisch zu nennende Haltungen und Posen immer gegeben hat, ist das, was bei Antonio Gades im Vergleich zu den andalusischen Tänzern so hart wirkt, schließlich ein Kennzeichen der kastilischen Tradition innerhalb des spanischen Tanzes. Übersehen wird bei den Diskussionen über die politischen Inhalte im Tanz von Gades oder über seine harte männliche Komponente, daß seine Tanzkunst nicht weniger als die traditionelle andalusische Schule in sehr eindringlicher Form kollektiven wie individuellen Schmerz und Kummer auszudrücken weiß. Der große alte Dichter Rafael Alberti hat das vielleicht am schönsten gesagt in einem Gedicht, das bei der Uraufführung des Balletts „Bluthochzeit" – nach dem Drama von Federico García Lorca – verteilt wurde: „Du trägst das Leid in deinem Tanz; die Feuer, die deine Arme hochreißen, sind gelb. So etwa, doch besser hätte es Dir, Antonio Gades, Federico gesagt."

Die „Bluthochzeit" bestätigte 1980 auch in Spanien endgültig, daß Antonio Gades der bedeutendste unter den kreativen Tänzern und Choreographen seines Landes ist. Im Ausland war er zehn Jahre zuvor bei der Weltausstellung in New York bekannt geworden, wo er wochenlang im spanischen Pavillon tanzte und von dort nach Hollywood geholt wurde. Der künstlerische Werdegang von Gades war bewegt, er zeigt viele Brüche, die oft von seinem ereignisreichen privaten Leben ausgehen. Von der Tanzschule weg wurde er von einem schwarzen Nordamerikaner namens Flemming für dessen mit Erfolg durch Spanien ziehendes Ballett engagiert. Flemming zahlte Gades keinen Pfennig und ließ ihn bei der Weiterfahrt auf die Kanarischen Inseln im Hafen von Barcelona einfach sitzen. Doch war auch diese Erfahrung mit der amerikanischen Truppe nicht nutzlos. In Santander war einem Freund des guten Tanzes der junge Mann in Flemmings Bongo-Ballett aufgefallen, und er hatte ihn an Pilar López empfohlen, die Chefin einer der besten seriösen Ballettgruppen in Spanien. Ein Jahr später war Gades Erster Tänzer in diesem Ballet, in dem er acht Jahre blieb. „Pilar López verdanke ich das Beste von dem, was ich kenne und weiß.Sie war für mich so etwas wie früher die altgriechischen Philosophen, die für ihre Schüler zu Lebenslehrern wurden." Nichts verachtet Gades mehr als kleinliches oder gar würdeloses Verhalten. Menschen, die er bewundert und von denen er lernen will, hat er immer wieder in seiner Umgebung gehabt: Picasso, den Schriftsteller Caballero Bonald, auch den linken Staatsanwalt Chamorro, der eine wichtige Rolle spielte beim politischen Engagement des Tänzers für eine kleine kommunistische Partei.

Nachdem er sich „in Zuneigung und Schmerz" von Pilar López und ihrer Truppe getrennt hatte, ging er nach Italien, arbeitete als Choreograph in Rom und an der Mailänder Scala, wo er auch tanzte. In einem Kurs von Lee Strasberg, dem Leiter des „Actors' Studio", lernte er eine junge französische Schauspielerin kennen und zog kurz entschlossen mit ihr nach Paris, „wo ich ein Jahr lang nicht tanzte, mit Malern und Schriftstellern herumsaß, dabei viel lernte, sogar das Malen". Malen ist bis heute sein Lieblingshobby geblieben. „Als mir das Mädchen, mit dem ich in Paris zusammenlebte, einen bösen Streich spielte, verließ ich es und kehrte, wieder einmal ohne einen Pfennig, sofort nach Spanien zurück." Antonio Gades, ein Mann, der sich schnell und heftig verliebt, hat seine Frauengeschichten überaus diskret gehalten. Es ist ihm sogar gelungen, seine oft in der ganzen Welt berühmten Partnerinnen dem Zugriff der Regenbogenpresse zu entziehen. Seine Ehe mit der folkloristischen Sängerin Maruja Diaz wurde von beiden Seiten nach kurzer Zeit als Irrtum erkannt. Einige Zeit lebte Gades mit einer Tänzerin des Balletts, von der er mehrere Kinder hat. Drei Töchter hat er mit Pepa Flores, die als junges Mädchen unter dem Namen Marisol ein populärer und hemmungslos manipulierter Star des spanischen Films war.

Von Gades, so meinen viele, sei Pepa Flores dann politisch manipuliert und zu einer radikalen Linken gemacht worden. Die Freunde des Ehepaars wissen es besser: Die schweigsame Pepa war schon, bevor sie mit Gades lebte, zu einer Radikalen geworden. Gades-Marisol waren ein Traumpaar vor allem für die in ihrer großen Mehrheit linksstehenden spanischen Intellektuellen und Künstler. Man hat Gades immer noch nicht verziehen, daß er die mit ihm wieder zu Pepa Flores gewordene Marisol verlassen hat. Und das – so heißt es – wegen einer reichen Erbin, der Tochter eines schweizerischen Zeitungsverlegers. Geld hat Antonio Gades selbst genug, und auf Gelderwerb und noch weniger auf Gelderhalt war der großzügige, seinen Freunden immer aushelfende Tänzer nie aus. Doch lange hat ihn nie eine Frau gehabt, keine so lange wie Pepa Flores.

Nach Francos Tod ernannte der Herzog von Alba, einige Zeit Ministerialdirektor für Musik, Antonio Gades zum Direktor des spanischen Nationalballetts. Als ein ehemaliger Zensurchef der früheren Diktatur Kulturminister wurde, entließ der sofort, kurz bevor er selbst entlassen wurde, Antonio Gades aus seinem Amt. Ein interessanter, großangelegter Versuch wurde so von jenem unsäglichen Minister brutal abgebrochen. Das spanische Nationalballett, heute in einer beklagenswerten künstlerischen Situation, sähe mit Antonio Gades an der Spitze anders aus. Doch der spanische Tanz hätte viel mehr verloren, denn Gades wollte, wäre er an der Spitze des Nationalballetts geblieben, eine längere Zeit nicht mehr selbst tanzen. Und vielleicht wären auch die großen Musikfilme des erfolgreichen Gespanns Gades/Saura nicht entstanden. „Wir beide, Antonio Gades und ich, haben so etwa wie das spanische Musical erfunden", meinte Carlos Saura bei Abschluß des neuen Films „El amor brujo". „Mir scheint, das ist authentisches Kino, das wirklich uns gehört, das wir genauso gemacht haben, wie wir es uns vorgestellt haben, und das uns leidenschaftlich interessiert." Drei Filme haben sie bis jetzt zusammen gedreht: „Bluthochzeit", „Carmen" und „El amor brujo". Gades und Saura ergänzen sich gut: Antonio Gades weiß kleine interessante Geschichten zu erfinden. Er verfügt über jene Detailphantasie, an der es Saura vielleicht manchmal mangelt. Saura vermag wie nur wenige Filmemacher Geschichten ganz schnell in Bilder umzusetzen, das Erzählte zugleich gefilmt zu sehen. „Unser Verständnis war im letzten Film so groß, daß wir uns nur anzusehen brauchten, um genau zu wissen, was wir wollten", sagt Gades, der sich in einigen früheren Filmen schon als begabter Schauspieler erwiesen hatte.

„El amor brujo" wurde nicht zu dem Erfolg, wie ihn sich Saura und Gades erwartet hatten. Die Kritik war eher zurückhaltend. Für Antonio Gades sollte das sowieso der zunächst letzte Flamenco-Film sein. Er wollte wieder auf Tournee gehen, „Carmen" tanzen und will nach seiner langen Tournee durch die Länder des iberischen Amerikas ein neues Ballett ausarbeiten. In Lateinamerika ist er immer besonders gern aufgetreten: in Buenos Aires fühlt er sich so zuhause wie in Madrid, in Havanna heiratete er Pepa Flores, und Fidel Castro war sein Trauzeuge. Antonio Gades ist ein harter und sehr disziplinierter Arbeiter; er gönnt sich und seinen Mitarbeitern monatelang keinen Augenblick Ruhe. Doch zwischen Filmen, Proben, Drehbuchschreiben, Ballettentwürfen und langen Tourneen hat er immer wieder Zeit für seine alten Freunde. Da wirkt er dann entspannt, wird wieder zu einem geistreichen und munteren Erzähler. Auf seinem Gesicht erscheint dann das gewinnende Lächeln des aufgeweckten Madrider Gassenjungen, der sich mit Schläue und Einfallsreichtum im Vorstadtelend durchkämpfen mußte. Gades verachtet nichts mehr als Halbheiten; er ist ein Mann, der immer ganz offen, ohne Reserven und Rückzugsmöglichkeiten diskutiert und handelt. Mit seiner ganzen Person, mit dem Kopf wie mit dem Herzen, steht er zu dem, was er tut, auch zu seinen Irrtümern.

Sein Sammlerblick ist immer wach: Tomi Ungerer reizt die Phantasie mit absonderlichen Requisiten

Tomi Ungerer ist wie sein Vater. Der war einer jener vielseitig interessierten und wachen Menschen, die nie etwas wegwerfen können, was sie vielleicht irgendwann einmal in etwas hineinmontieren könnten, dessen Bild sie noch nicht vor sich sehen: Ein Sammler und ein Tüftler. Nicht überraschend, daß er Uhrmacher respektive Inhaber einer kleinen Uhrenfabrik war. Tomi Ungerer ist das Kind seines Vaters, er ist immer ein Kind geblieben. Einfach macht er es niemandem. Es fängt schon an mit der kaum überschaubaren Fülle seines Werkes. Wir finden Kinderbücher von entwaffnender Schlichtheit, die deshalb so gut sind, weil ihr Autor gar nicht anders kann, als Kinder ernst zu nehmen. Daneben stehen Auftragsarbeiten für Werbeagenturen mit raffinierten Pointen und

*Von Michael Freitag*

Sein Talent ist
nicht zu bändigen:
Tomi Ungerer
treibt eine kindliche Lust,
immer wieder zu
schockieren

Seine Neugier
führt an neue Ufer: Tomi
Ungerer weiß, daß
die Kunst länger ist als
das Leben

manchmal unverschämter Chuzpe. Dann wieder stoßen wir auf den „Erotisten“ mit Zeichnungen, die zuweilen abstoßen oder verstören, nicht deshalb, weil sie so pornographisch sind, sondern weil sich in ihnen die Liebe und der Tod vereinigen. Mitunter darf man auch einfach herzhaft glucksen, so etwa mit den kreuz und quer durchs Kamasutra hüpfenden Fröschen. Tomi Ungerer ist halt „Heuschreck“ und „Bürgerschreck“ zugleich, wie er beim Dank für den Jacob-Burckhardt-Preis 1983 zugab.

Aber vor allem ist der freche Kerl ein Kind. Eines, das wohlerzogen ist und die Wohlerzogenheit manchmal nicht leiden kann. Dieses Kind ist neugierig und auf Abenteuer aus, es kümmert sich um keine Ländergrenzen, hat ruhelos die halbe Welt bereist – und man kann es doch nur verstehen, wenn man seine Heimat, das Elsaß, ernst nimmt. Mit vielen Menschen kann er umgehen, aber mit seinen elsässischen Freunden lebt er auf. Sie sind traurig wie er, stolz wie er, übermütig wie er, und sie sind wie er von einer unbezähmbaren, manchmal etwas melancholischen Aufsässigkeit.

Für das Kind war die Kunst immer ein schönes Spielzeug, und vielleicht deshalb wurde Ungerer so oft unterschätzt von denen, die alle Gebrauchskünstler als Kreative zweiter Güte betrachten. Zwar war er ungeeignet für die akademische Ausbildung auf der Kunsthochschule – „pervers und aufsässig“ nannte man ihn in Schulzeugnissen –, aber gerade er hält den soliden, handwerklichen Teil seiner Kunst hoch: Anatomie und Kalligraphie, so sagt er, seien die Grundlagen seiner Arbeit. In seinem Skizzenbuch finden sich Kopien nach Ingres und nach anonymen Komstümillustratoren. Daß auch Skizzen nach Ungerer senior dabei waren, ohne daß er das wußte, stimmt ihn fröhlich, macht ihn aufgeregt. Er findet es ein bißchen unheimlich. Wir waren dabei, als er in seinem Straßburger Elternhaus in den Mappen mit Landschafts-Zeichnungen seines Vaters kramte und Blätter fand, die seinen eigenen Aquarellen und Gouachen aus der elsässischen Heimat bis in den Pinselstrich ähneln. Als er dann auch noch kalligraphische Übungsblätter des Vaters fand, fing er doch etwas zu frösteln an.

Er hat seinen Vater gar nicht gekannt. Drei Jahre alt war er, als der Vater starb. Und trotzdem bemühte er sich sein Leben lang, den Ansprüchen gerecht zu werden, die sein begabter Vater vermutlich an ihn gestellt hätte. Er arbeitet an einem Buch über seinen Vater, das heißt über die Geschichte Straßburgs, nein, es wird ein Buch, das die Geschichte des Elsaß in der Geschichte einer Familie bündelt – und natürlich soll die Hommage gleichzeitig eine Autobiographie werden.

Mit seinen alten Freunden redet er elsässisch, was ihm schwerfällt, wenn er sich ärgert. Das kann er vorzugsweise über Feministinnen und andere Extremisten. Dann verfällt er in ein gedehntes, angestrengt wirkendes Hochdeutsch. Es sticht ab von seiner normalen, kuriosen Mischung, seinem „Lingo“ aus Deutsch, Französisch, irischem und amerikanischem Englisch, und etwas Gälisch kann er auch. Was so anheimelnd klingt, macht ihm manchmal Kummer. Ich bin ein Sprachloser, sogar mein Elsässisch habe ich wieder lernen müssen.“

Als Mitterand Straßburg besuchte, hat er sich in einem frechen Brief an ihn über die kulturelle Unterdrückung der Region durch Paris beklagt. Der „Halsatien“ stellte seine mangelhaften Kenntnisse der französischen „Orthogravie“ bewußt heraus – und warf so den Fehdehandschuh hin. Es ist nicht nur kokett, wenn einer, der mit mehreren Sprachen so spielen kann wie er, die eigene Sprachlosigkeit beklagt.

Der Sprachlose, der Getriebene: Vielleicht hat er sich deshalb in New York, der großen jüdischen Stadt, jahrelang so wohl gefühlt, „wie ein jüdischer goj“, sagt er. Nie im Leben habe er soviel gelacht wie damals – und er lacht heute laut und ausdauernd – vor allem habe er gelernt, wie man auf anständige Weise mit kreativer Tätigkeit Geld verdient. „Ich bin ein guter Fund-Raiser geworden, das haben mir meine jüdischen Freunde beigebracht.“ Und dann kommt wieder so ein Satz, für den ihn viele gewiß gern prügeln würden: „Am liebsten arbeite ich mit Deutschen und Juden zusammen.“ Als seine Agentin in England Verleger für ihn suchte, sagte er ihr nur, er sei mit allen einverstanden, vorausgesetzt, sie seien Juden. Ca va gomme ca.

Er war einmal, lang ist es her, Restaurantkritiker des „Playboy“ in New York. Vor 1971 war das, als man in Deutschland von solchen Themen und Jobs noch nicht einmal träumte. Von all dem schikken Großstadtleben hat er die Nase voll. Das zeigte schmerzhaft schon das Cartoonbuch „The Party“, in dem er der Vernissagen-Society ganz nah auf das Doppelkinn und den gelifteten Busen rückte. Man kann sich schwer vorstellen, daß es derselbe Zeichner sein soll, der das „Große Liederbuch“ zeichnete, Ungerers bestes, weil es so viele schlüssige Ideen so schön und naiv vorzeigt.

Man darf sich seiner nie zu sicher sein. Denn vom „Liederbuch“ existieren zwei Versionen. Die zweite ist herzerfrischend geschweinigelt. Andeutungsweise durfte man sie schon in „Freut Euch des Lebens“ erahnen. Dort, bei der Illustration für „Es regnet“, schafft er es nicht, eine Schweineherde zu zeichnen, ohne daß ein Eber eine Sau besteigt. In der Endfassung ist das ad usum delfini gereinigt. Man muß kein König sein, muß nur Therese, die schöne Wirtin des „Arsenal“ nett bitten, dann enthüllt sie die zweite Version, die unter Wandteppichen verborgen gehalten wird. Tomi Ungerer lacht sich scheckig, wenn er davon spricht. So etwas bereitet ihm eine diebische Freude. Es ist mit leichter Hand gestrichelt und gewiß ohne Arg, so, wie ein unschuldiges, freches Kind es macht.

In allen „Liederbuch“-Illustrationen kommt dem Betrachter das Elsaß entgegen: als Idylle, als Rahmen für boshafte, ironisch gezeichnete Anekdoten, aber eben auch als Land, wo geblutet, gekämpft und gestorben wurde. Seiner Heimat verdankt der Künstler nicht zuletzt das Wissen, daß der Tod zum Menschenleben gehört, das Skelett also eine Form ist, die jeder Körper einmal annehmen wird. Auch das immer wieder auftauchende Symbol der Uhr nimmt er hierher, aus der Uhrenfabrik seiner Familie. In Irland, wo er jetzt lebt, mag es für Ungerer irgendwann einmal, wenn es auch für ihn so weit ist, Probleme geben. Er läßt zwar seine Kinder katholisch erziehen, aber er ist kein Katholik. Die Friedhöfe gehören der Kirche, und sie sind klein.

Irland ist nicht nur katholisch. Es ist ein spirituelles und geheimnisvolles Land. Es gibt die alten keltischen Gebetskreise, sie wirken noch heute, würgen Traktoren ab, lassen Bremsen versagen, fordern die Beachtung und die Rücksicht der Heutigen. Tomi Ungerer fürchtet sie. Manchmal bedrängen sie ihn, ziehen ihn im Nebel an die Klippen, ihn, der Vertigo, Höhenangst hat. Manchmal blockieren ihn die merkwürdigen Erscheinungen und Gesichter aber auch, über deren Existenz er nicht diskutiert. Dann muß er fluchtartig die Gegend verlassen.

Manchmal feuern sie ihn aber an. Das „Schwarzbuch“, in dem er die Katastrophe der Erde gezeichnet hat, entstand bei Vollmond binnen zwölf Stunden. Er findet das Buch nicht mehr gut, aber von der Katastrophe, die er auch in „Babylon“ hinausschrie, will er nicht lassen. „Die große Heirat der Katastrophen“ ist für ihn das Kennzeichen unserer Zeit. Es gebe weder Auswege noch Hoffnung. „Ich möchte nicht im Alter meiner Kinder sein.“

Das klingt ein wenig modisch. Alfred Toepfer kritisierte ihn deshalb bei der Verleihung des Jacob-Burckhardt-Preises 1983 mit der gebotenen Höflichkeit. Aber Ungerers Niedergedrücktheit ist echt. Und trotzdem verhält er sich, als habe er Hoffnung. Seine Zeichnungen sollen als Warnungen dienen, und auch der Tüftler Tomi Ungerer läßt sich nicht unterkriegen. Einen Windgenerator hat er entworfen. Vertikal steht er, hat die Form einer Spirale, braucht nicht ausgerichtet zu werden und ist selbstregelnd, weil der Anstellwinkel der Spiralbleche sich mit der Windstärke verändert.

Schluß. Er will ja nicht mehr zeichnen, will Geschichten schreiben wie diese: Ein Dichter steigt vor Tagesanbruch auf einen Berg. Über den Wolken erlebt er ein großes Glücksgefühl. Es inspiriert ihn zu einem wunderschönen Gedicht, das er auf zwei Blätter niederschreibt, die er zufällig bei sich hat. Auf einmal überfällt ihn ein fürchterliches Bauchgrimmen. Das hat Folgen. Meilenweit gibt es keine Toilette, ja es ist so kahl, daß es nicht einmal einen Stein gibt, der ihm wie den Beduinen in der Wüste das Papier ersetzen könnte. Die einzige Rettung ist das schöne Gedicht, das hinterher nicht mehr zu ertragen ist.

Der Künstler Tomi Ungerer ist mit seinem Werk nicht zufrieden. Es sei eigentlich gar kein Werk, sondern nur ein großer Pudding. Er sei kein Cézanne. Der war wie ein Apfelbaum und mußte sorgsam geschnitten werden: „Ich bin Unkraut und wuchere.“ Welches Unkraut? Löwenzahn natürlich. Der entläßt viele kleine Sporen an Fallschirmen in den Wind. Der Stamm des Löwenzahns ist hohl, er blufft, aber das erhöht die Standfestigkeit. Der Löwenzahn wurzelt sehr tief, und seine Blätter kann man als Salat essen. Er ist ein praktisches, schönes und genießbares Unkraut. Kein Grund zur Panik.

Er gewinnt das Publikum: Als Museumsdirektor versucht Hultén Barrieren zu überwinden. Die Kunst, sagt er, gehöre allen

Sein neuer Arbeitsplatz ist der alte. Pontus Hultén, der erste Direktor des „Centre Beaubourg“ in Paris, ist Ende 1987 zurückgekehrt. Er ist nicht wieder zum Leiter des Museums ernannt worden, sondern zum Berater, zum „conseiller auprès de la présidence“, und zwar für alle Aktivitäten in diesem Gebäude, nicht nur für das Museum. Das Ungewöhnliche an der Laufbahn des jetzt vierundsechzigjährigen Schweden ist, daß er dreimal, in Stockholm, in Paris und in Los Angeles, einem Museum für moderne Kunst den Stempel seiner Persönlichkeit aufgedrückt hat, schon bevor die Phase der Vorbereitung abgeschlossen war. Die Entscheidungen über die Gebäude waren schon gefallen, als er beim „Moderna museet“ in Stockholm und dem „Musée national d'art mo-

*Von Erwin Leiser*

Er ist der Boss:
Hultén hat sich Verdienste erworben. Als Kunstmanager ebnet der Schwede anderen den Weg zum Ruhm

Er dient der Kunst: Hultén spürt den Herzschlag der Avantgarde. Für Brancusi hat er sich früh eingesetzt

derne" im „Centre Georges Pompidou" in Paris seine Arbeit aufnahm. In Los Angeles konnte er auch an der Planung des Baus für das „Museum of Contemporary Art" teilnehmen. In drei voneinander sehr verschiedenen Städten hatte Hultén die Möglichkeit, seine Vorstellung von einem modernen Museum zu verwirklichen, in dem die Kunst ein großes Publikum erreicht und das zu der Stadt paßt. Die Funktion eines Museums für unsere Epoche definiert Hultén 1988 genauso woe vor vierzig Jahren: „Die dynamische Entwicklung unseres Jahrhunderts kommt in der Kunst zum Ausdruck, die Tendenzen unserer Zeit werden durch die großen Künstler gedeutet, und nur im Museum kommt das große Publikum mit dieser Kunst in Berührung." Die Frage „Ist das überhaupt Kunst?", die konservative Kritiker und ein unvorbereitetes Publikum vor vielen Werken der zeitgenössischen Kunst stellen, hat Pontus Hultén immer mit einem grundsätzlichen Ja beantwortet. Er ist gewiß nicht unkritisch, sondern hat ein sicheres Gefühl für Qualität. Im Laufe der Jahrzehnte hat er vielen heute international anerkannten Künstlern den Weg zum Ruhm ermöglicht.

Schon Anfang der fünfziger Jahre, als es in Stockholm noch kein Museum für moderne Kunst gab, arrangierte Hultén in kleinen Stockholmer Galerien Ausstellungen von Marcel Duchamp, von Jean Tinguely und Niki de Saint-Phalle. Damals lernte ich ihn kennen. Er betrachtete es immer als seine Aufgabe, Kunst zu zeigen, der sein Publikum noch nicht begegnet, von deren Bedeutung er aber überzeugt war. Vielleicht war seine Begeisterung für die neuen Strömungen in der Kunst eine Art Aufruhr gegen die Exaktheit der Naturwissenschaften, gegen den Rationalismus der Mathematik, die für die geistige Haltung seiner Eltern und seiner Schwester ausschlaggebend waren. Er wollte zunächst Künstler werden, arbeitete schon als Sechzehnjähriger für einen Onkel, der Industrie- und Kunstausstellungen machte, und studierte Kunstgeschichte mit dem Ziel, in Museen tätig zu sein. Im Jahr 1946 reiste er zum ersten Mal nach Paris, um Material für eine Abhandlung über Spinoza und Vermeer zu suchen. Er fand dann immer wieder einen Grund, um nach Paris zurückzukehren. 1955 organisierte er die erste Show der Welt, die kinetische Skulpturen zeigte. Von Anfang an wurde Hultén von den Künstlern akzeptiert, weil er mit ihnen solidarisch war und – wie Niki de Saint-Phalle es ausdrückte – „wie ein Künstler arbeitete, vor allem instinktiv". Auf der Weltausstellung in Brüssel wurde 1958 ein Film ausgezeichnet, den er zusammen mit Hans Nordenström gemacht hatte, „Ein Tag in der Stadt". Der amerikanische Kritiker Amos Vogel nannte das Werk „eine wilde dadaistische Explosion".

Für Hultén, der die moderne Kunst immer im Zusammenhang mit der Technik sah, war Film ein Bindeglied zwischen Kunst und Technik und aus der Arbeit eines modernen Museums nicht wegzudenken. Bezeichnend für seine Fähigkeit zur Improvisation war sein Entschluß, in den Räumen des modernen Museums in Stockholm noch vor der Beendigung des Umbaus Picassos „Guernica" und die dreiundneunzig Skizzen zu zeigen, die zu einer Wanderausstellung dieses Werkes gehörten. Das geschah im Oktober 1956. Erst am 9. Mai 1958 wurde „Moderne museet" eröffnet, das Personal bestand aus vier Personen, und die finanziellen Mittel waren bescheiden.

Entscheidend für Hulténs Entwicklung und den Erfolg des „Moderna museet" in Schweden wie im Ausland waren die Kontakte, die Hultén Anfang der sechziger Jahre nicht nur in Paris, sondern vor allem in New York mit Künstlern seiner Generation aufnahm. Sie manifestierten sich in Ausstellungen wie „Bewegung in der Kunst" (1962), „Vier Amerikaner" (1962) und „Pop-Kunst" (1964). Hultén hatte in Stockholm einen Widerstand zu überwinden, den man sich heute kaum mehr vorstellen kann. Die einheimischen Künstler fühlten sich vernachlässigt, Robert Rauschenberg und Jasper Johns wurden von den maßgeblichen Kritikern nicht für voll genommen, und als das Museum Brancusis Plastik „Der Neugeborene" für nicht weniger als einhunderteinundachtzigtausend Kronen erwarb, wurde der Kauf eines Eis für eine solche Summe als Verschwendung öffentlicher Mittel scharf angegriffen. Aber Hultén ließ sich nicht durch die Stürme der Entrüstung beirren, und der Publikumserfolg gab ihm recht. Er ergänzte das avantgardistische Filmprogramm mit einem „Kinderfilmclub" und konnte eine repräsentative Sammlung junger amerikanischer Kunst als „New York collection" für das Museum

erwerben. Hartnäckig verfolgte er sein Ziel, das „Moderna museet“ zu einem der besten seiner Art in Europa zu machen. Es gelang ihm, dafür die Unterstützung des Kultusministeriums zu gewinnen und repräsentative Werke von Picasso und Matisse, Schwitters und de Chirico, Picabia, Dalí und Giacometti, Bacon und Magritte für das Museum zu erwerben. 1963 formulierte er sein Programm: „Ein modernes Museum hat mehr davon, auf der Seite der Künstler zu stehen als auf der des Publikums, und das, was von den Künstlern geschaffen wird, mit Neugier statt mit Mißtrauen zu beobachten. In erster Linie soll man versuchen zu verstehen, nicht kritisch zu sein.“

Pontus Hultén war einer der ersten Museumsdirektoren, die Robert Rauschenberg kennenlernte: „Es dauerte lange, bis ich begriff, daß Pontus sehr ungewöhnlich war und daß nicht jeder Direktor morgens die Ärmel aufkrempelt oder auf die gefährlichsten Leitern klettert und ein Taschentuch bei sich hat, weil er heiße Glühbirnen auswechseln muß.“ Karin Lindegren, die von 1960 bis 1973 im „Moderna museet“ angestellt war und es von 1978 bis 1980 leitete, charakterisiert den Hultén der sechziger Jahre als einen kraftvollen Organisator und visionären Spieler, der immer wieder improvisieren mußte. Zugleich war er Perfektionist. Hulténs Mitarbeiter Carlo Derkert spricht von seiner „Offenheit“. Hulténs Idee, ein Museum auch als „Werkstatt für Künstler“ funktionieren zu lassen, entspricht laut Derkert der „Zentrale für surrealistische Forschung“, die es im Paris der zwanziger Jahre gab. Hultén begriff als einer der ersten die Problematik der Kunst im Zeitalter der Technik und orientierte sich sowohl an der russischen Avantgarde wie an der aktuellen amerikanischen Kunst. Auf meine Frage, welche Kunst sein Herz 1988 schneller schlagen lasse, antwortet er ohne zu zögern: „Malevitsch und Tatlin.“ Er ließ 1968 Wladimir Tatlins Modell eines „Monuments für die Dritte Internationale“ von 1919/1920 rekonstruieren, weil es Malerei, Skulptur, Architektur und Technik zu verbinden suchte. Der Turm war als Symbol für den Aufstieg der revolutionären Ideen gedacht, wurde aber nie errichtet, da weder Lenin noch die anderen damaligen sowjetischen Führer Sinn für diese Symbolsprache hatten. Tatlins Synthese der Kunstgattungen fasziniert Hultén noch heute. Ende der sechziger Jahre wurde das „Moderna museet“ in Stockholm von dreihunderttausend Personen jährlich besucht. Die Bedeutung dieser Zahl versteht man, wenn man bedenkt, daß Stockholm nicht einmal eine Million Einwohner hatte.

Im Ausland wurde man früh auf Hultén aufmerksam. Er wurde an das „Museum of Modern Art“ in New York geholt, wo er eine Ausstellung mit dem Titel „Die Maschine am Ende des mechanischen Zeitalters“ organisierte. Er war als Direktor des Museums im Gespräch, stellte aber eine unerfüllbare Bedingung: daß das Museum in den Besitz der Stadt New York übergehen solle. „Ich bin gegen private Museen“, erklärte er, „Kunst gehört allen.“ 1973 folgte er einem Ruf nach Paris. Der damalige Präsident Georges Pompidou hatte den Bau des „Centre Beaubourg“ durchgesetzt, aber es gab niemanden in Frankreich, der als Direktor des geplanten Museums in Frage kam. Die Aufgabe, noch einmal ein neues Museum aufzubauen, noch dazu in Paris, lockte Hultén. Ihm gefiel die Idee der Architekten, Menschen, die noch nie ein Museum betreten hatten, von der Straße in dieses Gebäude zu locken.

Zu der feierlichen Eröffnung des „Centre Georges Pompidou“ am 31. Januar 1977 waren fünfunddreißigtausend Personen eingeladen und mehr als achttausend kamen. Die erste Ausstellung war Marcel Duchamp gewidmet, der in seiner Heimat nie nach Verdienst gewürdigt worden war, und sie mußte zu Kontroversen führen. Giscard eröffnete das Museum mit einer kurzen Rede und ließ sich von Hultén durch die Duchamp-Ausstellung führen. Er stellte nur eine Frage. Er wollte wissen, von wo die Werke gekommen waren, schien sich aber nicht für die Antwort zu interessieren. Das neue Haus hatte kaum Freunde in der Kunstwelt, war aber sofort populärer, als man erhofft hatte. Bei der Planung war man davon ausgegangen, daß täglich fünftausend Personen das „Centre“ besuchen würden, am Wochenende erwartete man die doppelte Anzahl. Von Anfang an kamen zwanzigtausend an Wochentagen, und an einem der ersten Sonntage sogar sechsundvierzigtausend.

Für Hultén ist Kunst international. In Schweden wie in Frankreich mußte er den einheimischen Künstlern erklären, daß es nicht Aufgabe eines Museums sein könne, ihr Prestige zu fördern. Der Publikumserfolg beider Museen beweist seiner Ansicht nach, daß Kunst nicht exklusiv sein muß. „Die offizielle Kunst des neunzehnten Jahrhunderts war sehr populär“, sagt er. „Erst die Kubisten verloren den Kontakt mit dem Publikum, von einigen hundert Personen abgesehen. Aber so muß es nicht bleiben.“ Wenn die Zuschauer im Kino träumen, können sie es auch in Museen tun, erklärt Hultén. Die Bilder und Plastiken laden dazu ein. Die Besucher eines Museums wissen oft gar nicht, wie kreativ sie sind. Sie treten in die Welt der Künstler ein, sie nehmen deren Gedanken und Träume in sich auf. Die Begegnung von Künstlern und Zuschauern im Museum ist für die Zukunft der Kunst lebenswichtig.

Hultén fand immer, daß ein Direktor nicht zu lange auf seinem Stuhl sitzen solle. Er hätte das Stockholmer Museum auch verlassen, wenn der Ruf nach Paris nicht gekommen wäre. In Paris hatte er zunächst einen Vertrag für fünf Jahre, von 1973 bis 1978. Dieser wurde 1978 für drei weitere Jahre verlängert. 1981 wurde Hultén an das „Museum of Contemporary Art“ (MOCA) in Los Angeles berufen, wo er auf die Wahl des Architekten und die Planung des Gebäudes Einfluß nehmen konnte. Viele der einheimischen Künstler kannte er seit Jahrzehnten, vor allem Sam Francis. Zwar war das „MOCA“ eine private Stiftung, aber Hultén konnte sich keinen größeren Gegensatz zu Paris denken als Los Angeles, und es reizte ihn, ein Museum aufzubauen, das sich in dieser wilden offenen Landschaft zu behaupten hatte. Los Angeles ist kulturell ebenso von Asien geprägt wie vom Westen. Hier mußte ein Museum Kunst auch aus Japan, China, Korea und Australien zeigen, nicht nur aus den USA und Europa, meinte er. Was ihm hier nicht gefiel, war die Verpflichtung, Geld für das Museum zu beschaffen.

Er verließ Los Angeles noch vor der Einweihung des „MOCA“, weil ihn Mitterrand, der inzwischen Präsident geworden war, mit einem Angebot nach Paris lockte, dem er nicht widerstehen konnte. Mitterrand bot ihm die Leitung einer für das Jahr 1989 geplanten Weltausstellung in Paris an, zum zweihundertsten Jahrestag der Französischen Revolution. Im „Centre Beaubourg“ hatte Hultén vor allem mit Ausstellungen wie „Paris-New York“, „Paris-Berlin“ und „Paris-Moskau“ Erfolg gehabt. Jetzt bekam er ein Budget von einer Milliarde französischer Franken und stellte einen Stab von hundertfünfzig Spezialisten an. Die besten Architekten, die er finden konnte, entwarfen neue Stadtpläne für den Osten und den Westen von Paris. Ein Jahr wurde an diesem gewaltigen Projekt gearbeitet, dann wurde es im Sommer 1984 stillgelegt. Obgleich Anmeldungen von neunzig Nationen vorlagen und sogar große Beiträge einbezahlt worden waren, fand man, daß sich Frankreich ein solches Vorhaben nicht leisten könne, das ja nur eines von vielen teuren Unternehmungen war. Hultén blieb in Europa. Er übernahm die Verantwortung für die Ausstellungen im Palazzo Grassi in Venedig. In Los Angeles hatte er von einem Museum geträumt, das „die Zukunft herausfordern“ sollte und jungen Künstlern als Plattform dienen konnte. In Paris leitet er das „Institut des Hautes Etudes d'Arts Plastiques“, das im Herbst 1988 eröffnet werden soll und als eine Art „Bauhaus in Miniatur“ gedacht ist, aber im Zeichen der modernen Medien steht. Es soll in einem alten gotischen Gebäude an der Rue de Poissy liegen. Nur fünfundzwanzig Studenten sollen hier gleichzeitig ausgebildet werden, ihr Arbeit wird von Gastdozenten bestimmt werden, die nur zwei Monate bleiben und in dieser Zeit mit den Studenten zusammenleben.

Er sagt nicht viel über seine Pläne für das „Centre Beaubourg“. Dagegen spricht er ausführlich vom „Beaubourg-Effekt“, der darin besteht, daß man jetzt auch in der Provinz moderne Kunst ausstellt und mit der Hauptstadt zu konkurrieren wagt. Der „Beaubourg-Effekt“ bedeutet auch: „Die Politiker haben eingesehen, daß man keine Wähler verliert, wenn man moderne Kunst unterstützt.“ Gleichzeitig hat Paris laut Hultén seine Stellung als internationales Kunstzentrum zurückerobert. In einer Metropole, die wieder als Ort für kühne künstlerische Experimente dient, hat das „Centre Beaubourg“ wichtige Aufgaben zu erfüllen. Hultén glaubt, daß die Zeit der großen pädagogischen Ausstellungen vorbei sei und daß auch ein Thema wie der zweihundertste Jahrestag der französischen Revolution nicht als historischer Rückblick behandelt werden sollte, sondern auf Gegenwart und Zukunft bezogen sein muß.

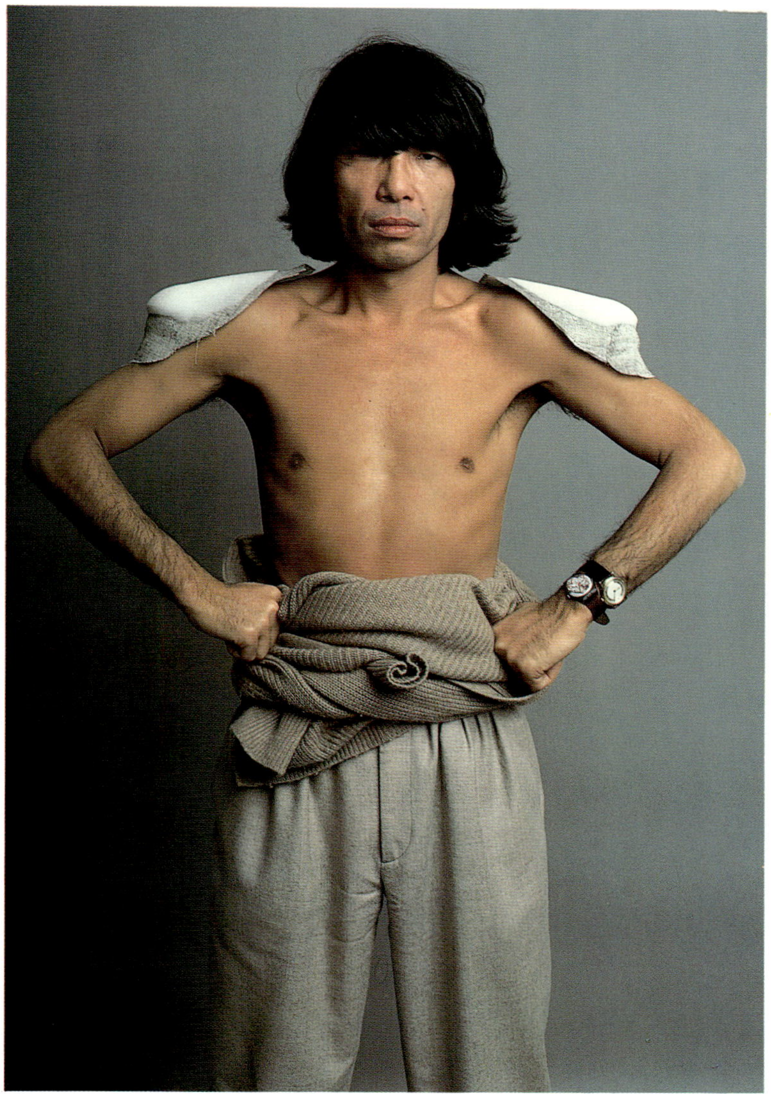

Wo er steht, ist der Trend: Kenzo hat sich immer wieder als Sieger erwiesen im Kampf um den kommenden Geschmack

Er ist das, was jeder Modeschöpfer sein möchte und was nur einer sein kann: der Trendmacher Nummer eins. Kein Wenn und Aber kann leugnen, daß es seine Pariser Modeschauen sind, die als das entscheidende Stimmungsbarometer gelten. Wer seine Schau gesehen hat, kennt zwar noch längst nicht alles, aber wer sie nicht gesehen hat, so sagt man, der kenne gar nichts. Gewiß gibt es neben ihm noch einige bedeutende Konkurrenten, aber sie müssen sich allesamt den Einwand gefallen lassen, daß sie für ein begrenztes Publikum arbeiten. Das gilt sogar für den Mann, der vor Kenzo gut ein Jahrzehnt lang auf dem Trendmacher-Thron gesessen hat: Yves Saint Laurent. Es gehört schon von der Logik des Geschäftes her zum Wesen der Mode, daß sie in unserer Massen-

*Von Wilfried Wiegand*

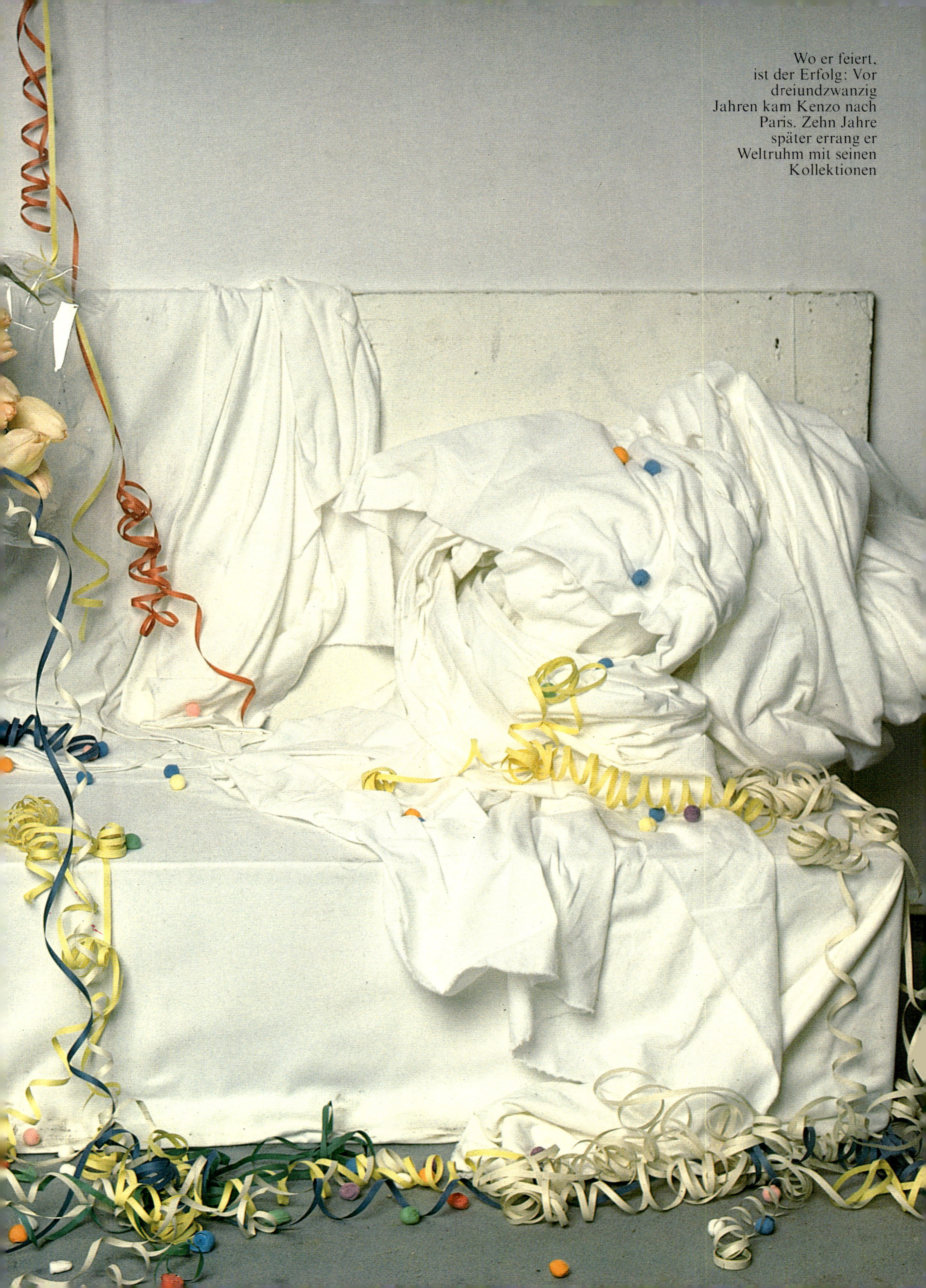

Wo er feiert, ist der Erfolg: Vor dreiundzwanzig Jahren kam Kenzo nach Paris. Zehn Jahre später errang er Weltruhm mit seinen Kollektionen

Wo er schneidert, ist das Geheimnis: Kenzo läßt das Rätsel seines Einfallsreichtums ungelöst

gesellschaft zur Jugend tendiert, daß sie ihr Publikum in den nachwachsenden Generationen sucht. Und es gehörte wohl schon immer zur ästhetischen Logik der Mode, daß sie im erotischen Charme der Jugend ihr ideales Betätigungsfeld gesehen hat. Kenzos Mode ist, wie es in der Sprache der Modewelt so treffend heißt, „jung" – nicht etwa „jugendlich", was, wie jeder spürt, nicht genau das gleiche und in diesem Zusammenhang bestimmt sehr viel weniger hieße.

Seit mehr als zehn Jahren ist Kenzos Mode jung. Seit mehr als zehn Jahren ist er derjenige, nach dem sich auch diejenigen richten, die es nicht zugeben wollen und die seinen Einfallsreichtum mißgünstig mit der philologischen Elle messen. Hat man diesen oder jenen Einfall nicht schon woanders gesehen? So reden die fanatischen Gefolgsleute ihres jeweiligen Modeschöpfers gern über die Konkurrenz, das ist üblich – und nicht nur in der Mode. Aber mehr als in anderen Gewerben ist es in der Mode üblich, daß die Philologie nichts gilt. Wer was zuerst gemacht hat, ist völlig unerheblich und taugt bestenfalls für das Kostümmuseum. Denn auf der erotischen Wildbahn des Alltags zählt am Ende nur, was die Frauen tatsächlich am Körper tragen. Im Krieg und in der Liebe, so sagt ein Sprichwort, seien alle Mittel erlaubt. Aber dies, so darf ergänzt werden, gilt allgemein auch für die Kunst und für die Mode im besonderen. Erlaubt ist, was zum Siege führt, und Kenzo ist seit einem Jahrzehnt immer wieder Sieger geworden in jener ununterbrochenen Schlacht um den kommenden Geschmack.

Kenzo ist Japaner, und für alle, die mit seinem Namen keine besondere Vorstellung verbinden, muß hier eingeschaltet werden, daß er mit jenem schwarzgrauen „Schlabberlook", den avantgardistische Japaner seit einigen Jahren mit Erfolg propagieren, nichts zu tun hat. Von dieser Mode hat man treffend gesagt, sie sei japanischer als die japanische; in der Tat ist sie für eine europäische Minderheit konzipiert. Von Kenzos Mode hingegen konnte man zu Recht sagen, sie sei europäischer als alles, was jemals von einem Nichteuropäer entworfen wurde. Was sein Heimatland angeht, so räumt Kenzo lachend ein, daß er es erst jetzt so richtig zu entdecken beginne. Aber um naheliegenden Mißverständnissen vorzubeugen, betont er, kaum ist das Stichwort Japan gefallen, wie

unvergleichlich, weil prinzipiell andersartig, das dortige und das hiesige Publikum seien. In Japan, so meint er mit Nachdruck, seien die an avantgardistischer Mode interessierten Frauen „viel, viel jünger“ als in Europa, aber „nach der Heirat ist es damit ein für allemal vorbei“: Widerstandslos beugen die Avantgardistinnen von einst sich den traditionellen Sitten.

Kenzo sitzt in seinem Pariser Büro an der dekorativen Place des Victoires. Dort, zumindest in unmittelbarer Nähe, fast in Blickweite, hat vor achtzehn Jahren alles angefangen, denn in der nahe gelegenen Galerie Vivienne eröffnete er im Frühjahr 1970 seine erste Boutique, andere folgten in anderen Stadtteilen, schließlich, im Sommer 1976, war er dort angelangt, wo das Zentrum seines inzwischen aufgebauten Modeimperiums sich noch heute befindet und wo, nicht zuletzt angezogen von der Magnetwirkung seines Namens, sich mittlerweile eine Avantgarde-Boutique fast an die nächste reiht. Dreizehn Jahre ist es her, daß Kenzo in der ebenfalls nahe gelegenen Handelsbörse seine erste große Modeschau veranstaltete und durch die effektvolle Kulisse der dekorativen Rotunde in die zuvor recht zeremoniellen „Défilés“ einen neuartigen, im besten Sinne theatralischen Tonfall brachte, der sich mittlerweile allgemein durchgesetzt hat. Dazu freilich mußten noch einige Jahre vergehen, und immer wieder ist es Kenzo gewesen, der diese Entwicklung vorangetrieben hat – bis hin zu jenem legendär gewordenen Riesenzelt, das er 1980 auf der Place des Victoires errichten ließ und das die ehrwürdige Reiterstatue Ludwigs XIV. unbefangen mit in das Spektakulum einbezog. Ein Ende dieser Theatralisierung der Modeschauen ist nicht abzusehen. Daß die bislang der Fachwelt vorbehaltenen Défilés künftig, als handelte es sich um Ballettvorführungen, gegen Eintrittsgeld öffentlich zugänglich werden – das ist die eine Möglichkeit. Daß freilich auch die Insider-Show noch steigerungsfähig ist, hat wiederum Kenzo bewiesen, als er im Herbst 1983 seine Vorführung in ein historisches Schloß verlegte und als ein gigantisches Fest seiner Gäste zelebrierte.

Aber wie die Modeschau der Zukunft auch beschaffen sein mag – jene Lust am Theatralischen und Inszenierten, an Mummenschanz, Maskierung und Rollenspiel ist auf jeden Fall eine Konstante, die in Kenzos Schaffen immer wieder begegnet. Daß er vor sieben Jahren „Prinz und Prinzessin“ auf leibhaftigen Pferde über den Laufsteg reiten ließ, gehört zu jenen Theatercoups, von denen noch heute erzählt wird, als hätten sie sich gerade gestern erst ereignet. Kein Zweifel: In Kenzo steckt die Phantasie eines Theaterregisseurs, die Intelligenz eines Dramaturgen – was ihn befähigte, jenen bühnenhaften Aspekt des Modebetriebs freizusetzen, den wir seither für ganz selbstverständlich halten und der doch seine Entdeckung war.

Wie wird man Modeschöpfer? Die Entwicklung Kenzos dürfte kaum typisch sein, denn er entdeckte die Faszination seines künftigen Metiers buchstäblich, indem er seiner älteren Schwester über die Schulter schaute. Die Modezeitschriften, in denen sie blätterte, begeisterten ihn nicht zuletzt deshalb, weil sie europäisch, weil sie pariserisch waren: Bilder voll utopischer Glücksverheißung in einem Land, das gerade einen Weltkrieg verloren hatte. Was die ersten beiden Lebensjahrzehnte des 1939 geborenen Kenzo ausmacht, ist die zielstrebige Eroberung eines Frauenberufs. Denn Kenzo wollte statt auf der Universität, auf die ihn seine Eltern schickten, viel lieber an der Modeschule studieren, an der sich die bewunderte Schwester eingeschrieben hatte. Erst nach langen und entbehrungsreichen Umwegen gelang es ihm tatsächlich, sich in Tokio an einer Couture-Fachschule für junge Mädchen anzumelden, wo er damals freilich nicht der einzige Mann war: Das Vorbild der großen Pariser Modeschöpfer begann sich in Japan herumzusprechen.

Nachdem er einen Preis gewonnen und schließlich den harten Job des Modeentwerfers für eine Kaufhauskette hinter sich gebracht hatte (mit durchschnittlich vierzig Modellen, die es pro Monat zu entwerfen galt), folgte er schließlich als gerade Fündundzwanzigjähriger dem Rat seines Meisters und brach nach Paris auf. Exakt am 1. Januar 1965, so wird versichert, sei er in Marseille eingetroffen. Die folgenden Jahre bringen eine zweite, nicht minder entbehrungsreiche Lehrzeit, überglänzt von den beiden Erfolgserlebnissen, die in den Biographien fast aller großen Modeschöpfer begegnen: Ein anderer, längst schon etablierter Couturier wird auf die Zeichnungen des Debütanten aufmerksam und kauft ihm einige Entwürfe ab (im Fall Kenzo ist es Feraud) – und man findet einen Partner, der unbedingt ein Geschäft eröffnen möchte (im Fall Kenzo ist es eine Ladenbesitzerin, die er auf dem Flohmarkt kennenlernt). Heute macht seine Firma „Jungle Jap“ Millionenumsätze, hat Filialen in mehreren Ländern, und welche ökonomischen Ausmaße das Unternehmen mittlerweile angenommen hat, spürt man in der Bienenstock-Atmosphäre seiner Zentrale an der Place des Victoires, wo mehr als hundert Angestellte tätig sind.

Kaum vorstellen kann man sich Kenzo hingegen in der Rolle eines Vorgesetzten, derart bescheiden, höflich und entgegenkommend ist er im Umgang. Es ist die Bescheidenheit aller wahren Profis, die über sich selbst nicht viele Worte machen, da sie meinen, alles Nötige schon in ihrer Arbeit gesagt zu haben. Bezeichnend ist ein kleines Mißverständnis, das sich in unseren Gesprächen ergibt. Ich frage ihn, ob er sich für das Theater, für Bühnenbilder und Kostüme interessiere, – und ich will darauf hinaus, ob er sich dort möglicherweise Inspirationen holt; er aber antwortet, wie aus der Pistole geschossen, für das Theater interessiere er sich nicht sonderlich, da Entwürfe dafür zuviel Zeit in Anspruch nähmen: Auf die Idee, daß ich mich mit meiner Frage nicht für seine Arbeit, sondern für seine Psyche interessiere, war er als Praktiker gar nicht gekommen. Einmal, so erzählt er, habe er übrigens tatsächlich für die Bühne gearbeitet, an der Opéra Comique sei ein Werk Stockhausens in seiner Ausstattung aufgeführt worden. An der Wand entdecke ich eine Erinnerungsfoto aus Kenia: ja, da wolle er demnächst wieder hinfahren – aber nicht etwa, um dort speziell die Kostüme der Einheimischen zu studieren. Wohl reise er viel, aber niemals ausschließlich zu Studienzwecken, und was die Anregungen betreffe, so finde er sie zur Hauptsache „auf der Straße“.

Auch ins Museum gehe er keineswegs „besonders häufig“, seine Lieblingsmaler freilich nennt er so entschieden und blitzschnell, als hätte er die Liste auswendig gelernt: Botticelli, Hockney, Balthus und, so fügt er hinzu, „les Orientalistes“, die orientalisierenden Maler des neunzehnten Jahrhunderts. Fremd in jenem Kreis wirkt allenfalls Botticelli – wenngleich man ihn den japanischsten unserer Alten Meister nennen könnte, einen Geistesverwandten Utamaros. Das Japanische in Kenzos Denken und Empfinden zu definieren, fällt schwer, weil es sich von selbst versteht. Er selbst kehrt das Japanische nicht eigens heraus, aber der eher nachlässige Umgang mit der französischen Sprache macht schon deutlich, wie sehr er in seiner eigenen, inneren Welt beheimatet geblieben ist. An der Wand seines Büros hängt – wiederum nicht aufdringlich, aber doch bezeichnend – eine klassische japanische Malerei, im weitläufigen Bücherbord des Vorzimmers drängen sich dicht an dicht die japanischen Publikationen. Japanische Schnitte, Farben, Drucke, all das habe in seiner Mode eine Rolle gespielt – aber Kenzo sagt das mit der Gelassenheit dessen, der längst nicht mehr grübelt über die Wurzeln seines Tuns.

Wollte man die Mode, die er seit Jahren macht, auf ein Stichwort bringen, so könnte es nur dieses sein: Folklore. Seine unbefangenen Zitate aus aller Welt brauchen längst nicht mehr so schockierend daherzukommen wie einst im Jahre 1977, als seine Mannequins in einem (an indischer Herrenbekleidung inspirierten) „Nehru-Look“ aufmarschierten. 1985 spielte er in der Sommermode mit mexikanischen und karibischen Motiven, und für die Wintermode trat er sogar den Gang in die Vergangenheit an, den Modeschöpfer aus guten Gründen sehr zögernd tun: Mit Stulpenstiefeln, samtenem Wams, Spitzenkragen und federgeschmücktem Barett kamen seine Entwürfe daher, als ginge es darum, „Die drei Musketiere“ zu illustrieren. Das Erstaunliche geschah, daß ausgerechnet von dieser Modeschau, die doch vom Geist der Gegenwart so weit entfernt schien wie nur möglich, eine spürbare Irritation ausging, die sich schließlich allenthalben in Bekundungen auflöste, daß man nun endlich wieder eine neue Richtung sehe, daß es Gott sei Dank vorbei sein dürfte mit all der Routine der letzten Jahre, daß Kenzo dem stagnierenden Geschmack einen neuen Impuls versetzt habe. Das ist es, was den Trendmacher von seinen Kollegen unterscheidet: Er besitzt Autorität, so daß man ihm die Führungsrolle zuerkennt. Kenzo ist ein Klassiker geworden, ohne daß sein Einfallsreichtum nachgelassen hätte. Sein modischer Kosmos ist offen für Motive aus aller Welt und wird dadurch immer reicher, reizvoller, internationaler: eine polyglotte Mode, die in vielen Zungen spricht und deshalb immer besser verstanden wird.

# SAMUEL FULLER

Es ist ein grauer Samstagmorgen, als ich Samuel Fuller in seiner Pariser Wohnung abhole. Wir wollen seinen ersten Film sehen, den er am Ende des Krieges als Unteroffizier in der amerikanischen Armee gedreht hat. Die Kamera, eine schwere Bell and Howell, hatte ihm seine Mutter achtzehn Monate vorher nach Afrika geschickt. Beim Einmarsch in das Sudetenland bekam er sie endlich; er drehte als erstes einen schwarzweißen, stummen Dokumentarfilm von einundzwanzig Minuten über das Konzentrationslager Falkenau, wie es seine Kompanie vorfand. Ein junger französischer Filmemacher hat 1987 mit Fuller in Falkenau und Nürnberg gedreht und den alten Film in eine Dokumentation eingesetzt, die er uns am Schneidetisch zeigen will. Fuller setzt sich neben mich ins Taxi. Er ist ein kleiner, drahtiger Mann mit grauen Locken und hat eine lange, dicke Zigarre im Mund. Er flucht über den Taxichauffeur, der ihm das Rauchen im Wagen nicht erlaubt, und läßt die Zigarre ausgehen, behält sie aber im Mundwinkel. Auf der Fahrt erzählt er unentwegt Geschichten, die ihn nicht loslassen und deren Wirkung er ausprobieren will. Wir fahren durch schmale, schmutzige Straßen. Der Asphalt glänzt im Regen. Das Taxi hält vor einem schäbigen Haus, am Eingang steht ein alter

Blätter der Geschichte: Das Drehbuch wird von Samuel Fuller hochgehalten wie die Regie

*Von Erwin Leiser*

Wellen der Erinnerung: Am 6. Juni 1944 landeten die Amerikaner in der Normandie, unter ihnen Samuel Fuller. Sein Film „The Big Red One" erzählt davon

Mann und hält ein kleines Mädchen an der Hand. Sie sehen uns an, als hätten sie auf uns gewartet. Wir gehen an ihnen vorbei auf einen Hof und steigen im Hinterhaus eine schiefe, breite Wendeltreppe hinauf. Licht gibt es nicht. Im dritten Stock steht eine Tür offen, unser Wirt erhebt sich von einem hohen, klapprigen Stuhl. Auf dem Schneidetisch stehen kleine Tassen, türkischer Kaffee wird eingegossen. Mir ist, als sei ich in die ersten Szenen eines Films von Fuller geraten. Bei ihm entwickeln sich die Situationen, die er für seine Spielszenen erfindet, aus einer genau beobachteten Wirklichkeit.

Der alte Film geht mir unter die Haut. Er zeigt einen Ort namens Falkenau, dessen Einwohner beteuern, daß sie nichts über das Lager wüßten. Sie hätten nichts gesehen und nichts gerochen. Ein einfacher Schwenk mit der Kamera, und wir sehen, wie nah das Lager war. Der amerikanische Kompanieführer zwingt die angesehensten Bürger von Falkenau, unter ihnen den Bürgermeister und den Bankdirektor, die nackten Leichen ermordeter Gefangener zwischen Laken zu legen, wegzutragen und zu begraben. Die amerikanischen Soldaten halten sich die Nasen zu, und wir spüren den Geruch der Toten. Die überlebenden Gefangenen werden aufgeteilt, in die Kranken und die, die noch bei Kräften sind. „Krieg ist Wahnsinn", sagt Fuller. „Mein Thema ist Menschlichkeit und die Zerstörung von Menschlichkeit. Mit Recht sprach man in Nürnberg von Verbrechen gegen die Menschlichkeit. In Falkenau begriff ich, was Unmenschlichkeit bedeutet, ich erlebte das Unmögliche, ich sah das Undenkbare, ich filmte das Unglaubliche. Es war ein Schock, der Furcht auslöste, Furcht vor dem Unsagbaren. Wie tief können Menschen sinken? Im Konzentrationslager sammelte sich Furcht an, bis einen nichts mehr erschrecken konnte. Wer die Hölle überlebt hat, muß den Zuschauer in die Hölle mitnehmen."

Die Hölle ist für Fuller nicht nur das Lager, sondern der Krieg überhaupt. Im Krieg tötet man, damit man nicht getötet wird. Es geht immer darum zu überleben. Die Kriegserfahrung hat Fuller geprägt. Bei ihm gelten die Bedingungen, denen man im Krieg ausgesetzt ist, für das Dasein überhaupt. „Ein Leben ist wie eine Schlacht, jemand bekommt eine blutige Nase", heißt es in Fullers Film „The Crimson Kimono" (1959). Sein Alter ego in „The Big Red One" (1978) erklärt: „Das Schlimmste während einer Schlacht ist, daß man so verdammt einsam ist." Damit ist die Situation des typischen Fuller-Helden definiert, der sich in einer Welt behaupten muß, in der die Gewalt allgegenwärtig ist und alle gegen alle kämpfen müssen. „Die Welt ist ein Irrenhaus", sagt Fuller zu mir, „aber nur die Irren wissen, daß sie in einem Irrenhaus sind."

Fullers Helden sind nicht heroisch, ihr Kampf wird nicht verherrlicht. Fuller schildert die Brutalität des Krieges, wie er sie erlebt hat, und er beschreibt die Welt des Verbrechens. Aber er ist gegen das, was er zeigt, und er will, daß sich seine Einstellung auf den Zuschauer überträgt, den er mit einer originellen, kühnen Filmsprache immer wieder direkt in das Geschehen auf der Leinwand hineinzieht. Für Fuller ist das Leben „eine einzige Bewegung" und Film ein mitreißender Rhythmus, in dem starke Emotionen erzeugt werden. In Fullers Filmen wird nicht argumentiert oder interpretiert, die Figuren und ihre Wirklichkeit werden einfach gezeigt, mit einer wilden Unmittelbarkeit, die Fullers Markenzeichen ist. Er ist immer direkt und eindeutig. Kompromisse macht er nicht. Als ihn ein Produzent fragte, ob er etwa behaupten wolle, daß sich das Verbrechen bezahlt mache, sagte er trocken: „Verbrechen macht sich bezahlt." Mich fragt er unvermittelt: „Kennst du den Unterschied zwischen einem großen und einem kleinen Verbrecher?" Er gibt selbst die Antwort: „Das Bankkonto." Eine seiner vielen Selbstdefinitionen am Ende unseres abschließenden, fast ganztägigen Gesprächs lautet: „Ich will nicht Amerika nur im Spiegel zeigen, ich will hinter den Spiegel schauen." Er sorgt dafür, daß seine Charaktere, seine Milieus und seine Situationen stimmen, damit seine Aussage über die existentielle Situation des Menschen in unserer Zeit überzeugend wirkt.

Ein Angebot des Metro-Goldwyn-Mayer, für sieben Jahre als Drehbuchautor fest angestellt zu werden, lehnte der junge Fuller ab. Mit einem Budget von einhundertdreitausend Dollar dreht er statt dessen 1948 in zehn Tagen seinen ersten Film als Regisseur und Autor für eine kleine Firma in San Francisco, Lippert Productions, „I Shot Jesse James". Er ist 1948 erst sechsundzwanzig Jahre alt, hat aber schon einen eigenen Stil. Der Erfolg des Films, den die „New York Times" als den „ersten psychologischen Western für Erwachsene" begrüßt, gibt ihm die Chance, 1949 seinen zweiten Film für Lippert zu drehen, „The Baron of Arizona", in fünfzehn Tagen und mit einem Budget von zweihunderttausend Dollar. Beim dritten Film, „The Steel Helmet" (1950), in zehn Tagen mit einhundertviertausend Dollar für Lippert gedreht, ist Fuller schon Autor, Regisseur und Produzent. „The Steel Helmet" ist ein Kassenerfolg als der erste Film über den Krieg in Korea, aber umstritten, weil es hier weder eine Ideologie noch Helden gibt. Der Film zeigt die Härte eines Kampfes, in dem die Hauptfigur den Unterschied zwischen Feind und Freund auf eine Weise definiert, die ebenso wie der Realismus Fullers provozierend wirken muß: „Wenn er neben dir herrennt, ist es ein Südkoreaner. Wenn er hinter dir her ist, ist es ein Nordkoreaner." In Washington wird untersucht, ob Fuller Kommunist ist. 1984 sagt er in einem Interview während der Berliner Filmfestspiele: „Wenn ich einen Film mache, ist es mir gleich, ob man mich Kommunist oder Antikommunist nennt." Beides hat er mehrmals erlebt.

Für „Pickup On South Street" erhielt Samuel Fuller 1953 den Bronzenen Löwen des Filmfestivals in Venedig. In dieser Geschichte über einen kleinen Taschendieb, eine Prostituierte und eine Informantin der Polizei zeichnet Fuller ein Bild der Vereinigten Staaten zur Zeit der antikommunistischen Hysterie McCarthys. Durch den Diebstahl eines Mikrofilms wird der Taschendieb in den Kampf zwischen FBI und kommunistischen Spionen verwickelt. Beide Seiten wollen den Film und scheuen keine Mittel, um in seinen Besitz zu kommen. Das FBI ist irritiert, denn der Taschendieb will nur Geld. Appelle an seinen Patriotismus bleiben erfolglos, J. Edgar Hoover fragt Fuller in einem Brief, ob er dem FBI eine Zusammenarbeit mit der Polizei zutraue, bei der Kriminelle als Informanten benutzt werden. Über seinen Film „Shock Corridor" (1963), der in einem Irrenhaus spielt und überraschende Parallelen zu Dürrenmatts „Physikern" enthält, sagt Fuller, daß er hier „die drei Krankheiten Amerikas" aufzeigen wollte, die Atomwaffen, den Rassismus und das Bildungssystem. „Ich liebe es, durch Unterhaltung zu erziehen", erklärt er. Er verwirklicht gewagte Regie-Einfälle. Aber er vergißt nie, worauf es ankommt. Er hat es so ausgedrückt: „Es ist nicht wichtig, ob sich die Kamera bewegt oder die Schauspieler. Wichtig ist allein, daß die Gefühle der Zuschauer bewegt werden." Seine Filme seien immer „von gesellschaftlicher Relevanz", obgleich solche Begriffe das Publikum abschrecken.

Fullers wichtigstes Thema ist der Krieg. Er kämpft gegen ihn, indem er ihn zeigt. Er sieht sich als einen Zeugen, der erzählen muß, was er erlebt hat. Sein wichtigster Film ist deshalb „The Big Red One", 1978 gedreht und 1980 beim Filmfestival in Cannes uraufgeführt. Die „große rote Eins" ist das Abzeichen der ersten amerikanischen Infanteriedivision, in der Fuller diente. Vieles in dem Film ist selbstbiographisch. Die Schlüsselsituation wird sofort gezeigt. Auf dem Schlachtfeld des Zweiten Weltkriegs tötet ein Amerikaner einen Deutschen, ohne zu wissen, daß der Krieg seit vier Stunden vorbei ist. Die Aussage der Szene ist eindeutig: Krieg ist Mord. Dieselbe Handlung ist im Krieg eine Heldentat und im Frieden ein Verbrechen. Fuller lehnt es ab, den Mord im Krieg als legitimes Töten eines Feindes zu rechtfertigen.

Fuller geht es immer darum, authentisch zu wirken. Oft zeigt er direkt, daß diese Authentizität vorgetäuscht ist. Er erinnert uns immer wieder daran, daß Film Film ist, weder mehr noch weniger. Von diesem Medium ist er besessen. Er hat sich daran gewöhnt, zwischen seinen eigenen Filmen als Autor und gelegentlicher Schauspieler zu überwintern. In seiner möbliert gemieteten Pariser Wohnung macht er auf mich den Eindruck eines Mannes, der immer auf dem Weg zu seinem nächsten Abenteuer ist und der über eine geballte Kraft verfügt, die er jederzeit bereit ist einzusetzen. Das Projekt, das er mir ausführlich beschreibt, handelt von Menschen, die in einer Welt, in der die anonyme Gewalt herrscht, ihre Identität verbergen. Samuel Fuller hat es verstanden, in einer solchen Welt sein Gesicht nicht zu verlieren. Es trägt die Züge eines unbändigen und unbeirrbaren Individualisten. Noch immer stimmt die Charakteristik, die Bernardo Bertolucci 1977 von ihm gab: „Fuller ist der größte unbekannte Filmregisseur der Welt. Seine Filme sind wie die Musik der Schwarzen: purer Rhythmus, Gewalt und die Suggestion von Erotik. Sie sind Lebewesen. Sie leben tatsächlich. Sie können nicht sterben."

*Von Wilfried Wiegand*

Platten, Stäbe und Blöcke, stets massiv aus Stahl und mit rauher, unpolierter Oberfläche, die selbst in Innenräumen unweigerlich vom Rost überzogen wird, die Platten im Ausnahmefall etwas gekrümmt, ansonsten alles so plan und platt, so massiv, simpel und krude wie möglich: Das ist der Stoff, den Richard Serra in Kunst verwandelt. Der Einwand, derlei habe mit Kunst doch wenig zu tun, kommt einem vor den Originalen nicht in den Sinn. Denn eines gelingt Serra mit seinen wuchtigen Werken auf Anhieb: zu demonstrieren, daß er es sich schwergemacht hat. Das gilt buchstäblich, denn diese tonnenschweren stählernen Objekte müssen auf Tiefladern transportiert und mit Kränen aufgestellt werden. Zugleich begreift man schon auf den ersten Blick, daß dies nicht etwa Abfallprodukte sind, sondern absichtsvoll in Form gegossene, gepreßte und geschnittene Auftragsstücke. Jede nähere Bestimmung freilich scheint ihnen zu fehlen, man sieht keinerlei Bohrlöcher, Nute, Zapfen oder Gewinde, so daß die Stahlobjekte den Charakter von Halbfertigteilen machen. Industrieller Werkstoff, der in eine Rohform gebracht, dann aber aus dem Produktionsprozeß herausgenommen und allein dem Spieltrieb des Künstlers überlassen wurde: Das sind die

Mann aus Eisen: Richard Serra gibt der Welt mit seinen monumentalen Plastiken Rätsel auf

stählernen Kunstwerke Richard Serras. Auch wenn man ihnen ansehen und — durch Betasten oder Beklopfen — sogar anfühlen und anhören kann, wie massiv sie sind, wirken sie im selben Augenblick doch so zweckfrei und funktionslos, wie derlei aufwendige Stahlklötzer sonst niemals wirken.

Hinzu kommt, daß Serra seine Plastiken nach einem Prinzip konstruiert, wie es leichter und lichter, verspielter und durchschaubarer nicht sein könnte: dem des Kartenhauses. Die Übereinstimmung geht so weit, daß der Künstler nach Möglichkeit alle Befestigungen vermeidet. Im Idealfall lehnen die Stahlplatten lediglich aneinander und stabilisieren sich durch leichte Schrägstellung sowie vor allem durch ihr ungeheures Gewicht. Dabei fallen Serra alle Varianten ein, auf die man mit einem Kartenspiel in der Hand wohl auch kommen würde. Bei Ausstellungen im Museum gibt es deshalb mehr Möglichkeiten als bei jenen Objekten, die Serra denkmalhaft im Freien aufstellt. Denn im Museum gibt es Wände, an die man Stahlplatten anlehnen kann, zudem die Möglichkeit, Platten oder Stäbe in den Ecken des Raumes abzustellen, vor allem aber gibt es im Museum etwas, was im Freien — nomen est omen — sich mit gleicher Konsequenz nicht durchhalten läßt: das Verbot nämlich, die Serra-Objekte zu berühren. Denn das Gleichgewicht seiner Werke ist ein empfindliches: obwohl es sich um tonnenschwere Stahlplatten handelt, staunt man, nicht anders als beim richtigen Kartenhaus, auch hier darüber, daß ein solches Kunstgebäude überhaupt dasteht und nicht schon längst zusammengebrochen ist. Und bei einigen der komplizierten Objekte, die Serra im Museum installiert, ist es durchaus vorstellbar, den Einsturz durch Rütteln und Schubsen herbeizuführen, was freilich wegen der Schwere der Objekte in den meisten Fällen lebensgefährlich wäre. So sind die meisten Serra-Plastiken im Museum durch Absperrungen vorsorglich vom Besucher weggerückt, zudem von Wärtern bewacht und mit Schildern versehen, die das Berühren verbieten. Das alles fehlt, sobald Serra-Plastiken im Freien aufgestellt sind, aber auch dann befällt einen jedesmal Verwunderung darüber, daß die stählernen Kartenhäuser überhaupt vor einem stehen und nicht umkippen. Denn normalerweise verankert Serra die Platten nicht einmal im Erdboden, sondern stellt sie sockellos auf Pflaster oder Sand. Sie wirken einfach und kompliziert zugleich, genauer: Sie sind mit den einfachstmöglichen Mitteln so kompliziert wie irgend möglich. Einer von Serras Lehrern war Josef Albers.

Serras Liebe gehört den großformatigen Werken im Freien, wie er sie in Städten, aber auch in Parklandschaften in Amerika und Europa vielfach installiert hat. Eines seiner Werke heißt „Clara Clara", wiegt etwa hundert Tonnen, steht im Pariser Tuileriengarten und macht schlagend deutlich, daß es Serra nicht um die Aufstellung eines isolierten Monuments zu tun ist, sondern um die Gestaltung oder zumindest Umgestaltung eines möglichst großen städtebaulichen Raumes. In dieser Hinsicht ist „Clara Clara" vermutlich der Höhepunkt seines Werks, denn die beiden gebogenen Stahlplatten sind so gestellt, daß sie einen Durchlaß bieten genau in jener urbanistischen Achse, die vom Arc du Carrousel bis zum Arc de Triomphe reicht und in deren Mitte sich der Obelisk auf der Place de la Concorde erhebt. Der Spaziergänger im Tuileriengarten erhält einen stählernen Fingerzeig, der auf die Stadtbaukunst der vorigen Jahrhunderte ebenso respektvoll aufmerksam macht, wie er sie andererseits durch die Konfrontation mit brutaler Technik respektlos in Frage stellt.

Ob das teure Objekt, das an die vierhunderttausend Mark gekostet hat, in Paris verbleiben kann? Richard Serra macht sich darüber keine allzu große Sorgen. „In den Tuilerien wird es wohl nicht bleiben", vermutet er, „aber in Frankreich voraussichtlich schon."

Serra steht neben den meterhohen Stahlplatten und sieht aus, als wäre er nicht der Künstler, der den stählernen Koloß entworfen hat, sondern einer der Arbeiter, die ihn hier aufgerichtet haben. Im nächstgelegenen Café erzählt er von den vielen Projekten, die ihn dieses Jahr bis nach Spanien und Finnland geführt haben. „An sich wohne ich in New York, aber in diesem Jahr war ich nur ein paar Wochen dort, ich bin halt ganz schön unterwegs — I'm pretty much on the road." Serra ist 1939 geboren und erzählt gern, wie er zur Skulptur kam: Er hatte als Malereistudent ein Paris-Stipendium bekommen und wurde zur Plastik bekehrt, als er das rekonstruierte Brancusi-Atelier im Musee d'Art Moderne sah. Das war 1964, und in den folgenden Jahren experimentierte er, vor allem in New York, mit den Stilmitteln der beginnenden „Minimal Art" und mit den Materialien der Fabrikwelt, bis er 1968 endlich jene Serie plastischer Objekte begann, die er „Props" nennt. „Props" — das sind Requisiten, und der Name paßt nicht schlecht zur spielerischen Theatralik, mit der Serra seine Stäbe und Platten — anfangs aus Blei, aber schon bald aus Stahl — zu Kartenhäusern arrangiert. Ein Schuß höherer Taschenspielerei ist durchaus in dieser Kunst, jedenfalls erinnert die Art, wie Serra mit Stahlplatten umgeht, oft an die Verblüffungseffekte der Zauberkünstler. Serras Kunst ist schwer und leicht zugleich, genauer: Sie ist so leicht, wie es mit einem derart schweren Material nur irgend möglich ist.

Serras Kunst ist eine Antwort auf Architektur und Landschaft, sie entsteht neben den Museen und außerhalb des Kunstmarktes. Sie braucht öffentliche Auftraggeber, Mäzene, Vorfinanzierungen, Stipendien, — und selbstverständlich verwendet Serra alles Geld sofort zur Finanzierung des nächsten Projekts. Sogar das Geld, das er einst als Fuhrunternehmer verdient hat, verwendete er zur Finanzierung seiner Arbeiten. Eine kurze Zeit hat er übrigens englische Literatur unterrichtet, und wohl nicht ganz zufällig kommt das Gespräch ausgerechnet an diesem Punkt auf die Titel seiner Werke, die oft merkwürdig symbolisch klingen, etwa wenn sie auf berühmte Persönlichkeiten anspielen. Warum heißt der stählerne Würfel vor der Berliner Nationalgalerie „Berliner Block für Charlie Chaplin", warum kommen in anderen Titeln die Namen von Marilyn Monroe, Greta Garbo oder Rainer Werner Fassbinder vor? Sind diese Plastiken, wie vermutet worden ist, als Denkmäler gedacht? Konzipiert, so erläutert Serra, seien sie als Denkmäler nicht, auch wenn sie durch ihren Titel jetzt die Funktion haben mögen, an einen bestimmten Menschen zu erinnern. „Es sind Widmungen, so wie ein Romancier seinem fertigen Werk eine Widmung voranstellt." Bewunderung und Verehrung ist es, die ihm diese Widmungen eingibt, auch Erinnerung und Trauer, Dankbarkeit und Liebe. „Clara Clara" ist nach Serras Frau Clara benannt; sie darf stolz sein auf diesen stählernen Jubelruf.

Daß ein Stahlwürfel „Konsequenz" heißt, erklärt Serra, habe mit Symbolik nicht eigentlich zu tun, es handle sich eher um die knappe Bezeichnung des Sachverhalts, nicht viel anders, als würde der quadratische Tisch, an dem wir gerade sitzen, „Quadrat" heißen. Serra legt Wert darauf, daß seine Kunst nicht mogelt, nicht einmal in den literarischen Etiketten. Aus diesem Drang nach Ehrlichkeit, Offenheit und Durchschaubarkeit resultiert auch seine Abneigung gegen Vorzeichnungen: „Ich mache keine Entwürfe, die dann durch das Werk bloß illustriert werden." Es würde ihn um das Abenteuer der plastischen Arbeit betrügen — und um jene handwerkliche Redlichkeit, die seine Kunst zur schärfsten Kritik an aller „Concept Art" macht: Während in jener das Werk fast überflüssig wird, pocht Richard Serra, dieser Romantiker unter den Materialisten, darauf, daß es eine Idee außerhalb des Werkes gar nicht geben könne.

In Serras Kunst steckt Arbeit, harte Arbeit, die keineswegs nur er selbst investiert, die vielmehr jedem Beteiligten im Stahlwerk, beim Transport und bei der Aufstellung abverlangt wird. „Ich suche immer die einfachste Lösung." Auf diese Formel bringt Serra seine Ästhetik, aber der Satz könnte das Motto wohl aller seiner Mitarbeiter sein.

Serra nutzt das Gespräch, um zu fragen. Ob ich die Stadt Lyon auch so häßlich empfunden habe wie er? Wie mir die letzte Chereau-Inszenierung gefallen habe? Ob ich Fassbinder etwa nicht für ein gewaltiges Genie hielte? ...So geht es weiter vom Film über die Avantgardemusik zum modernen Ballett — und jedemals ist Serra nicht nur verblüffend treffsicher im Urteil, sondern auch bewundernswert gut informiert. Das ist ein Eindruck, wie man ihn bei amerikanischen Künstlern oft gewinnt: daß sie sich für alle künstlerischen Disziplinen interessieren, überall Freunde haben, Kontakte unterhalten, Zusammenarbeit suchen, was alles heißt, daß sie sich selbst nicht in erster Hinsicht als Maler, Plastiker oder Komponist verstehen, sondern als Mitglied einer unteilbaren Avantgarde. Das Happening und die Multi-Media-Ästhetik sind Ausdruck dieser Kunstgesinnung. Die amerikanische Hochschule mit ihren interdisziplinären Lehrveranstaltungen ist ihre Brutstätte. So ist es erstaunlicherweise Amerika, das einiges vom Ideal des „Studium generale" bewahrt, während in Europa auch in der Kunst das Spezialistentum von vielen für unabwendbar gehalten wird.

Vater des Rock-Jazz: Sein Charisma ist ungebrochen. Noch immer bannt Miles Davis das Publikum

Eine Jahrhundertfigur ist er allemal, auch wenn er erst fünf Jahre vor Halbzeit, also 1945, die Konzertbühnen betrat, als Neunzehnjähriger. Miles Davis, schwarzer Jazztrompeter wie Louis Armstrong und neben diesem der andere große und unverwüstliche Charismatiker der Gattung, ist wieder einmal im Gespräch: Die Besucher des Jazzfests Berlin und Leute, die es bis weit nach Mitternacht am Fernsehschirm aushielten, empfanden ihn als den Höhepunkt der Saison. Unter den lebenden Jazzmusikern hat allenfalls noch Keith Jarrett ein so übergreifendes Interesse bei allen Musikliebhabern ausgelöst, Davis außerdem noch das des Klatsch-Journalismus. Seine Krankheiten, Affären, Allüren, Comebacks – und seine Musik werden beachtet wie die Launen

*Von Ulrich Olshausen*

Star der Trompete: Sein Ton machte ihn berühmt. Er ist voller Trauer und Einsamkeit

von Königen. Längst ist er dissertationswürdig geworden: die wichtigste Biographie schrieb einer seiner unzähligen Trompete spielenden Verehrer, der Engländer Ian Carr. Was ist Charisma? Wenn man's so genau wüßte, wär's schon keines mehr. Immerhin, man kann versuchen, ihm auf die Spur zu kommen – und den letzten Rest unerklärt zu lassen. Miles Davis wurde 1926 als Sohn eines begüterten Zahnarztes geboren. Trockene Feststellung wie aus einem Schulaufsatz? Jawohl, aber mit einiger Bedeutung. Aus der Tatsache, daß Davis nicht aus dem Getto kam, daß der Aktienbesitzer nie ums Überleben spielen mußte, mag sich die souveräne Arroganz herleiten, die ihn immer zu einem so schönen Streitobjekt machte. Der Jazz war zunächst einmal frei gewählter sozialer Abstieg und nicht etwa einzige Chance, aus dem Dreck herauszukommen. Sein Alter allerdings war von Bedeutung; denn die Jahre seines Anfangs fielen in die Zeit, in der der Jazz seinen größten Umbruch durchmachte, nicht stilistisch, sondern soziologisch. Anfang der vierziger Jahre entwickelte sich der Bebop, und der gilt als der Beginn des „modernen" Jazz. Diese Wende ist vor allem durch ein neues Selbstverständnis der Musiker gekennzeichnet, insbesondere der Schwarzen. Obwohl es schon einige Bemühungen um die Erlangung von „Respektabilität" für den Jazz gegeben hatte, etwa mit Benny Goodmans Einzug in die Carnegie Hall, war der Jazz doch bis dahin das Odium eines entweder marktschreierischen oder schwülen Entertainments nie losgeworden (im Prinzip bestätigte Adorno dieses Oberflächenurteil noch in den fünfziger Jahren). Nun wollte diese Musik aber anders wahrgenommen werden; als Kunst, ebenbürtig der kanonisierten Hochkultur der „ernsten" Musik. Um diesen Anspruch zu demonstrieren, kehrte man dem unterhaltungssüchtigen Publikum den Rücken (niemand tat das später so wörtlich wie Miles Davis). Charlie Parker spielte so schnell und überspielte die Harmonien der immer noch als Improvisationsgrundlage verwendeten Evergreens in einem solchen Ausmaß, daß der „normale" Jazzfan den Mitvollzug aufkündigte und sogar ein Kriti-

ker, der renommierte Franzose Hugues Panassié, von einem „Mißgeschick“, von der „Unkenntnis, was tatsächlich Jazz ist“ und von einer „unjazzmäßigen Leidenschaft“ sprach, der diese Musiker, „von instrumentalem Tempo und harmonischer Vielfalt besessen, den „swing“, den ausdrucksvollen Wohlklang opferten“. Dizzy Gillespie alberte auf der Bühne herum, erfand skurrile Unsinnssprachen, bedankte sich sarkastisch für den „Großmut“ des Publikums und behauptete, er spiele nur für Musiker. Thelonius Monk wanderte, mit Ziegenbart und Mütze, während der Konzerte auf der Bühne hin und her und hackte unverständlich eckige Harmonien ins Klavier, deren Genialität zu jener Zeit nur professionelle Kollegen erkannten.

Miles Davis ist sechs Jahre jünger als Parker und Monk und neun Jahre jünger als Gillespie. Zu den Bebop-Heroen der ersten Stunde gehört er also nicht, an der Seite von Parker spielte er diese Musik eher mit, als daß er sie schuf. Die Stimmung und die Attitüden der Zeit hat er aber deshalb wohl um so intensiver in sich aufgenommen. Von allen Jazzmusikern wurde er der stolzeste und unnahbarste, ein Publikumsverächter, der sich beim Spielen abwandte und keinen Applaus mit irgendeiner Regung des Gesichts oder des Körpers quittierte. „Weiße verstehen nichts von schwarzer Musik“, sagte er einmal, „und ich erwarte es auch gar nicht von ihnen. Wenn ich fertig bin, gehe ich einfach ab. Ich weiß nicht einmal, ob sie applaudieren oder buhen.“ Wenn die Weißen die Musik von Miles Davis nicht verstehen, dann versteht sie gar niemand. Denn obwohl die Schwarzen solch eine Symbolfigur der Nichtanpassung und der Selbstbestimmung gut gebrauchen könnten, ist die Verehrerschaft von Miles zum größten Teil hellhäutig. Er erklärt es mit der ökonomischen Situation. Er habe es satt, sagte er dazu, Schwarze mit verzweifelt gespielter Lässigkeit in Jazzclubs hinter ihren Freundinnen hergehen zu sehen – weil diese den arbeitslosen Männern die Eintrittskarte bezahlen müssen.

Na, na, kann man da nur sagen. Miles könnte für seine schwarzen Brüder ja auch mal umsonst spielen. Daß es aber nicht eigentlich das Geld ist, das sein schwarzes Publikum reduziert, sondern seine komplizierte und vielfältig an europäischen Normen orientierte Musik, das ahnt er wohl auch.

Miles Davis war immer ein Schrecken der Kritiker („Kritiker machen mich krank, sie tun alle einen Scheißdreck und Discjockeys auch“). In Zeitschriften waren Davis-Interviews durchsetzt mit Pünktchen und Strichen – an Stelle von undruckbaren Kraftausdrücken. Der holden Weiblichkeit unter den Reportern trat er mit eindeutigen Angeboten entgegen. Überblickt man fünfzig Jahre Jazzjournalismus und welche Rolle darin Musikerinterviews gespielt haben, so kann man Miles Davis eine gewisse Weisheit in seiner Verweigerungshaltung nicht absprechen.

Der Musiker Miles Davis ist zunächst einmal ein guter Trompeter (wenn auch keineswegs ein „Feuerwerker“ wie Maynard Ferguson oder Wynton Marsalis) mit einer lyrischen Konzeption, einer herausragenden Begabung zur improvisatorischen Melodieerfindung und einem herrlichen, leicht verhangenen, vibratolosen Ton. Der hat damit zu tun, daß er seinen ersten Trompetenunterricht bei einem renommierten „klassischen“ Lehrer genoß, der gesagt haben soll: „Spiel ohne Vibrato. Du wirst ohnehin mal alt und fängst an zu zittern.“ Die Mutter von Miles Davis träumte von einer Karriere des Sohnes im Sinfonieorchester, und mit fünfzehn schlug Davise in Angebot von einer professionellen Jazzband aus, schmollend zwar, aber doch der Mutter gehorchend, die auf dem High-School-Abschluß bestand.

Dieser Ton, ohne Atacca angesetzt und voller übersinnlicher Trauer und Einsamkeit, ist das eigentliche magische Potential von Miles Davis. Er senkt sich besonders dann als überwältigender und bleibender Eindruck ins Gemüt, wenn er eine programmatische Entsprechung hat, so in der schwülen Spannung der Musik zu dem Film „Fahrstuhl zum Schafott“ und in den düsteren Adaptionen klagender Flamenco-Musik in den „Sketches of Spain“. Diese Platte, 1959/60 aufgenommen, war das erste die Jazzgrenzen überschreitende Werk von Miles Davis. Mit ihm wurde er von der Musikwelt wahrgenommen. Die Platte ist ein Meisterstück, sie ist unkopierbar geblieben; auch Davis selbst hat später nie Ähnliches versucht. Wenn man ihn mit Rembrandt und Picasso verglich, so hatte man diese „Sketches“ im Sinn. Sie waren das Ergebnis einer Zusammenarbeit mit dem Arran-

Schamane des Klangs: Seine Arroganz ist berüchtigt. Unter den Jazzmusikern ist er der stolzeste und unnahbarste

geur und Komponisten Gil Evans, der mit dunklen, von tiefen Blechbläsern geprägten Orchesterfarben Rodrigos „Concierto de Aranjuez“ und ein Thema von de Falla für Davis einrichtete und außerdem eigene Paraphrasen über Flamenco-Themen schrieb. Wie sich Davis hier auf die Dramatik, die Leidenschaft und den Fatalismus der spanischen Zigeuner einschwingen konnte, die knisternde Atmosphäre, die geheimnisvolle Klang-Aura – das alles war ein für den Jazz absolut neues Faszinosum.

Was die unendlich beschriebenen Trendsetter-Qualitäten von Miles Davis anlangt, so kann man das auch einmal ein bißchen böswillig abwerten und sagen, daß er als Bebop-Trompeter praktisch ohne Einfluß blieb (allenfalls bei dem aber nur drei Jahre jüngeren Chet Baker hat er Spuren hinterlassen); daß er im Cool Jazz, im Gegensatz zu Lennie Tristano, auch kein Schulbegründer war und daß für den berühmten Sound seines Capitol Orchesters („Birth of the Cool“) seine Arrangeure (Gil Evans, Gerry Mulligan, George Russell und andere) verantwortlich waren und nicht er selbst; daß er im Hard Bop nur Mitläufer war; und daß er bei der „Erfindung“ des Free Jazz mit dessen freien Kollektiven völlig gefehlt hat. Unbestritten ist dagegen sein Beitrag zur Entwicklung der sogenannten modalen Spielweise, bei der wechselnde Harmonien abgeschafft wurden und als Bezugspunkt nur noch ein Grundton diente – so wie etwa beim Läuten einer Glocke. Alle hämischen Bemerkungen haben dann 1969 ein abruptes Ende. Denn da nahm Miles Davis die Platte „Bitches Brew“ auf, und mit ihr schuf er eine Möglichkeit für den Jazz, der Rock-Musik erhobenen Hauptes zu begegnen.

Das war während großer Teile der sechziger Jahre nicht der Fall gewesen. Denn die Rock-Musik hatte in dieser Zeit einen Innovationsschub, einen Pioniergeist, einen frechen Expansionsdrang, eine jugendliche Explosivität und eine Fülle von experimentierlustigen Talenten wie nie zuvor und danach. Die Verbindung von Klassik und außereuropäischer Musik mit den „eigenen“ Ausdrucksformen, vom Jazz seit Jahrzehnten praktiziert, wurde jetzt von der Pop-Musik im Zeitraffertempo nachvollzogen. Der Jazz floh oder biederte sich an. Doch Miles Davis war der Retter. Davis verwendete Elektroklänge und einen reafrikanisierten, brodelnden Rock-Beat, über dem sich die Solisten mit all ihrem von Rock-Musikern sowieso nie erreichten Improvisationsingenium austoben konnten. Die Stücke waren zwanglos und offen, die Beiträge und die Reihenfolge der Improvisatoren waren unvorhersehbar. Die nun weniger lyrischen, sondern gestochen scharfen, wie Stichflammen herausschießenden Melodiekürzel von Davis hatten eine schamanenhafte Intensität und eine enorme Spannung. Dieses Konzept zündete. Miles Davis wurde zum Star. Seine Leder- und Lurex-Moden, seine Flugzeugkanzeln ähnelnden Brillen waren Tagesgespräch. Er konnte es sich leisten, sich in Verträgen auszubedingen, daß Festivalauftritte mit der Möglichkeit gekoppelt wurden, bestimmte italienische Sportwagenmodelle zur Verfügung zu haben. Er spielte gleichermaßen in den Tempeln der Rock-Musik und auf allen Jazz-Großveranstaltungen. Seine unablässig umbesetzten Gruppen wurden zur Visumvergabestelle für den Weg in die große Karriere. Nahezu alles, was im Rock-Jazz zu Ruhm und Ehre kam, lief durch die Davis-Ensembles, etwa John McLaughlin, Herbie Hancock, Joe Zawinul, Wayne Shorter, Jack DeJohnette, Chick Corea, Lenny White, Larry Young und Billy Cobham. Überall wurde seine Musik kopiert, kaum ein Land mit eigener Jazzszene, das nicht seinen kleinen Miles Davis produzierte.

Das heißt nun aber nicht, daß ihm die Welt einhellig zu Füßen gelegen hätte. Der große Erfolg löst immer Kontroversen aus; und Miles Davis' scheinbar unerschütterliche „Coolness“, seine Fäkaliensprache und seine Äußerungen über Kollegen („Freddie Hubbard hat keine Ideen und kein Talent“) waren nicht dazu angetan, ein Klima des Wohlwollens zu schaffen. Der Bassist Dave Holland, zeitweilig ein Davis-Gefährte, konstatierte das Fehlen jener Subtilität, die in erster Linie durch ständigen Wandel in der Musik erreicht wird, und fühlte die Magie schon bald aus der Davis-Musik weichen. Ähnlich äußerte sich Chick Corea. Joe Zawinul, Wiener Chef der amerikanischen Gruppe Weather Report, behauptete, selbst als erster Rock-Jazz gespielt zu haben, und sprach Davis die Erfinderrolle ab. Der Posaunist J. J. Johnson sagte, daß Davis sein „natural thing“ nur immer in einen anderen Rahmen stelle. Und Lester Bowie, Trompeter der Kultgruppe „Art Ensemble of Chicago“, relativierte die Verdienste von Miles Davis, aber auch die eigenen, so: „Wenn Clifford Brown (als Mittzwanziger 1956 bei einem Autounfall ums Leben gekommener Bebop-Trompeter) noch lebte, wäre ich bei der Post und Miles mein Schichtleiter.“ Vom bravsten Publikum der Welt wurde er 1973 in Montreux ausgebuht, weil er es sich zu leicht machte, seine Gruppe spielen ließ, selbst aber nur ein paar Töne ins Echogerät stieß.

Ekkehard Jost, der Free Jazz-Apologet und Musikwissenschaftler, sprach für viele, wenn er die „Reduzierung der musikalischen Mittel“, insbesondere der melodischen Entfaltung auf „floskelhaft eingesetzte Motive mit Signalcharakter“ beklagte. Und in seiner 1976 erschienenen Dissertation über Miles Davis berichtet Franz Kerschbaumer, daß Davis auf Anraten seiner Plattenfirma das Konzept aus Gründen der Umsatzsteigerung geändert habe – nicht gerade die honorigste Motivation für einen Vertreter jener Musik, deren Neuerungen immer gerade gegen den Kommerz gerichtet waren.

Großen Schaden fügte solcherlei Kritik dem „Prinzen der Finsternis“ (wie er genannt wurde) nicht zu. Denn die Verehrer überwogen. Man bezeichnete ihn als die Antriebskraft einer ganzen Ära, bewunderte bei jedem Ton, den er über's Wahwah-Pedal in die Verstärkeranlage jagte, das geniale „timing“, und ein amerikanischer Kritiker schwärmte über die elektrische Phase von Davis mit Wortkreationen wie „pan-ethnisches Gewebe von Avantgarde-Musik“, „surrealistische Collage der Kreuzungen von afrikanischen Riten und urbanen afroamerikanischen Mitteln“ und „kollektive improvisatorische Organismen, in denen Freiheit, Komposition, Chaos und Lyrizismus koexistieren“.

Merkwürdig ist, daß Davis gerade am Beginn seiner „elektrischen“ Phase ein besonderes Bewußtsein für Kondition und Gesundheit entwickelte, auch im Hinblick auf sein Trompetenspiel. Hobbyboxer und Sparringspartner berühmter Faustkämpfer war er schon immer gewesen – dieser Sport entsprach seiner aggressiven Veranlagung; er paßte in ein Ambiente, in dem physische Gewalt ein Mittel der Auseinandersetzung war. Jetzt aber nahmen seine Fitneßprogramme Züge einer Obsession an. Davis sparrte und joggte bis zur Erschöpfung, entsagte dem Alkohol und nährte sich bevorzugt von Sojabohnen und Gemüsebrühe. „Trompete spielen ist harte Arbeit“, sagte er, „du mußt dich stark fühlen. Ich spiele viele Noten, und manchmal halte ich eine achtzehn Takte lang aus, ohne Luft zu holen, was Lunge, Bauch und Beine ganz schön beansprucht. Aber mein Training hilft meiner Atemkontrolle, und ich kann in Positionen spielen wie niemand sonst.“ Überraschendes handwerkliches Leistungsbewußtsein bei einem Mann, der gerade dabei war, sich den gängigen Beurteilungen von Virtuosität zu entziehen.

Von 1976 bis 1982 legte Miles Davis eine gesundheitsbedingte Zwangspause ein; offensichtlich zeigte die Wirbelsäule des Hobby-Boxers Verschleißerscheinungen und verursachte Haltungsschwierigkeiten. Sein Comeback beim New Yorker „Cool Jazz Festival“ war zwar vielleicht das von der Presse meistbeachtete Ereignis der Jazzgeschichte, aber bei den anwesenden Jazzfreunden und Kritikern war es sehr umstritten. Davis war noch nicht wieder in Form, ließ zu wenig vom „alten“ Miles durchkommen. Bei einem Gastspiel in Frankfurt brachen ihm die Töne ab, klemmten ihm die Finger – man glaubte sich zum Zeugen des Verfalls bestellt.

Diese Situation hat sich, geradezu wunderbarerweise, geändert. Davis ist eben doch ein Kämpfer, und ein Satz wie „Um ehrlich zu sein, ich habe keine Ahnung, wie man das Ding (die Trompete) eigentlich spielt“ ist reine Koketterie. Auf seinen beiden Platten, die er seit der Rückkehr aufgenommen hat, steht ihm die Brillanz seiner besten Tage wieder zur Verfügung. Beim Berliner Jazzfest 1983 war er, auch konditionell, in bestechender Form (ein Trompetenkollege: „Ein Ansatz wie ein Stier“). Er war wieder der Höhepunkt, der Sieger, die Sensation. Auch den allergisch und fast schon moralisierend auf Kommerzkompromisse reagierenden Jazzpuristen nahm er mit seinem Verzicht auf Elektrogags den Wind aus den Segeln. Es durfte wieder gedeute(l)t werden, etwa warum Davis jetzt dem Blues eine so große Rolle zuweist. Miles Davis wird im Mai dreiundsechzig. Doch kein Jazzmusiker hat die Regeln des Alterns so außer Kraft gesetzt wie er. Eine Alterserscheinung allerdings war in Berlin zu beobachten: Davis winkte dem Publikum zu.

Der Maler im Ungewissen: Jean-Charles Blais illustriert keine Ideen, er setzt auf den spontanen Ausdruck

Unter den jungen französischen Malern ist Jean-Charles Blais der erste. Während einige verwirrte Kritiker noch immer darüber diskutieren, ob die „wilden" Maler – was bei den Franzosen heißt: die Künstler der „nouvelle figuration" – überhaupt ernstzunehmen seien, haben Sammler, Kunsthändler und Museumsdirektoren längst ihre Entscheidung getroffen. Wie umstritten das gesamte Feld der jungen Malerei auch sein mag – Jean-Charles Blais gilt ihnen als herausragende Einzelpersönlichkeit, die mit der pauschalen Stilbewegung nur wenig zu tun hat. Es ist der gleiche Vorgang, der sich einst im Angesicht „der" Impressionisten, Symbolisten oder Expressionisten abspielte: Während die meisten Zeitgenossen noch damit beschäftigt waren, die ganze

*Von Wilfried Wiegand*

Der Maler beim Träumen: Jean-Charles Blais versenkt sich in die universelle Bilderwelt der Märchen

Der Maler mit Symbol: Jean-Charles Blais kann nicht nur im Atelier hoch hinaus

Der Maler
hinter Glas: Jean-Charles
Blais an seinem Tor
zur Welt

BLAIS

Richtung skeptisch zu begutachten, haben vorausschauende Sammler, Kritiker und Museumsleute schnell erkannt, daß es sich bei der neuen Kunst nicht so sehr um eine neue Stilrichtung als vielmehr um neue Künstler handelte, unter denen es die jeweils dominierenden herauszufinden galt. So ist die Frage, was eigentlich von der jungen französischen Malerei zu halten sei, für deren wirkliche Kenner längst zur Frage geschrumpft, was denn Jean-Charles derzeit zu leisten vermöge. Dieser Star unter den jungen Malern Frankreichs hat keinerlei Starallüren. Der zarte, fast schmächtige Künstler mit den pfiffigen Zügen hat in Paris lange Zeit in der Wohnung gearbeitet, ehe er ein Atelier bezog: eine ungeheizte ehemalige Garage, in deren Einfahrt sich seit einigen Wochen zwei Clochards etabliert haben. „Sie halten Wacht", sagt Blais lachend und zuckt mit den Achseln. Und wie sollte er es nicht tun? Sind nicht die Figuren auf seinen Bildern mit jenen Außenseitern verwandt, sind nicht auch sie in einem höheren Sinn Clochards? Seine ballonhaft aufgeblähten Männer, die beständig auf der Flucht zu sein scheinen, erinnern an die Verhaltensmuster des Alltagslebens so ähnlich, wie die Clochards es tun: durch provokatives Anderssein.

Jean-Charles Blais hat in den letzten Jahren mehrere Stilmerkmale ausgebildet, die man als die Markenzeichen seiner Kunst bezeichnen könnte: großformatige, an den Rändern ausgefranste Plakatwände als Malgrund; verspielte, teils ausgerissene, teils aufgeheftete Zipfel als dekorative Verzierung der Hintergründe, mächtige Männerfiguren mit zwergenhaft kleinem oder gar mit völlig verdecktem Kopf als vorherrschendes Sujet. Das alles macht seine Kunst originell, einmalig und unverwechselbar. Ihre Vorbilder und Anregungen? Chagall, so kritisiert Blais, sei nur in seiner ersten Schaffensphase wirklich gut gewesen, einen direkten Einfluß sehe er nicht, auch wenn Chagalls Figuren ähnlich herumfliegen wie die Menschen auf seinen eigenen Bildern; eher halte er es mit Picasso, Matisse und vor allem mit Léger, bei dem es ähnlich monumental isolierte Figuren und beispielsweise auch Hände gebe. Die amerikanischen Underground-Comics, insbesondere die Zeichnungen von Robert Crumb? Gewiß, räumt Blais ein, derlei habe er gekannt, aber es habe ihn mehr bestätigt als beeinflußt, ebenso wie das Werk des in Kanada geborenen amerikanischen Malers Philip Guston (1913 bis 1980), der in den sechziger Jahren mit der Abstraktion gebrochen habe und zu einer absichtlich simplen Gegenständlichkeit zurückgekehrt sei.

Was ihn an Chagall fasziniere, so wird im Gespräch deutlich, sei dessen Verbindung mit der allerersten russischen Avantgarde-Malerei, etwa mit den gegenständlichen Arbeiten von Malewitsch und der Gontscharowa. Dann der Maler Antoniucci, der ihn an der Kunstakademie in Rennes unterrichtete. So hat sich das Universum des Jean-Charles Blais aus höchst persönlichen Erfahrungen geformt, und keine theoretisch-kunstkritische Überlegung würde jemals erraten können, wie es dazu kam, daß seine Gemälde so anders aussehen als die seiner Weggefährten. Wie zum Beispiel ist er auf die Idee verfallen, Plakatwände abzureißen und als Malgrund für seine Bilder zu verwenden? „Das kommt durch Zufall", erläutert Blais, „denn in meiner ersten Zeit in Paris habe ich viel Abfallmaterial verwendet, und als ich eines Tages alle Wände meines Ateliers mit meinen Werken bedeckt hatte, da kam es mir vor, als handelte es sich um eine Gruppenausstellung verschiedener Künstler, derart unterschiedlich wirkten die Bilder. Die abgerissene Plakatwand als Malgrund schien mir die einzige Lösung, um alle Qualitäten der anderen Materialien zu bewahren: Das Plakat ist weich wie Papier, weit wie die Leinwand, und es hat die plastische Struktur eines Reliefs." Wie er sich die Plakatwände denn beschafft habe, frage ich. „Am Anfang durchaus heimlich", gesteht Blais, „da war ich allein und habe nachts meine Abrisse auf der Schulter transportiert. Mittlerweile aber mache ich das ganz offen, am hellichten Tag, zusammen mit einem Freund. Wir fahren mit einem Lastwagen vor und nehmen mit, was wir brauchen. Am Stadtrand von Paris gibt es so viele Bauzäune mit nicht mehr gebrauchten Plakatanschlägen, daß wir kein Problem haben, das Geeignete zu finden." Das Gefundene bestimmt dann Format und manchmal auch Aussehen seiner Bilder: Manche seiner Gemälde sind vier, fünf oder gar sechs Meter breit, und wo sich einst die aufgeklebten Plakate über das Scharnier eines Tores wölbten, prangt nun auf seinen Gemälden meist ein Baumstamm oder Schornstein, zu dessen Darstellung die zufällige Ausbeulung so geschickt benutzt wird, als wäre sie allein zu diesem Zweck geschaffen worden.

Das gegen die sogenannten wilden Maler immer wieder vorgebrachte Argument, sie würden gar zu schnell arbeiten und seien im Grunde nichts als Sklaven des Kunsthandels, trifft auf Jean-Charles Blais nicht einmal ansatzweise zu. Er ist ein relativ langsamer Bilderproduzent geblieben, der, von Gouachen, Aquarellen und Zeichnungen abgesehen, pro Jahr im Durchschnitt etwa fünfunddreißig Gemälde schafft. Das heißt, daß er pro Bild etwa anderthalb Wochen benötigt. Muß man sich noch wundern, daß nach seinen Bildern eine Nachfrage besteht, die weit über das Angebot hinausreicht und die Preise entsprechend in die Höhe getrieben hat? Seine wichtigsten Sammler hat er inzwischen in Amerika, in der Schweiz und in Frankreich (wo das Sammeln aktueller Kunst sonst eher eine Rarität ist).

Was jedem Betrachter an den Bildern von Jean-Charles Blais zuerst auffällt, ist die Thematik. Was hat sie zu bedeuten? Ist sie möglicherweise symbolisch gemeint? Blais ist an diesem Punkt des Gesprächs äußerst vorsichtig: nicht abwehrend zwar, aber auffällig um Präzision bemüht. „Meine Bilder sind keine Illustrationen einer vorgefaßten literarischen Idee", sagt er (und wendet sich noch einmal gegen das Spätwerk von Chagall), „es gibt bei mir nicht einmal regelrechte Vorzeichnungen, nur gelegentliche Skizzen zur Lösung einzelner Formprobleme. Wenn ich ein Bild anfange, arbeite ich ins Unbekannte hinein,und womit ich mich während des Malens herumschlage, das sind rein bildnerische Probleme." Merkwürdig wortkarg wird er, wenn es um die entscheidende Phase des Schaffungsvorganges geht: um die Lösung rein bildnerischer Probleme während des Malens. Eine Figur, eine Bilderfindung, müsse „efficace" sein, wirkungsvoll, leistungsfähig: Das ist sein Lieblingswort, wenn es zu umschreiben gilt, was sich naturgemäß dem Wort entzieht, da, wenn es anders wäre, die Malerei nicht zu existieren brauchte. Ich werde konkret: „Warum malen Sie fast nur Männer?" Blais denkt nach: „Ich glaube, weil sie einfacher zu malen sind, mit ihren weiten Hosen und Jacken bieten sie weniger formale Darstellungsprobleme." In diesem Sinne wohl wären alle entsprechenden Frage zu beantworten: Warum seine Figuren ausgerechnet dieses oder jenes tun, warum sie so kleine Köpfe haben oder gar ihre Gesichter verhüllen ... Es handelt sich, das müssen wir erst lernen, um eine gegenständliche Kunst, die weniger symbolisch ist, als es die abstrakte je war.

Jean-Charles Blais ist, wie übrigens viele junge Maler im heutigen Frankreich, in der Bretagne aufgewachsen: der Heimat keltischer Märchenerzähler. „Mein Vater", erzählt er, „ist Fotograf in einem kleinen Dorf und somit die wichtigste Persönlichkeit neben dem Bürgermeister, dem Pfarrer und dem Lehrer. Denn auch beim Fotografen kommen alle Einwohner irgendwann einmal vorbei, meistens sogar mehrmals in ihrem Leben." Seine ältere Schwester habe das Kunststudium gewählt, und er sei ihr gewissermaßen nachgefolgt, vom Vater geduldet, von der Mutter ermuntert. Der Vater sei zum Bewunderer seines Sohnes geworden und zeige stolz die Zeitungsartikel vor, die über den Sohn erscheinen. Inwieweit seine Kunst geprägt sein könnte auch durch die Tradition ländlichen und insbesondere keltischen Fabulierens — das ist ein gar zu unpräzises Gedankenspiel, so daß wir es gar nicht erst beginnen. Daß vieles Zeitgenössische schon dadurch in seinen Bildern enthalten sei, daß deren Plakatrückseiten dokumentarischen Charakter hätten — das hingegen ist ein Gedanke, den er selbst zum Anlaß für allerlei Scherze nimmt. Die Kunsthistoriker der Zukunft werden viel Material haben für die Datierung seiner Bilder, und noch mehr Arbeit, fügt er lachend hinzu, werden sie wohl den Restauratoren bescheren.

Das hingegen scheint Jean-Charles Blais egal zu sein. Nichts scheint der Kunst der jungen Generation fremder als der Gedanke an Zukunft, Überlieferung, Kontinuität. Nicht Ewigkeit heißt ihr Traum, sondern Gegenwart, nicht Vollendung, sondern Spontaneität. Was ihre diversen, auf den ersten Blick oft so unterschiedlichen Stilmittel verbindet, ist der Drang nach dem schnellsten, unmittelbarsten, direktesten Ausdruck. Deshalb — wie bei vielen Deutschen — die unbefangenen Anlehnungen an die Vergangenheit, deshalb — wie bei Blais — ihr Rückzug auf die elementare Thematik des Märchens. Das macht die schlechteren unter den jungen Künstlern unverbindlich, die besseren universell: wie zu allen Zeiten.

Jeden Abend alles geben: Wenn Ute Lemper Bein zeigt, schaut keiner weg

Es ist alles sehr schnell gegangen. Im Leben der Ute Lemper herrscht ein Tempo, das schwindelig machen kann. Gestern noch war sie eine von einundzwanzig „Cats" im gleichnamigen Musical, namenlos und unter der dicken Katzenschminke kaum zu erkennen, heute ist sie die Attraktion von „Cabaret", dem dekadenten, schmissigen Hakenkreuz-Musical, einem Lieblingsprojekt von Jerôme Savary. Jahrelang hatte er niemanden für die Rolle der verrückten Sally Bowles gefunden – bis er Ute Lemper traf. Nach vier Takten von „May be this time" konnte der Klavierspieler nicht mehr mithalten, aber Savary hatte genug gehört. „Sie hat eine unglaubliche Stimme, eine Stimme, die man weder in Frankreich noch in Deutschland findet." Und sie hat nicht nur eine

*Von Mareike Boom*

Immer in
Hochform: Ihre
Lust am
Leben kann keine
Träne trüben

Stimme, sie hat auch einen Körper. Lange Beine, schmale Taille, hoher Busen. Aber was in diesem biegsamen Körper steckt, erfährt man erst, wenn man Ute Lemper tanzen sieht. Sie tanzt atemraubend. Atemraubend für die Zuschauer. Die einzige, die nie um Atem ringen muß, ist Ute Lemper. So wie sie als Sally Bowles zum Star des Kit Kat Klubs wird, ist sie als Ute Lemper der Star einer ganzen Stadt geworden. Ihr Kit Kat Klub hieß zuerst Lyon, dann Düsseldorf, jetzt Paris.

Gerade vierundzwanzig ist sie und verhandelt mit Musikarrangeuren in New York und Filmregisseuren in Europa. Randy Kirber, der sonst mit Barbra Streisand arbeitet, will mit Ute Lemper eine Platte produzieren. István Szabó will sie für seinen neuen Film, eine Rolle an der Seite von Klaus Maria Brandauer: „Oh, that would be marvellous", gluckst sie vor Freude im breiten Slang der Amerikaner, während sie eine Schnecke in die Sauce Vinaigrette taucht. Ute Lemper liebt das Leben, und diese Lust am Leben überträgt sie auf ihr Publikum. Ohne Kalkül. Ohne Schielen auf Effekte. Denn sie ist – zum Glück, zu ihrem Glück! – nicht das Produkt ehrgeiziger Eltern oder gerissener Manager. Sie ist das Produkt ihrer eigenen Lust – der Lust, zu singen, zu tanzen, zu spielen. Und sie bringt diesen Kick Ironie mit – in der Stimme wie in der Haltung –, der nötig ist, damit eine Rolle nicht eindimensional wirkt.

In einer Zeit der unterkühlten Gefühle, in der die Stimme der Bühnenstars oft weniger beeindruckt als der schräge Putz, kommt Ute Lemper aus Münster und singt Lieder von Kurt Weill. Lieder, die man längst zu kennen glaubte. Doch der Surabaya-Johnny, den sie beschimpft und beschwört, ist ein anderer als der, den Lotte Lenya einst meinte, es ist Utes Johnny, den sie mit ihren damals zweiundzwanzig Jahren, als sie die Schallplatte einspielte, verflucht und vergöttert. Ute Lemper vermittelt bei allem, was sie tut, eine Lebenserfahrung, die sie objektiv noch gar nicht hat. Um eine große Schauspielerin zu werden, sagt sie einmal als Sally Bowles in „Cabaret", muß man mindestens zehnmal tragisch verliebt gewesen sein. Aber dazu braucht man Zeit. Freie Zeit. Und das ist etwas, was Ute Lemper am wenigsten hat. Und nicht erst seit heute. Schon als Gymnasiastin, mit dreizehn, vierzehn Jahren, waren die Nachmittage und Abende ausgefüllt. „Nach der Schule, zack, Klamotten in die Ecke und weg." Ballett, Rockband, Pantomime, Turniertanz. Ute Lemper hat alles ausprobiert.

Mit fünfzehn wollte sie auf die Musikhochschule und Gesang studieren. „Was ich natürlich nicht geschafft habe, weil die Stimme noch gar nicht richtig existierte." Sie nimmt Gesangsstunden, aber was sie singen will, ist nicht das „Gretchen am Spinnrade" oder „König in Thule". Schon damals liebt sie die Amerikaner, sie hört viel Schwarze Musik, Ella Fitzgerald, Sarah Vaughan, aber auch Barbra Streisand und Liza Minnelli. „Die amerikanische Musicaltechnik, das heißt, daß man die Bruststimme sehr, sehr hoch trainiert und mit der Kopfstimme erst ganz spät eingreift, das kann man in Deutschland nicht lernen. Ich habe mir angehört, wie die Amerikaner das machen, und versucht, den gleichen Resonanzraum zu finden. Das kann man eigentlich auch nicht lernen, das muß man finden." Und sie hat ihn gefunden, ihren Resonanzraum, und ist dabei keineswegs eine zweite Minnelli geworden; inzwischen hat ihre Stimme längst eine eigene Farbe. Unverkennbar Ute Lemper. Aber schön war es schon, als Liza Minnelli zur Pariser Premiere von „Cabaret" erschien. „Das war wirklich wahnsinnig, daß die Frau extra kommt und mir dreieinhalb Stunden zuguckt. Ich war so aufgeregt, ich hab' mich gefragt, was denkt die bloß von dir."

Ja, der Erfolg ist über Nacht gekommen, hat sie emporgetragen wie eine Welle. Nun steht sie da oben, mit vor Erstaunen aufgerissenen Augen, und muß aufpassen, daß sie nicht ausrutscht auf dem glatten Parkett des Show-Geschäfts. Aber am sicheren Instinkt für das, was ihr und ihrer Karriere guttut, hat es bisher nie gefehlt. Sie ist den Ratschlägen anderer gefolgt, wenn es ihr sinnvoll schien, aber sie hat sich ebenso entschieden auch widersetzt. Peter Weck, dem Direktor des Theaters an der Wien, fiel sie schon auf, als sie siebzehn war und bei Susi Nicoletti einen Sommerkurs für Musical besuchte. Schon damals sang und tanzte sie die anderen spielend an die Wand. Sie selber habe nie empfunden, daß sie besonders talentiert sei. „Aber das kann man auch wohl selbst nicht begreifen." Nach dem Abitur hätte sie gern studiert, „Sprachen oder etwas Wissenschaftliches", aber dann bewirbt sie sich doch am Max-Reinhardt-Seminar in Wien und ist von tausend Bewerbern unter jenen zehn, die aufgenommen werden. „Die Schauspielschule, das war eine tolle, neue Erfahrung. Bis dahin war ich ja in einem ganz strengen System drin – morgens Schule, nachmittags und abends Proben, Tanzen, Singen und manchmal noch Vorstellung an den Städtischen Bühnen. Auf einmal fast kein Tanz mehr, kein Gesang, nur Theater – Texte, Szenen, Diskussion. Das war mir vorher gar nicht klar, was Schauspiel eigentlich ist – ich hab's immer noch nicht begriffen." Sie genießt die Theaterarbeit, doch als sie hört, daß Trevor Nunn und Gillian Lynne Sänger und Tänzer für die Wiener Produktion von „Cats" suchen, ist sie dabei. „Wahnsinn, habe ich mir gesagt, die erste professionelle amerikanische Produktion im deutschsprachigen Raum, da mußte ich einfach hin" – und sie wird, wen wundert's, auch genommen.

Ute Lemper, gerade zwanzig, tanzt, singt und spielt ein Jahr lang fast jeden Abend bis zur Erschöpfung. Als eine von einundzwanzig Katzen, als eine Nummer in der Chorus Line, lernt sie mörderischen Drill und amerikanische Perfektion kennen: Auf der Bühne die Show, hinter der Bühne die Zweitbesetzung in Kostüm und Maske, die nur darauf wartet, bis jemand umkippt, um dann hinauszustürzen. „Da habe ich zum erstenmal gemerkt, daß die Lust auch ganz schön abgetötet werden kann von dieser Fabrikleistung, die man da bringen mußte. Jeden Abend gegen die eigene Lust, gegen den eigenen Willen, gegen die eigene Krankheit anzutanzen."

Aber Ute Lemper, die sich schon früh ein Leben zwischen den Polen Lust und Leistung aufgebaut hat, ist klug genug, um zu wissen, was ihr da eine Jahr Katzenleben einbringt: eine Disziplin, die ihr immer weiterhelfen wird; die Fähigkeit, sich zu verausgaben, so weit wie nötig, und ihre Kraft zugleich zu dosieren. Zwar wird sie immer blasser, magert ab, manchmal bleibt ihr die Stimme weg, aber sie hat sich stets schnell wieder im Griff. „Cats" hat von ihr Kraft verlangt und ihr Kraft gegeben. „Das war auch ein tolles Gefühl, immer unheimlich fit zu sein. ‚Cats' war ein riesiger Leistungssport. Körperlich und stimmlich. Mehr Leistungssport als Theaterspielen. Und da kann man Gefallen dran finden nach der ersten Überwindungszeit." Aber noch mal möchte sie in so einem „Kommerzstück", wie sie „Cats" nennt, in dem die Technik über den Menschen triumphiert und der einzelne fast ununterscheidbar wird, nicht mitmachen. Doch schon als Katze Bombalurina, gelegentlich als Grisabella, muß sie besser, katzenhafter gewesen sein als die anderen.

Zumindest zwei Menschen ist sie aufgefallen: Peter Weck, ihrem frühen Förderer, und Helmut Baumann, dem Direktor vom Theater des Westens in Berlin. Der holt sie dann auch, zum Leidwesen des ersteren, von Wien nach Berlin, wo sie als Peter Pan durchs Theater schwebt. „Einfach traumhaft – diese Geschichte von Peter Pan, der nie erwachsen wird. Das hat mir total Spaß gemacht." Auch jetzt, da sie sechsmal in der Woche in „Cabaret" auf der Bühne steht, bleibt ihr wenig Zeit, zu tun, was sie will. Vor der Vorstellung sollte sie sich schonen und möglichst wenig reden. „Aber ich kann mich doch nicht den ganzen Tag totschweigen!" Sie protestiert gegen die Fesseln des Metiers. Begierig, die Welt kennenzulernen, die sich ihr jetzt so vielversprechend öffnet. Im Gespräch vis-à-vis, ungeschminkt unter langen offenen Haaren, versprüht sie die Frische und Unverbrauchtheit eines ganz jungen Mädchens. Keine Spur von manierierten Gesten oder übertriebenen Posen, mit denen junge Frauen, die sich so früh einer harten Auslese unterwerfen, oft enttäuschen. Keine Spur auch von übertriebener Souveränität.

Ute Lemper gewinnt durch eine Natürlichkeit, die sie auch nicht verliert, wenn sie völlig unerwartet auf die Bühne geholt wird wie unlängst bei der Verleihung des „Molière", eines Theaterpreises, mit dem die Deutsche Ute Lemper in Paris als die „schönste Entdeckung des Jahres" gefeiert wurde. Nie, nie habe sie damit gerechnet, und als ihr Name dann fiel und sie nach vorne gehen mußte, sei sie viel aufgeregter gewesen als je bei einer Premiere. In akzentfreiem Französisch bedankt sie sich und gibt das Kompliment zurück an die Stadt, die sie feiert. „Pour moi la meilleure révélation de l'année, c'est Paris" – für sie sei Paris die schönste Entdeckung des Jahres.

Letzten Endes, schrieb Oscar Wilde, gebe es nur zwei Arten von Frauen, die ungeschminkten und die geschminkten. Er kannte ja Ute Lemper nicht. Sie ist auch geschminkt ungeschminkt. Das ist ihr Geheimnis. Und ihr Reiz.

Botero, der Magier: Mit seiner Palette zaubert er eine ganze Welt auf die Leinwand

Fernando Botero ist populär. Auch Leute, die sich nicht auf dem Kunstmarkt auskennen, wissen, wann ein Gemälde oder eine Plastik von Botero ist. Die Größe und die runden Formen seiner Frauengestalten, seiner Generäle und Gitarristen, Blumen und Früchte sind unverkennbar. Die sogenannte Avantgarde der modernen Kunst rümpft die Nase, wenn man seinen Namen nennt, denn sein Thema ist Kolumbien, seine Kunst ist in der Tradition Lateinamerikas verwurzelt, sein Erfolg und seine Volkstümlichkeit sind unverzeihlich. Botero lebt seit dem Anfang der siebziger Jahre in Paris, aber für die Museen, die in Frankreich zeitgenössische Kunst sammeln und ausstellen, existiert er nicht. In der Bundesrepublik Deutschland ist er anerkannt seit einer Wanderausstellung mit acht-

*Von Erwin Leiser*

Botero, der Ästhet:
Er liebt die Geschmeidigkeit der Schlangen und die vollen Formen am Menschen

Botero, der Selbstdarsteller: Auf seinen Selbstporträts zeigt er keine authentischen Spiegelbilder, er spielt Rollen

zig Gemälden, die 1970 von verschiedenen Museen gezeigt wurde. 1986 war in München eine Auswahl seiner Werke aus der gesamten Schaffensperiode zu sehen, die anschließend nach Bremen, Frankfurt und Madrid ging.

Warum malen Sie fette Leute?" Botero antwortete auf diese Frage in einem Fernsehinterview: „Das tue ich nicht. Ich finde sie eher schlank." Wer glaubt, daß Botero so aussieht wie die Männer auf seinen Bildern, irrt sich. Eine Psychoanalytikerin fragte mich einmal, ob Botero dick sei, und wollte die Leibesfülle seiner Figuren mit der Biographie des Malers erklären. Aber für Botero geht es immer um die Deformation der Wirklichkeit und die Freude an der vollen Form. Er hat seine Optik, so wie El Greco oder Giacometti eine andere hatten. Er betont, daß Fotos aus dem Frankreich der Jahrhundertwende eine andere Wirklichkeit zeigen als Bilder von Renoir, Degas und Toulouse-Lautrec. Und er ist schlank, elegant, lebhaft. Seine Selbstporträts sind „immer Satiren über mich. Ich habe niemals ein Selbstporträt im üblichen Sinne gemalt." Als ich 1975 meinen ersten Film mit ihm machte, beobachtete ihn die Kamera bei der Arbeit in seinem Atelier. Er wurde vor seinem „Selbstporträt mit Ludwig XIV." aufgenommen, so daß sein Spiel mit den Proportionen im Film fortgesetzt wurde: Der winzige Maler stand auf dem Ölbild neben dem überlebensgroßen Sonnenkönig, und der wirkliche Botero vor beiden. In einer anderen Szene des Films mischte er sich unter die von ihm gemalten Personen, die in einer imaginären Galerie seine Bilder betrachteten.

Nach diesen Aufnahmen fragte Botero plötzlich, ob der Film ihn denn zeigen müsse. Der Botero im Film könnte doch der Vorstellung entsprechen, die sich das Publikum von Botero macht. Das gab mir die Idee zu einer Spielszene als Auftakt meines Dokumentarfilms. Der aus Buñuel-Filmen bekannte Zwerg Pieral spielt einen Maler, der eine riesige Frau abmalt, an der Wand hing ein Botero-Plakat, auf dem Boden lagen Zigarettenstummel wie auf vielen Bildern Boteros. Später zeigte der Film den echten Fernando Botero und das Atelier, wie es wirklich aussah. Am liebsten wäre Botero aber unsichtbar geblieben. Alles in einem Film über seine Welt wäre dann erfunden gewesen. Denn auch das Lateinamerika, das er uns vorführt, ist unwirklich, die Schöpfung eines eigenwilligen Künstlers.

Auf seinen „Selbstporträts" zeigt Botero keine authentischen Spiegelbilder, sondern er spielt Rollen, er arrangiert Szenen. Er stellt einen kleinen bärtigen Maler mit Palette vor die Muttergottes oder neben die Madame Pompadour. Er steht hinter der lateinamerikanischen „Präsidentenfamilie", ähnlich wie Velázquez auf seinem Bild von den „Meninas" am spanischen Hof. Auf einem anderen Selbstporträt trägt Botero die Kleider von Velázquez. Er hat sich als Junge im Matrosenanzug bei der ersten Kommunion und als General in einer Phantasieuniform dargestellt. Das „Selbstporträt mit Sophia" zeigt ihn als Torero. Auf einer Zeichnung „nach Velázquez" trägt der Zwerg Sebastián de Mora seine Züge. Als Miniatur hängt sein Selbstporträt an einer von ihm gemalten Wand, schimmert über einem Liebespaar im Bett oder auf einem Medaillon an der Halskette eines jungen Mädchens. Auf einer Kohlezeichnung sitzt er beim Abendessen mit Ingres und Piero della Francesca. Die konsequente Deformation Boteros prägt auch seine Selbstdarstellungen und sorgt dafür, daß ihn auf diesen Bildern nur der erkennt, der weiß, wie er aussieht. Dem Fotografen Serge Cohen ist es gelungen, Boteros Art, sich zu inszenieren, auf seinen Botero-Porträts nachzuvollziehen. Er hat die Hand mit einem Bleistift und seinen Unterarm fotografiert, um die sich eine Schlange ringelt, denn Schlangen gibt es bei Botero auf Bildern und als Plastiken. Botero sagte einmal, daß er Schlangen liebe, weil sie so beweglich sind und in allen Farben vorkommen. Auf einer Fotografie von Cohen verdeckte Botero sein Gesicht mit einem fotografischen Porträt, auf einer anderen steht er, mit Hut und Krawatte wie einer der vielen von ihm gemalten Männer, vor einem Vorhang, er hält die Palette in der Hand, und neben ihm sitzt ein Papagei. So hat Serge Cohen Botero in seiner Kunst erlebt, als den geheimnisvollen Magier. Botero holt keine Kaninchen aus seinem Hut hervor, aber mit seiner Palette zaubert er ein ganzes Universum auf die Leinwand.

Im Gespräch ist Botero freundlich und warm. Er gibt Auskunft über seine Art, die Wirklichkeit umzuformen, über seine Einstellung zu den Militärjuntas und Bordellen, Familien und Liebespaaren, die er gemalt hat, aber er erklärt seine Bilder nicht. So behauptet er, daß die Hand, die manchmal von irgendwoher auf seinen Bildern auftaucht, die Fliegen, die durch seine Räume schwirren, und die Zigarettenstummel auf seinen Fußböden nur die Funktion hätten, den Raum zu beleben. Wäre er ein abstrakter Maler, sagt er, würde er eine Linie oder etwas Farbe dorthin setzen, wo ihm eine Fläche beim Malen zu leer vorkommt. Als figurativer Maler nimmt er für diesen Zweck eine menschliche Figur, ein Tier oder etwas Ähnliches, wie eine Schnur, die in einen elektrischen Stecker mündet, oder Zigarettenstummel. Wir müssen uns mit solchen Erklärungen begnügen, denn wir bekommen keine anderen. Warum wählt er diese Motive und keine anderen? Warum steht vor einem Gitarristen ein kleiner Vogel? Was ist in den vielen, nur ein wenig geöffneten Schubladen auf Boteros Bildern verborgen? Wir werden es nie erfahren. Und wir müssen es auch nicht wissen. Es ist wie im Märchen, wo man bestraft wird, wenn man zuviel fragt. Wer eine Erklärung für alles braucht, was er auf den Bildern Boteros sieht, ist nicht empfänglich für das Wesentliche, für die Magie dieser Visionen.

Botero hat Ateliers und Wohnräume in Paris und New York, Kolumbien und Italien. Jeder dieser Orte hat seine eigene Atmosphäre. In Paris hat er sich in einem alten Haus auf einem Hinterhof eingerichtet, in der Nähe der Kirche Saint-Germain-des-Prés. In New York hat er eine moderne Wohnung im 22. Stock eines Hochhauses an der Park Avenue, mit Aussicht auf Manhattan und nicht weit vom Metropolitan Museum. In Kolumbien besitzt er eine Farm, Tucurinca, eine Autostunde von Bogotá entfernt. Von seinem Studio geht er direkt in seine Landschaft. Auch in Italien wohnt er auf dem Land, allerdings oberhalb eines Dorfes, Pietrasanta bei Lucca. Von hier ist es nicht weit zu den besten Gießereien der Welt, sagt er. Boteros Häuser und Wohnungen sind nicht groß, aber elegant und praktisch eingerichtet. Er gehört zu den wenigen Künstlern, die sich nicht nur mit eigenen Arbeiten umgeben. Er hat auch präkolumbianische Figuren und koloniale Gemälde, Werke von Rouault und Picasso, Matisse und Bonnard.

Ich bin mit ihm und seiner Lebensgefährtin, der griechischen Bildhauerin Sophia Vari, nach Medellín gefahren, wo er 1932 geboren wurde. Medellín ist eine

große Industriestadt, die zweitwichtigste von Kolumbien. Botero führt uns in sein Geburtshaus, das jetzt einer anderen gutbürgerlichen Familie gehört. Er legt sich auf sein altes Bett. Die meisten Räume sind unverändert, er hat sie aus der Erinnerung als Schauplätze und Hintergrund des Geschehens auf seinen Bildern gemalt. Wir gehen in die Kathedrale, die Kirche seiner Kindheit, und wandern durch schmale Straßen mit alten, niedrigen Häusern. Immer wieder wird Botero angesprochen, von alten Freunden oder Unbekannten, die den berühmten Maler erkannt haben, für jeden hat er ein freundliches Wort. Wir betreten das „Museo de Antioquía", das Kunstmuseum von Medellín, wo ein Raum den Namen von Pedro Botero trägt, dem Sohn Boteros, der im Alter von vier Jahren bei einem Autounfall getötet wurde. Zum Andenken an seinen Sohn hat Botero dem Museum wichtige Arbeiten aus verschiedenen Perioden geschenkt, darunter das nach dem Tode Pedros gemalte Bild des Sohnes in Uniform auf einem Schaukelpferd, mit einem Miniaturhaus neben sich, aus dem die hilflosen Eltern als Puppen herausschauen.

Botero und die Direktorin des Museums bestimmen den Platz im Herzen der Stadt, wo im Herbst eine Plastik von Botero aufgestellt werden wird, der dreieinhalb Meter hohe Torso einer Frauenfigur. Wir erleben die triumphale Rückkehr Boteros an den Ort, wo er einmal, noch sehr jung, beschloß, Künstler zu werden. Zunächst verstand man sich nicht auf seine Kunst. Botero begann hier als kolumbianischer Maler in einem kulturellen Vakuum, sagt er. Er mußte den Geist und die Ausdrucksmittel der Malerei wiederentdecken und seinem Ursprung treu bleiben. In Paris und New York war es viel einfacher, Maler zu sein. Als Sechzehnjähriger nahm Botero an einer Gruppenausstellung in Medellín teil, drei Jahre später hatte er seine erste Einzelausstellung, in Bogotá. Er machte Studienreisen nach Madrid, Paris und Florenz, er lebte ein Jahr in Mexiko und drei Jahre in Kolumbien, bis er 1960 nach New York zog. Seine persönliche Bildsprache entdeckte er 1956, in Mexiko, als er eine Mandoline zeichnete und das Loch ausfüllte, plötzlich war das Instrument „monumental" geworden und „hatte eine unerhörte Plastizität". Alles, was Botero malt, wird massiv, schwillt auf, die Deformation „ist das Ergebnis meiner Auseinandersetzung mit der Malerei", erklärt er, „ich habe keinen Sehfehler". Und da er alle Proportionen verändert, wirken seine runden Figuren nicht fett, sondern natürlich im Verhältnis zu ihrer Umgebung.

Erst langsam setzte sich Botero in New York durch. Solange ich ihn kenne, sind fast alle seine Bilder schon verkauft, bevor sie bei der Vernissage in der Marlborough Gallery der Öffentlichkeit vorgestellt werden. Namhafte Autoren schreiben Bücher über ihn in Europa, Japan und den Vereinigten Staaten, aber die „New York Times" hat in den vergangenen vierzehn Jahren keine einzige seiner Ausstellungen besprochen. Erst im Februar 1986 veröffentlichte die in New York erscheinende Kunstzeitschrift „ARTnews" einen ausführlichen Artikel über ihn. Botero erinnert sich an seine schweren Jahre in dem alten Studio an der 14th Street, und er erklärt den Widerstand der offiziellen Kunstkritik damit, daß er aus dem Rahmen fällt. Die Kritiker können nichts mit seiner Kunst anfangen, gerade weil sie nicht naivistisch ist, sondern modern, aber auf eine ungewohnte Weise, und sich deshalb nirgends einordnen läßt. Daß das „Museum of Modern Art" in New York 1961 sein Bild „Mona Lisa im Alter von zwölf Jahren" kaufte und auch seine „Präsidentenfamilie" besitzt, hat die Haltung der Kunstkritiker in New York nicht beeinflußt. Er vertritt dort eben Lateinamerika, neben den Mexikanern Rivera, Orozco, Tamayo und Siqueiros. Auf seinem Kontinent ist man heute stolz auf Botero und feiert ihn wie einen Nationalhelden. In Europa und den Vereinigten Staaten ist er ein berühmter Außenseiter, der dem üblichen Klischee des modernen Künstlers nicht entspricht. Als die mexikanische Malerin Cristina Rubalcava Aktbilder in Paris ausstellte, zu denen ihr ausschließlich Männer als Modelle gedient hatten, zeigte ein Bild Botero, auf einem von Tizian inspirierten Diwan ausgestreckt. Und im September 1981 fertigte er fünfzehn Gemälde und zwölf Zeichnungen über die Pariser Haute Couture.

Botero arbeitet schnell und intensiv. Einmal sagte er zu mir: „Erfahrung bedeutet, daß man nicht eine Bewegung zuviel macht." Er zeichnet viel. Seine Bilder und Plastiken gehen alle auf rasch dahingeworfene Bleistiftskizzen zurück, die schon das Wesentliche des künftigen Werkes enthalten. Bei der Ausführung wird der Entwurf durch Neues, Unvorhergesehenes ergänzt. Botero kann sich in jedem seiner Studios auf die Arbeit konzentrieren, seine Thematik richtet sich nicht nach der Umgebung. Er arbeitet in der Regel an mehreren Ölbildern gleichzeitig. Manchmal erwarten ihn Werke, die er nicht beendete, wenn er nach längerer Abwesenheit in ein Studio zurückkehrt. Botero ist sein strengster Kritiker. Am Neujahrstag 1984, einem Tag der Besinnung, erklärte er unvermittelt bei einem Abendessen zu viert in New York: „Wenn man zurückblickt auf die Resultate jahrzehntelanger Arbeit, stellt man vielleicht fest, daß man sein Handwerk besser beherrscht als früher. Aber hat man dabei auch die Spontaneität behalten, die ursprüngliche Frische, den jungen Zorn?" Er richtete diese Frage sowohl an mich wie an sich selbst, und wir versuchten, sie aufrichtig zu beantworten. Wir einigten uns darauf, daß Alter den Menschen nicht zu korrumpieren braucht, und daß der reife Künstler entweder seine Fähigkeit, sich zu erneuern, behält oder eine neue Präsenz und eine neue Wut entwikkelt, aufgrund seiner Erfahrung und Kompetenz.

Die Entstehung einer Plastik wurde für meinen Film „Botero als Bildhauer" an den ersten Dezembertagen 1981 gefilmt. Botero erlaubte mir, den authentischen schöpferischen Akt zu beobachten und mit der Kamera zu registrieren. Im Mai 1982 wurde das fertige Werk, eine große Frauenfigur, zusammen mit anderen Plastiken Boteros bei einer Ausstellung in New York aufgenommen. Aber erst im April 1985 bekam dieser Film seinen endgültigen Auftakt. Bei Marlborough in New York wurden fünfundzwanzig Gemälde Boteros ausgestellt, die sich ausschließlich mit dem Thema „Stierkampf" befaßten, und auf der Terrasse, eingerahmt von den Wolkenkratzern der 57th Street, standen gleichzeitig sieben riesige Bronzeplastiken Boteros, die die erste Sequenz des Filmes zeigt. In den Straßenlärm mischt sich im Film eine Flöte aus den Anden. In der modernen Großstadt, vor modernen Hausfassaden, sehen wir einen Torso, der wie eine prähistorische Ausgrabung wirkt, ein Mann mit Hut reitet auf seinem Pferd irgendwohin, Adam und Eva erinnern uns an ein verlorenes Paradies, die Augen einer Katze sind fragend auf uns gerichtet, und eine liegende Frauengestalt scheint die Göttin der Fruchtbarkeit zu sein.

Im Herbst 1986 wurde mein dritter Film mit Botero fertig. Auf fünfundfünfzig Ölbildern und dreißig Zeichnungen und Aquarellen, die in den vergangen drei Jahren entstanden sind, beschreibt Botero den Stierkampf in allen Phasen. Ursprünglich war geplant, in einem Film eine Auswahl dieser Arbeiten so zusammenzusetzen, daß sie den Ablauf des Stierkampfes beschreiben. Zwischen Bildern Boteros sollten Filmszenen von authentischen Stierkämpfen kurz aufblitzen. Um die wirkliche Corrida zu filmen, wie sie Botero in Kolumbien immer wieder erlebt, flog ich mit einer kleinen Crew nach Bogotá. Wir drehten sechs Stierkämpfe und setzten dabei die gleichen Akzente wie Botero auf seinen Bildern. Wir fuhren nach Tucurinca, um ihn in seinem Studio bei der Arbeit am „Selbstporträt mit Sophia" zu filmen und über seine Stierkampfbilder sprechen zu lassen. Als wir das Studio betraten, hing das fast fertige Bild an der Wand. Davor stand ein Stuhl, auf dem die Jacke eines Toreros hing, die dazu passende Hose war auf dem Sitz ausgebreitet. Ich dachte an das Bild „Das Schlafzimmer des Matadors", wo in einem ähnlichen Raum die Kampfkleidung des Stierkämpfers auf dem Stuhl gezeigt wird und er selbst, nach der Corrida, unter einer roten Decke im Bett liegt.

Im Park vor seinem Haus spricht Botero in die Filmkamera. Schon als Kind sah er Stierkämpfe. Er wollte Torero werden und begann sogar die Ausbildung. Aber er zog es vor, Corridas zu zeichnen, statt sie auszufechten. Während der Aufnahme denke ich an die Bedeutung des Stierkampfes in dem von klassischer spanischer Kultur geprägten Kolumbien. Ich erinnere mich daran, daß sich Botero auf dem Bild „Mein Zimmer" schlafend im Bett dargestellt hat, so wie den Matador sieben Jahre später, und ich frage mich, wovon er wohl träumt. Ziehen die Menschen an ihm vorbei, die seine Bilder bevölkern? Sieht er Tiere, die es nicht gibt? Geht er wieder durch die Räume seines Geburtshauses, oder steht er vor einer Landschaft, die er erfunden hat? Denkt er an das, was er morgen malen wird? Ich weiß nicht, wie das nächste Bild von Botero aussehen wird, und ich weiß, daß er es auch nicht weiß. Aber er freut sich darauf, es zu malen.

Die Willenskraft führt ihn zum Sieg: Der Weltmeister nimmt es mit allen auf

Er hat mit zwanzig Jahren seine Memoiren veröffentlicht. Er ist leutselig, extrovertiert, fast überdreht, beherrscht aber auch die Kunst, sich wie in Trance zu versenken und seine Umgebung zu vergessen. Mit einer attraktiven, populären Schauspielerin bildet er ein Traumpaar, reist aber meist mit seiner Mutter und wohnt immer noch in der Provinz. Er ist Millionär, aber Mitglied der Kommunistischen Partei. Er hat Ehrgeiz, die ganze Person eine erklärte Willenskraft, aber er ist kein missionarischer Eiferer. Er feilscht und pokert um die höchste Gage, verschenkt sie aber im Handumdrehen an die Opfer eines Reaktorunglücks. Er ist eine sympathische, strahlende Erscheinung, aber ist auch voller Gegensätze und Widersprüche wie seine Vorgänger. Sie alle waren hochbe-

*Von Josef Doubek*

Die Angriffslust ist seine Stärke: Der Weltmeister kommt früh ans Brett und mobilisiert seine Energie

Das Selbstbewußtsein macht ihn stark: Der Weltmeister weiß, was er kann

gabte Wunderkinder, Exzentriker, Künstler, Egomanen. Man begegnet Geistesheroen und Geisteskranken, Genies und Säufern. Sie werden bewundert, weil ihr Gehirn weit mehr zu leisten vermag als andere kluge Köpfe. Sie werden belächelt, weil sie nur für das königliche Spiel leben.

Er ist der dreizehnte in der Reihe dieser faszinierenden Persönlichkeiten, die zur Vollkommenheit brachten, was Raymond Chandler „neben den Anstrengungen der Werbewirtschaft die größte Verschwendung der menschlichen Intelligenz" nannte. Er ist der dreizehnte und jüngste Schachweltmeister – und er wird es noch lange bleiben.

Garry Kasparow – ein Glücksfall für das Schachspiel. Es fällt ihm nicht schwer, sich selbst so zu bezeichnen. Bescheidenheit ist seine Stärke nicht. Aber er gibt damit nur die Einschätzung seiner Anhänger wieder. Zu einer Zeit, da Schach seinen Zauber zu verlieren schien, als es von einem einzigen, großen, symbolischen Patt bedroht war, in den Jahren der ständigen Remis-Partien, gespielt meist ohne größere öffentliche Resonanz irgendwo in der riesigen Sowjetunion, überraschte Kasparow durch sein waghalsiges Angriffsspiel: Ein Opferkünstler, ein Kombinationsgenie, ein Zauberer am Schachbrett – es war der Triumph des kreativen, mutigen Spiels über die perfekte Technik.

Garry Kimowitsch Weinstein wurde am 13. April 1963 in Baku, der Hauptstadt der Republik Aserbaidschan geboren, wo er heute noch lebt. Sein Vater, ein deutschstämmiger Jude, starb, als Garry gerade sieben Jahre alt war. So wuchs er mit seiner Mutter, Klara Schagenowna, und ihren aus Armenien stammenden Eltern auf. Mutter und Großeltern hießen Kasparian, die russische Version Kasparow nahm Garry mit zwölf Jahren an. Daher kommt auch die tiefe Bindung zu seiner Mutter, aus der er keinen Hehl macht und von der er mir gleich bei unserer ersten Begegnung erzählte: „Alles, was ich bin, verdanke ich meiner Mutter. Als mein Vater starb, war meine Mutter noch jung, dreiunddreißig Jahre. Sie hatte mein Schachtalent früh erkannt, mir alles abgenommen, ihr Leben mit meinem verbunden und meinem Erfolg gewidmet. Sie war immer an meiner Seite und ist es bis heute. Ich konnte mich immer dem Schach widmen." Um die frühen Anfänge der Schachweltmeister ranken sich Legenden. Wenn dazu noch die russische Art der Heldenverherrlichung kommt, ob sie nun Lenin, Suvorow, Puschkin oder Kasparow heißen, liest sich das in Biographien so: „Als Garry gerade sechs Jahre alt geworden war, bauten seine Eltern eines Abends eine Stellung aus der von dem alten Schachmeister Suryen Abramian geführten Schachspalte der örtlichen Tageszeitung auf. Ihr Kleiner, ihr Garik, wandte seine Augen nicht von dem Brett; nach dem Aufwachen am nächsten Morgen – beim Frühstück – schlug Garry einen Lösungszug für die Stellung vor. Die Familie war erstaunt; niemand hatte ihm das Spiel beigebracht."

Tatsächlich fiel der junge Kasparow schon im Schachklub der Pioniere von Baku durch sein außergewöhnliches Gedächtnis auf. Mit zehn Jahren kam er in die Schule des ehemaligen Schachweltmeisters Michail Botwinnik, in der auch sein Vorgänger Anatolij Karpow seine Ausbildung absolvierte. Der Schulbetrieb wurde hauptsächlich über Fernkurse abgewickelt. Die Schüler trafen ihre Lehrer in kurzen Sitzungen zweimal oder dreimal im Jahr, meist in den Schulferien. Am Ende der Sitzungen bekam jeder seine Hausaufgaben mit auf den Weg.

Das Wunderkind aus Baku machte schnell Fortschritte. Sein Schicksalsgegner wurde Anatolij Karpow. Ihre erste Begegnung fand im November 1975 in Leningrad beim „Komsomolskaja Prawda"-Turnier „Großmeister gegen Junge Pioniere" statt. Der damals zwölfjährige Kasparow spielte gegen den zwölf Jahre älteren, neugekrönten Weltmeister bis zum sechsundzwanzigsten Zug ausgezeichnet, hatte mit Schwarz die bessere Stellung, und Karpow stand ein mühsamer Kampf um das Remis bevor. Doch beim siebenundzwanzigsten Zug machte Kasparow einen Fehler. Nach fünfundvierzig Zügen war er geschlagen. Seitdem haben die beiden fast hundert Partien gegeneinander gespielt.

Näher sind sie sich dabei nicht gekommen. Der ehemalige Karpow-Herausforderer Viktor Kortschnoi, genannt Viktor der Schreckliche, vertrat immer die Ansicht: „Beim Schach muß man seinen Gegner wie einen persönlichen Feind bekämpfen, sonst spielt man nicht entschlossen genug." – „Wir haben keine Ähnlichkeit, wir sehen sogar unterschiedlich aus", pflegt Kasparow zwar diplomatisch, aber doch süffisant über sein Verhältnis zu Karpow zu sagen.

Die beiden sind tatsächlich völlig verschiedene Charaktere. Auf der einen Seite der zierliche, beherrschte, linientreue, fast langweilig wirkende zweimalige Sportler des Jahres und Träger des Leninordens Anatolij Karpow. Auf der anderen Seite der dynamische und risikofreudige Mann aus Baku, für den Karpow die Inkarnation dessen ist, was er im Leben – und Schach ist sein Leben – bekämpft. Kasparow habe ich zum letztenmal im August 1986 in London getroffen, wo er die erste Hälfte des dritten Weltmeisterschaftskampfes absolvierte. Da brach es auf einmal aus ihm heraus. Er sehe Karpow als einen Parasiten, der faul und ausbeuterisch sei, der seit Jahren über einen großen Stab hochqualifizierter Helfer verfüge, die ihn ständig mit frischen Ideen beliefern würden. Er habe eine retardierende Wirkung auf die Schachorganisation FIDE („Féderation Internationale des Echecs"), die nur nach seiner Pfeife tanze. „Ich glaube jetzt zu wissen, wie ich ihn packen kann und wie ich verhindern kann, daß er mir entwischt. Das Problem ist, daß er es auch weiß", sagte Kasparow. Wenn er etwas bewirken wolle, habe er keine andere Chance, als seinen Titel zu verteidigen. Denn als Weltmeister habe er das Recht und die Pflicht, für die Entwicklung des Schachs zu kämpfen. Es gebe eine diktatorische Gruppe in der FIDE und eine demokratische, fortschrittliche, die er repräsentiere. Deshalb sei sein Sieg die beste Chance für die Erneuerung der Schachorganisation und ein Gewinn für die Schachwelt.

Mit dieser Einstellung ist es natürlich kein Problem, vor dem Beginn einer Partie die nötige Aggressivität zu tanken. Man kann die Verwandlung unmittelbar beobachten. Kasparow kommt früh ans Brett, versinkt in tiefe Konzentration und beginnt seine Energie zu mobilisieren. Das sonst entspannt und friedfertig wirkende Gesicht legt sich in Falten. Sitzt man ihm gegenüber, so spürt man die Anspannung unmittelbar. Er lehrt seinen Gegenspieler das Fürchten. Vor seinem ersten Zug, egal ob mit Weiß oder Schwarz, sucht er mit halbgeschlossenen Augen noch einmal das Gesicht des Gegners und starrt ihn minutenlang regungslos an. Sein Blick ist herausfordernd und herablassend zugleich. Etwas

Ähnliches habe ich nur vor den großen Boxkämpfen von Muhammad Ali erlebt. „Schach als Kampf" heißt auch der Titel von Kasparows erstem Schachbuch.

Was geht in einem Schachspieler vor? Er atmet schneller, hat erhöhten Blutdruck, sein Energieverbrauch entspricht dem eines Fußballspielers oder Boxers – soweit die Untersuchungen der Mediziner. Er ist ichbezogen, will dem Gegner seinen Willen aufzwingen, ihn psychisch vernichten, erklären die Psychologen, die dem Spieler auch unterstellen, er sei von unbewußten Phantasien angetrieben, von Bruder-, Mutter-, Vatermord. Aggressive Komponenten würden im Spiel sublimiert; der König, die einzige unersetzbare Figur, sei zugleich die schwächste – ein kastrierter Phallus.

Aber es gibt auch Empirisches im Schach. 1893 rechnete James Mason aus, wie viele Möglichkeiten es gibt, die ersten zehn Züge zu spielen: 169 518 829 100 544 000 000 000 000 000 000! Noch unvorstellbarer ist die Zahl der Variationen in einer Vierzig-Züge-Partie: $25 \times 10^{115}$, also eine Zahl mit 117 Ziffern. Wenn man einen Computer so programmierte, daß er alle Zugmöglichkeiten prüfte und ihm für jede Zugmöglichkeit nur eine Mikrosekunde (eine Millionstel Sekunde) gäbe, so brauchte der Computer dennoch $10^{90}$ Jahre. Eine Billion Generationen würde vergehen, ehe der Computer sich dem Endspiel seiner ersten Partie nähern könnte.

Sechs Stunden täglich widmet Kasparow dem Schach, um sein enormes Wissen zu vervollkommnen. Und das ist vielleicht das Faszinierende an Schachspielern: ihr famoses Gedächtnis, das sie für den Laien in die Nähe der Genies bringt, denn ihre genialen Kombinationen am Schachbrett können nur wenige nachvollziehen.

Paul Morphy zum Beispiel war ein Wunderkind, das zu seinem Spiel fand, ohne sich jemals ernsthaft mit der Theorie zu befassen. Er spielte Schach und studierte nebenbei. Seine Abschlußprüfung am Spring Hill College bestand er im Jahr 1855 mit der höchsten Auszeichnung, die das College je vergeben hat. Ein Jahr später machte er sein juristisches Staatsexamen an der University of Louisiana. Das Zivilgesetzbuch von Louisiana kannte er auswendig, mit achtzehn Jahren war er allerdings zu jung, um als Anwalt zugelassen zu werden. Auf seiner Reise nach Europa gab er in Paris im „Café de la Régence" eine Blind-Simultanvorstellung. Blind bedeutet im Schach, daß man spielt, ohne das Brett zu sehen; die jeweiligen Züge werden nur angesagt. Morphy spielte gegen acht Gegner gleichzeitig, damals eine Sensation. Der schmächtige, elegant gekleidete Amerikaner saß zehn Stunden da, ohne sich zu rühren – und gewann gegen alle Gegner. Am nächsten Morgen diktierte er seinem Sekretär aus dem Gedächtnis die Züge aller Partien.

Capablanca schrieb über seinen Intimfeind Alexander Aljechin, der ihn als Schachweltmeister ablöste: „Aljechin hat wohl das erstaunlichste Schachgedächtnis aller Zeiten. Man sagt, er habe jede einzelne Partie im Kopf, die in jedem Turnier der letzten fünfundzwanzig oder dreißig Jahre von erstklassigen Klubspielern oder von Meistern gespielt worden ist. Mit Sicherheit kennt er sämtliche Partien aller führenden Meister auswendig." Und auch Bobby Fisher, ausgestattet mit einem Intelligenzquotienten von 185, hat angeblich keine Partie, die er gespielt hat, keine Analyse, die er je gelesen hat, vergessen.

Dieser Kreis schließt sich mit Garry Kasparow. Wie viele Partien hat er im Kopf? „Wenn Sie zählen, wie viele Wörter Ihrer Muttersprache Sie im Kopf haben, dann haben Sie etwa die Zahl der Partien. Schachpartien sind für mich das, was für die meisten Menschen die Wörter ihrer Muttersprache, was für Musiker Noten oder Partituren sind." Eine eindrucksvolle Demonstration gab Garry Kasparow am 24. Mai 1986 im „Aktuellen Sportstudio" des ZDF. Zuerst wurden zehn Stellungen aufgebaut, und er sollte die Partien identifizieren. Die Auswahl war zwar zufällig, aber breit gestreut. Es gab eine Partie aus dem neunzehnten Jahrhundert, ein paar bekannte Partien, die wahrscheinlich jeder halbwegs gute Großmeister erkannt hätte, aber auch eine Partie, die Kasparow im Rahmen einer Simultanveranstaltung gegen den Sohn des Bundespräsidenten Richard von Weizsäcker und eine andere, die er als Zehnjähriger in Dnjepropetrowsk gespielt hat. Man konnte damit rechnen, daß er mit dieser Aufgabe keine Schwierigkeiten haben werde. Was verblüffte, war die Geschwindigkeit. Ein Blick, kaum eine Sekunde des Nachdenkens, und schon war die richtige Antwort da.

Das gleiche Bild bei der erschwerten Version dieses Spiels. Diesmal wurde ihm nur die Notation einiger Partien vorgelegt, also der verschlüsselte Verlauf (1.e4 e6, 2.d4 d5 3.Sd2 Sc6 4.Sf3 Sh6). So schnell kann kaum jemand lesen, wie Kasparow die selbstverständlich richtige Antwort parat hatte. Der Moderator, tief beeindruckt, fragte ins Publikum: „Ist es nicht phänomenal?", worauf der nicht gefragte Kasparow antwortete: „Das ist nicht phänomenal, das ist mein Beruf." So ist er, eine Mischung aus kosmopolitischem Playboy, smartem Diplomaten und cleverem Geschäftsmann, der erste Weltmeister, der öffentliche Auftritte nicht scheut, sondern sichtlich genießt. Er lebt auf, wenn er Kameras vor sich sieht und wenn Mikrofone aufgestellt werden. Treffend schrieb der „Spiegel": „Kasparow ist nicht nur der Boris Becker des Schachs, sondern auch sein eigener Tiriac."

Das Preisgeld des Weltmeisterschaftskampfs im Herbst 1986 betrug eine Million Schweizer Franken. Kasparow und Karpow spendeten es für die Opfer von Tschernobyl. Sie können wesentlich mehr Geld bei privaten Veranstaltungen und in der Werbung verdienen als bei offiziellen Wettkämpfen. Immer wieder wird gefragt, wer eigentlich der beste Schachspieler aller Zeiten war. Bobby Fisher behauptet, wenn Morphy jetzt lebte, wäre er Weltmeister. Das bleibt freilich eine Hypothese. Morphys Partien gehören zu den schönsten, die je gespielt worden sind, seine wahre Spielstärke bleibt aber legendenumwoben. Er hat nur fünfundfünfzig Partien gegen etwa gleichwertige Gegner gespielt. Reuben Fine charakterisierte Morphys Situation so: „Man stelle sich Joe Louis in seiner Glanzzeit vor, wie er in einem Land kämpft, in dem sein gefährlichster Gegner 1,65 groß ist und 135 Pfund wiegt." Morphy spielte mit dreiundzwanzig Jahren seine letzten Partien, mit siebenundzwanzig starb er in geistiger Umnachtung.

Oder war es Alexander Aljechin, nach Emanuel Lasker „das erfindungsreichste Genie der Schachgeschichte", über den Bobby Fisher, sein Bewunderer und in puncto Besessenheit sein direkter Nachfolger, schrieb: „Am Brett entwickelte er gigantische Konzeptionen, voll unerhörter und beispielloser Gedankengänge." Vielleicht war es auch Bobby Fisher, der Schach mit sechs Jahren lernte. Als Dreizehnjähriger spielte er „die Partie des Jahrhunderts": Damenopfer im achtzehnten Zug, matt nach einundvierzig Zügen. Mit fünfzehn Jahren war er der jüngste Großmeister der Schachgeschichte, 1972 Schachweltmeister. Am Schachbrett entwickelte er die Mentalität eines Killers, kalt und unbarmherzig. Seine Mission auf Erden sah er darin, „den Schachmeistern Demut beizubringen". Eine Mission, die er nicht vollenden konnte oder wollte. Seit 1972 hat er keine Partie mehr gespielt, selbst früheren Freunden ist unbekannt, wo und wie er lebt.

Vielleicht ist es Kasparow? Er selbst läßt die Antwort offen. „Niemand weiß genau, ob der Fisher des Jahres 1972, in dem er Weltmeister wurde, etwas stärker war, als es der Kasparow des Jahres 1986 ist." Auch Kasparow hat eine „Jahrhundertpartie" gespielt; es ist die sechzehnte Partie aus dem zweiten Weltmeisterschaftskampf gegen Karpow. „Die beste, die ich je gespielt habe. Sie ist wirklich ein Kunstwerk."

Als sein Vorbild im Schachspiel, denn als Mensch war er eher ein Monster, sieht Kasparow Alexander Aljechin. Der versuchte nicht nur zu gewinnen, sondern Kunst zu schaffen. Das erklärt die maßlose Verachtung, die er gegenüber Gegnern empfand, die sich mit seinem Geist nicht messen konnten. Aljechin schrieb: „Hier kommt das Moment hinzu, dessentwegen man die Schachkunst als die tragischste aller Künste bezeichnen kann, weil der Schachkünstler zu einem gewissen Grade von einem Element abhängig ist, das völlig außerhalb seines Machtbereichs liegt. Dieses Element bilden die Gegenspieler, die durch Unaufmerksamkeit ständig ein makelloses Gebäude des Geistes zu zerstören drohen. Für den Schachspieler, der das Wie einer Partie zu demonstrieren sucht, ist der erzielte Punkt ein armseliger Ersatz für den mißlungenen Versuch, seine künstlerische Sehnsucht zu befriedigen."

Auch Kasparow versucht nach Höherem zu greifen. Für ihn ist Schach „eine Möglichkeit, den menschlichen Intellekt bis zur höchsten Stufe reifen zu lassen und gleichzeitig Kunstwerke zu schaffen". Und dies ist vielleicht das Besondere am Schach. Das Streben nach Vollkommenheit in einem Spiel, das den Computern offensichtlich noch Jahrhunderte verschlossen bleiben wird und zugleich doch nur darin zu bestehen scheint, daß Holzfiguren auf einem viereckigen Brett hin- und hergeschoben werden.

Der Maler unterm Lorbeer: klassizistisch – ein Künstler, der aus Traditionen schöpft

Sonderliche Vorlesungen kann er halten, zum Beispiel über Äpfel und ihr Verhältnis zur Literatur und zur Erkenntnis der Wirklichkeit: „Ja, der Apfel enthält die ganze Welt, er ist wie ein Mensch mit Augen und Wangen. Jeder Apfel ist für mich ein Wesen und starrt mich an." Peter Schermuly, ein großer, schwerer Mann mit breiter Stirn, buschigen Augenbrauen, die grauen Augen weit offen, geht mit bäuerlichem Schritt zu den Porträts, Stilleben, Blumen- und Aktgemälden, die er wie in einem orientalischen Basar aneinander gelehnt hat. Er stellt ein Bild mit Äpfeln auf die Staffelei. Kann man denn heute noch Äpfel und Birnen abbilden, in einer Welt, die sich so grundlegend verändert hat? Ich hatte geglaubt, daß man schon vor fünfzig Jahren der Lächerlichkeit anheimfiel,

*Von Jane Ross*

Die Modelle an der Staffelei: bürgerlich – Geister, die das Atelier bewohnen

wenn man Stilleben malte. Doch diese Äpfel sehen so plastisch aus, sind so herbstlich, daß mich ihre Poesie berührt. Aber hätte dieses Bild nicht genauso im neunzehnten Jahrhundert gemalt sein können? Es ist realistisch, gegenständlich. Früher hat es solche Bilder gegeben, heute gibt es sie nicht mehr. Schermuly, gekleidet wie ein englischer Gentleman am Wochenende, Cordhose, Tweedjacke, Krawatte, Churchschuhe, ist eine eigentümliche Mischung aus Naivität und Intellektualität:

„Ja", so fragt er, „sind wir nicht in die Steinzeit zurückgefallen?" Haben wir nicht vollkommen den Kontakt mit uns selbst verloren, sind wir nicht in einer Lage, in der wir die Welt gar nicht mehr als eine von Menschen bewohnte sehen, sondern als ein System von Abstraktionen." Schermuly, wenn er erklärt, geht immer von der Anschauung aus, nie von der Theorie. „Ich bin ein langsamer, gewundener, schwieriger Bourgeois, der sich wie ein Wurm vorschiebt. Seit vierundzwanzig Jahren hatte ich die Vorstellung, Brot zu malen, jetzt erst habe ich das erste Stück Brot gemalt, so langsam geht das eben." Er sei kein Rechercheur, also kein Epiker, sondern von Natur eher ein lyrisches Temperament, doch das Lyrische genüge ihm nicht, und deshalb versuche er die Vollständigkeit des Bildes wiederherzustellen, deshalb habe er sich eine epische Grundhaltung auferlegen müssen.

Er schaffe seine Bilder – um das Gleichnis zu verwenden, mit dem Vergil seine Arbeitsweise beschrieb – wie eine Bärenmutter, die ihr Junges ungestalt zur Welt und dann durch Lecken und Liebkosen in die rechte Gestalt bringe. „Ich bossele herum, ich feile, ich ziehe die Haut ab, um zu sehen, was dahintersteckt, ich schiebe hin und her, das heißt, ich komme in den Zustand, der mich an den mittleren Flaubert erinnert, der gesagt hat, eine Seite, die nicht sechzehnmal umgeschrieben ist, ist keine Seite."

Peter Schermuly und sein irischer Freund Stephen McKenna sind Protagonisten der wiederentdeckten schönen Malerei. Im Gegensatz zu Balthus, dem Schüler Derains, und seinem Kreis, die die gegenständliche Malerei nie aufgegeben haben und daher auch nicht wiederentdecken mußten, kamen sie aus der gegenstandslosen Malerei.

Auf der Staffelei steht jetzt ein fast lebensgroßer weiblicher Akt, der 1984 entstanden ist. Welch eine Breite, wie das Fleisch sich rundet, wie es duftet, wie sich die Schatten in die Grübchen der Oberarme legen! In den Unebenheiten der feuchten Haut sonnt sich das Licht. Die Beine, der Bauch, die Brüste steigen empor, fallen und heben sich wieder. „Dieses Bild ist so schwer wie ein Mensch", sagte Hans Magnus Enzensberger. „Mir scheint es schwerer", antwortete Schermuly, „ich glaube, es würde im Wasser sofort untergehen."

Man spürt den Schimmer der Epidermis und zugleich dahinter die Wucht einer Skulptur. Die Farbe des Fleisches nennt Schermuly die „geheimnisvolle Farbe". Das große Problem der Betrachtung und malerischen Wiedergabe des Fleisches habe eigentlich mit Tizian angefangen, und was habe es dann an Aktmalerei seit den impressionistischen Darstellungen Renoirs und seit Manets Olympia gegeben, die den Körper wirklich berücksichtigt hätten? Gauguin? „Die Tahiti-Akte sehen doch aus, als seien sie von einem Lebkuchenbäcker gebacken." Edvard Munch? „Als ob jemand versucht hätte, mit schmutziger Buttermilch seine Zeichnungen zu übergießen; er ist ein großer Schwarzweißkünstler, mit den großen, verzweifelt schauenden Augen seiner minderjährigen Mädchen, denen gerade die Mutter gestorben zu sein scheint." Modigliani? „Rauhputz und Orangenschale."

Und Otto Dix? „Diese Akte sind einzigartig, prachtvoll und machtvoll, doch das Geheimnis der farbigen Substanz des nackten Leibes wurde von ihm wohl nie gesehen, vielleicht auch nicht gesucht. Seine Personen sind meist Typen. Man weiß: Das ist die Hure Anna aus dem Dresdner Bordell. Doch wir leben in einer vollkommen anderen Zeit, wir wissen über Typen so viel, und deshalb interessieren sie uns nicht mehr so sehr. Die Hure Anna sieht heute genauso aus wie die Verkäuferin von Hertie oder die Psychologiestudentin. Wir suchen etwas anderes, etwas Verborgeneres: den einzelnen Menschen als das Unverwechselbare, die Entelechie, wie Goethe gesagt hat, die einmalige Einlagerung jenseitiger Stimmungen."

Nicht Picasso, sondern der späte Bonnard ist für Schermuly der Neuerer im zwanzigsten Jahrhundert. Picasso sei ein Traditionalist gewesen, er sei auf Vorwürfe der afrikanischen Kunst, ja bis in die Steinzeit zurückgegan-

Die Bilder
auf der Leinwand:
vollendet —
Geister, die endlich
gebannt sind

gen. „Er hat die abendländische Kunst nicht fortgesetzt, sondern abgebrochen." Bonnard hingegen habe zum ersten Mal bisher unbekannte chromatische Kobinationen (in seiner Aktmalerei) verwendet, das heißt das eigentliche Material weiterentwickelt. „Insofern ist er, wenn ich recht sehe, auch der einzige in den vergangenen hundert Jahren, der eine neue Vision des Fleisches, der Haut gehabt hat, vergleichbar dem Tristanakkord bei Wagner, der die musikalischen Mittel total verändert hat. – Jetzt will ich Ihnen aus Tristan vorspielen, damit Sie selbst hören und verstehen."

Diese Musik, die Bilder, die erzählen, die schwarze Angorakatze Mumumm auf dem roten Samtstuhl vor dem Spiegel, die Marmorstatue, die Jugendstilvase mit dem verwelkenden Efeu, ein mit orangefarbenem Gobelin bezogener Königsstuhl – Objekte im Repertoire des Malers in einem fast mager eingerichteten Raum; es ist das Atelier eines phantastischen Ingenieurs. Die Zimmer hingegen sind üppig mit d'Annunzianischen Arrangements dekoriert, die Wände sind entweder mit Leinen oder mit Satin bespannt. In Paris läßt er geschnitzte Bilderrahmen anfertigen, nach dem Muster Pommes de pins, doch um den Glanz zu mildern, werden sie vorsichtig abgelaugt und in einer Skala verschiedener Grautöne neu gefaßt. Auf einem schwarzen Trompe-l'œil-Tablett bringt seine schöne Frau eine Karaffe Wein; von ihr könnte er sagen, was Renoir von seiner Frau gesagt hat: Sie ordnet die Blumensträuße so, daß ich sie nur noch zu malen brauche.

Nachdem er vierzehn Jahre lang versucht habe, die abstrakte Malerei zu durchdringen und ihre Möglichkeiten zu erkennen, „konnte ich keine abstrakten Formen mehr ertragen", und er zieht ein Bild aus der Stellage. „Das ist das letzte Dokument, hier habe ich nur noch die Sensibilität einer Oberfläche gesucht, nichts anderes." Das war 1960, zu einer Zeit, in der freilich einige deutsche und ausländische Maler wieder zum Gegenstand in Verbindung mit einer abstrakten Entourage gefunden hatten.

Als er in Paris lebte und sich mit Drehbüchern über Wasser hielt, ging er täglich in den Louvre und studierte durch die genaue Betrachtung Jacques Louis Davids das Handwerk der figurativen Malerei. Doch die Erfüllung des Malerischen sei ihm Courbet gewesen. „Mein Lehrer jedoch, mein Guru, mein Idol", sagt er, „war der Pianist Alfred Cortot!" Er, der sich selbst als Stubenhokker bezeichnet, setzte sich in Bewegung und reiste ihm nach. „Außer den Beziehungen zu den Alten", sagt er, „hatte ich keinen lebendigen Beweis dafür, wie Kunst auch sein kann, ich hatte ja gar nichts, was mir zeigte, wie ich malen soll. Sie haben doch mal so'n Haufen Ölfarbe gesehen?" Er bewegt auf der Palette mit dem Pinsel sienesische Erde und Terra di Pozzuoli, so daß sich die Farben in Schlieren auseinanderlegen; er gießt ein paar Tropfen Öl hinzu; die Masse wird weich, verschwimmt. „Sehen Sie, da fragt man sich: Was steckt da alles an poetischen Möglichkeiten drin?" Das so lebendig zu erleben, das habe ihm von den Großen des Jahrhunderts keiner so deutlich gemacht wie der Pianist Cortot. „In der Agogik und Sonorität der Interpretationen von Schumann oder Chopin ist mir klargeworden, was ich mit den Farben anfangen muß."

Aber wie kann man als Maler einen Pianisten zum Lehrmeister haben? Schermuly lacht auf eine vitale Art, die Freude macht. „Bevor ich mit dem Malen anfing, beschäftigte ich mich schon mit den Gesetzmäßigkeiten der klassischen Musik. Das war ja meine verzweifelte, kindliche Idee, die abstrakte Malerei und deren Möglichkeiten immer in bezug zur Musik zu betreiben, und ich war erstaunt, wie ungeheuer gering das malerische Material ist, gemessen an der Skala des wohltemperierten Klaviers." Hinzu komme bei der Malerei das Problem des Raumes als dritte Dimension. „Sehen Sie, da war die Riesendummheit und die rührende Utopie des Jahrhunderts, daß man die Malerei auf die Fläche reduzieren wollte, das war die Sackgasse, in die wir uns alle verirrt haben."

Das Wesentliche großer Kunst sei, sagt Schermuly, daß jedes Detail, sich auf das andere beziehend, sein eigenes Leben habe. Die meisten modernen Pianisten, wie etwa Swjatoslaw Richter, spielten ein Werk fast wie Gehörlose in einem Rausch manueller Obsession. „Jeder Ton ist eigentümlich charakterlos, das Ganze ist wie ein Zahnrad, doch der einzelne Zahn verliert seine Bedeutung. Dieser Pianist Cortot hat verstanden, daß Musik klingen muß, daß jeder Ton den direkten Weg zu den Sinnesorganen aufnehmen muß." Dieses Bewußtsein sei durch die Theoretisierung der Kunst verlorengegangen, und das sei ein Unglück. Schermuly hängt an den Traditionen, er hat einen Frack aus Istanbul im Schrank. Doch wann kann er ihn anziehen? „Ich würde schon lieber in einer Zeit leben, von der man getragen wird, als in einer Zeit, in der man nur nebendran sitzt." Ach, wie gern hätte er an jenen festlichen Gesellschaften teilgenommen, von denen man berauscht und erhoben wurde, wie zu Zeiten der Medici oder selbst noch zu Zeiten Courbets; wenn es damals auch nicht mehr die große Form der Gesellschaften gegeben habe, so existierte doch noch ein Kreis von Genießern und lustvollen Menschen. Heute hätten die meisten Menschen gar keine Vorstellung mehr davon. „Das Auge ist dumm geworden."

Schermuly ist ein Mann, der schmerzhafter als andere an die Traditionen gebunden ist, und doch ist er von der Idee beseelt, in seiner Malerei innovatorisch zu sein. „Jedes Stilleben können Sie kunsthistorisch genau einordnen, auch bei meinen Bildern sehen Sie, daß sie nur heute gemalt sein können. Es ist das uralte Mißverständnis: Es geht nicht darum, die Traditionen fortzusetzen, sondern darum, daß wir die Frucht dieser Tradition sind." Salvador Dalí, über den man oft lache, wenn er es bitter ernst meine, habe ihm einmal gesagt: „Die großen Meister fangen an zu brennen", und er bemerkte auch: „Überwältigt von der Tradition, muß ich immer wieder sagen, daß alles, was nicht aus dieser Tradition kommt, ein Plagiat ist." Alle Maler seien zurückgegangen auf Dinge, die es schon gab. Auch Léger, der eine Hymne auf dieses Jahrhundert gemalt habe, sei auf die „Images d'Epinal" und auf die Mosaiken von Ravenna zurückgegangen.

Sie glauben gar nicht, wie lange ich gebraucht habe, um von den neuen Meistern zu den alten zurückzugehen, langsam, von Jahrhundert zu Jahrhundert, bin ich über viele Jahre den Weg von heute zurückgegangen." Mit welchen Meistern hat er dabei Freundschaft geschlossen? Es fällt auf, daß er weder Rembrandt, Goya, Delacroix noch Michelangelo erwähnt. „Ich bin ein Verehrer der Klassizisten, und zwar aus dem einfachen Grund, weil die Klassizisten sich auf die Römer beziehen und die kostbaren Reste der Römer im Augenblick mein Leitstern sind, mein ganzes Glück. Viele sprechen von der Glätte der Klassizisten, doch wenn man Poussin anschaut, der die große Tradition hat wiederaufleben lassen: ist er nicht in seiner Rauhheit und der Sprödigkeit seiner Farbe wie ein Bauer, der in der Erde gräbt? Ingres hat ja mit allem gebrochen, er war in Wirklichkeit ein dämonischer Phantast, er war der erste und größte Surrealist, und er ist besonders in Deutschland immer mißverstanden worden." Und wie heißen die anderen Hausgötter? Piero della Francesca, Raffael, die großen Venezianer, zu denen besonders Lotto gehört, Velázquez, Vermeer, Franz Hals und Watteau.

Während seiner Monologe schaue ich auf das leuchtende Apfelstilleben, und seine köstliche Kühle bringt mich zum Träumen und trägt mich hinein in einen klaren Herbstnachmittag, und ich sage, daß ich so gerne die Äpfel, wie aus einem Garten, aus dem Bild holen möchte, solch plastische Vollkommenheit habe er ihnen gegeben. „Davon verstehe ich nichts, der Produzent ist immer ahnungslos, doch ist Ihnen aufgefallen, daß es einen Apfel gibt, der im Gegensatz zu den anderen nicht ganz gesund ist? Er ist innen faul, so wie ein türkischer Pascha, der zu gut gelebt hat." Die Äpfel liegen auf einem Nickelbrett, das beim genauen Betrachten aussieht, als sei es nach hinten hochgebogen, auch der Hintergrund scheint eine abstrakte Erfindung. Beim Hintergrund des Apfelstillebens habe er, sagt Schermuly, an eine alte, abgerissene spanische Ledertapete aus dem sechzehnten Jahrhundert gedacht, und bei der grauen Fläche, die sich hinter die andere schiebt, an eine französische Tapete aus dem neunzehnten Jahrhundert. Die Äpfel liegen auf einem Teller von der Manufaktur Lunéville, und die weiße Serviette erklärt er mir suggestiv als eine typisch französische Serviette: „Steckt in diesem Weiß und Rot nicht die ganze bäuerliche Lust und Kraft des französischen Volkes?"

Alte Tapeten aus der Phantasie, gesunde Äpfel und ein kranker mit Physiognomie, ein scheinbar verbogenes Nickelbrett. „Sie fragen mich nach den neuen Momenten in meinen Bildern, Sie meinen, so gut Ihnen auch die Bilder gefallen, man könne heute keine Äpfel und Birnen mehr malen. Aber warum denn nicht? Es ist ja anders als all die Stilleben, die es vorher gegeben hat. Die Welt hat sich geändert, wir haben uns geändert, wir sehen andere Sachen, es hat sich die abstrakte Welt mit der Welt des Realen verbunden, und auf einmal entsteht so etwas."

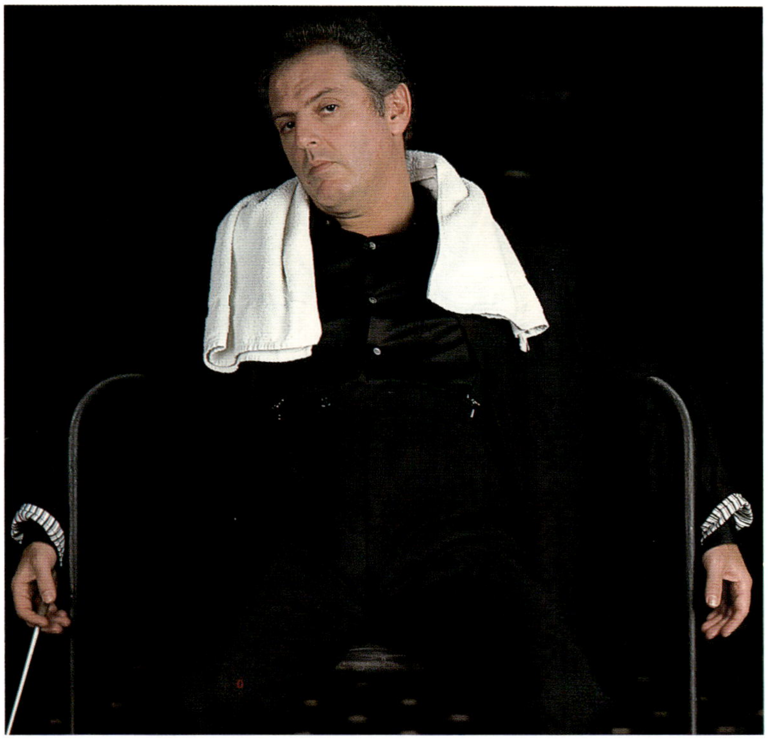

Das Geheimnis: Barenboims Meisterschlag entstand nicht an einem Tag. Was unter seinen Händen so leicht klingt, ist Ergebnis harter Arbeit

Tel Aviv im Hochsommer. Die Stadt, eine flimmernde Fata Morgana. Etwas außerhalb, im Gästehaus des Israel Philharmonic Orchestra, sitzt eine Gruppe von Sängern auf der schattigen Terrasse. Zwischen den Palmen und Kakteen des kleinen tropischen Gartens schlafen zwei Schildkröten. In der Musikerherberge des Orchesters wohnte von Leonard Bernstein bis zu Gidon Kremer schon so ziemlich jeder, der auf den internationalen Konzert- und Opernbühnen etwas zu sagen oder zu singen hat. Die eigentlichen Stars des Hauses aber sind die Schildkröten. Toscanini heißt die eine, Tortellini die andere. An diesem Sommermittag aber spricht man weder über Toscanini noch über Tortellini, sondern vor allem über Danny. „Danny hat mir heute morgen ge-

*Von Mathias Döpfner*

3
INCENDIE

Die Überraschung:
Von Barenboims Tön' und
Weisen gibt es gar
viel an Nam' und Zahl. Sie
reichen von Mozart und
Wagner bis Boulez

sagt, daß ich den Anfang von ‚Porgi amor' ruhig noch etwas gedehnter und mehr legato phrasieren soll", sagt eine englische Sopranistin, die in „Figaros Hochzeit" beim Jubiläums-Festival des Orchesters die Partie der Gräfin singen wird. „Von Danny lernt man erst einmal, wie schön Mozart sein kann, wenn man ihn langsamer nimmt", pflichtet ihr eine schwedische Kollegin bei, auf der Bühne die Susanna. Und der Graf Almaviva aus Philadelphia pointiert: „Danny is great!"

Daniel „Danny" Barenboim, Pianist, Dirigent und demnächst Operndirektor, ist einer der beliebtesten, der meistbeschäftigten und geschäftigsten Musiker. Als Pianist oder Dirigent und manchmal auch in beiden Funktionen gleichzeitig spielt er eine Schallplatte nach der anderen ein. Er leitet das Orchestre de Paris, gastiert bei internationalen Elite-Ensembles von Chicago und London bis Berlin. Er ist gern gesehen in den Opernhäusern und auf den großen Festspielen. Vor allem in Bayreuth. Dieses Jahr übernahm der Hans Dampf in allen musikalischen Gassen auf dem immergrünen Hügel die Leitung der neuen, von Harry Kupfer inszenierten „Ring"-Produktion. Im Juli 1989 tritt er die Leitung der neugebauten Opera de la Bastille an, der ebenso aufwendigen wie umstrittenen Kultur-Krone des „Wasserkopfs" Paris. Seit neununddreißig Jahren macht Daniel Barenboim nun stetig und steil Karriere. Der Sechsundvierzigjährige begann als Wunderkind. Er ist heute immer noch ein Wunder – und ein Kind.

Während seine Altersgenossen lernten, selbständig auf den Topf zu gehen, hört der am 15. November 1942 in Buenos Aires geborene Daniel Mozart und Beethoven. Nicht etwa, weil er so frühweise und strebsam ist, sondern weil er gar nicht anders kann. Die Eltern arbeiten beide als Klavierlehrer. In der Wohnung wird in zwei Räumen von morgens bis abends geklimpert. Die Schüler geben einander die Türklinke in die Hand, das einzige Ziel der Menschen, denen der Sohn begegnet, scheint die Tastatur eines Klaviers. „Menschen, die nicht Klavier spielen konnten, konnte ich mir gar nicht vorstellen, denn abends, wenn Freunde zu Besuch kamen, nur um miteinander zu reden, war ich schon längst im Bett", erinnert sich Barenboim. Also lernt auch er Klavier spielen und gibt als Siebenjähriger sein erstes Konzert: Beethoven-Sonaten stehen auf dem Programm. Mit neun Jahren spielt das Kind in Salzburg auf Mozarts Spinett. Kurz darauf erhält Daniel Barenboim ein Stipendium und wird an der „Accademia di Santa Cecilia" in Rom – als jüngster Meisterkurs-Schüler aller Zeiten – aufgenommen. Die Eltern ziehen nach Israel. Der Sohn darf nur noch wenige Konzerte geben, besucht eine normale staatliche Schule, hat „normale" Freunde, und seine Familie versucht alles, um ihm eine „normale" Jugend zu ermöglichen. „Mein Vater war klug genug, zu erkennen, daß er mich nicht in etwas hineinhetzen durfte", sagt Daniel Barenboim. „Ich hatte nie das Gefühl, meine Kindheit verpaßt zu haben." Später erinnert er sich dann doch, daß seine Klassenkameraden ihn ausgelacht hätten, „weil ein Pianist so etwas Bürgerliches war". Sind da etwa Risse in der so betont normalen Hülle? Daniel Barenboim pocht etwas zu sehr darauf, wie „normal" seine Jugend gewesen sei und wie wenig er verpaßt habe.

Bei Nadja Boulanger in Paris studiert der Kinderstar Komposition, was er bald mangels Begabung aufgibt. Dem großen Idol Wilhelm Furtwängler spielt er im Jahr 1954 vor. Prompt wird er zu einem Berliner Konzert als Solist eingeladen. Der Vater verbietet es, weil „für Juden die Zeit noch nicht gekommen war, nach Berlin zurückzukehren". Aber bei etlichen „Don Giovanni"-Proben darf Barenboim neben Furtwängler am Cembalo sitzen und seine Arbeitsweise beobachten. „Ich war zu jung, um alles zu verstehen, was er da machte. Aber es hat mich so fasziniert, daß ich dem später auf Platten nachspürte", erklärt er. „Es vergeht kein Tag, an dem ich nicht dächte: Was würde wohl Wilhelm Furtwängler zu diesem oder jenem sagen?"

Das zweite große Vorbild für Daniel Barenboim ist Edwin Fischer. Begeistert von Konzerten, in denen Fischer sowohl Dirigier- als auch Klavierpart übernimmt, beschließt Barenboim ebenfalls zum dirigierenden Pianisten zu werden. Barenboims bisher überzeugendstes Projekt in dieser Doppelfunktion sind die Aufnahmen sämtlicher Mozart-Klavierkonzerte. Von 1962 an konzentriert er sich immer stärker aufs Dirigieren, seit 1965 nicht nur vom Konzertflügel aus. Besonders viel arbeitet er mit dem English Chamber Orchester zusammen. 1975 geht er nach Frankreich und wird Chef des Orchestre de Paris. Als Dirigent folgt Barenboim – auf anderem Niveau – der Furtwängler-Celibidache-Tradition. Tschaikowskys b-Moll-Konzert unter „Celi" sei sein bisher intensivstes Musikerlebnis überhaupt gewesen. Nach diesem Vorbild arbeitet auch Barenboim oft mit extrem langsamen Tempi. Das hat mitunter große Reize. Manchmal wirkt das klangkulinarische Verweilen aber auch etwas manieriert. Bei seinem Bayreuther „Parsifal" wurden Generalpausen so exzessiv gedehnt, daß man in Sorge geraten konnte, die Musiker seien zwischendurch vielleicht ein Bier trinken gegangen.

Zu Wagner hat Barenboim ein besonders inniges Verhältnis. Nicht nur in Bayreuth, auch in Paris, Berlin und in anderen Metropolen dirigiert er seine Werke oft und gerne. Für einen Juden eine konfliktträchtige Affinität: „Rational betrachtet, muß man Wagner auch in Israel spielen. Toscanini hat Wagner 1936 in Israel dirigiert. Warum also nicht auch heute? Auf der anderen Seite sind die Assoziationen für fünfundzwanzig Prozent der Juden bei Wagner so extrem, daß man es ihnen nicht zumuten kann. Ich kenne Leute, die gesehen haben, wie ihre Familie zu den Klängen des Meistersinger-Vorspiels in die Gaskammern geführt wurde. Ich selbst schalte bei dem Thema Wagner ab. Ob das richtig ist oder nicht, weiß ich nicht. Ich fühle mich musikalisch bei Wagner einfach wohl."

Daniel Barenboim ist kein effektbewußter Pultmagier. Klein, unscheinbar, mit einem etwas zu eng sitzenden Frack, kommt er auf das Podium der Höchster Jahrhunderthalle. Er verbeugt sich brav, nur mit einem Hauch konfirmandenhafter Unwilligkeit. Schönbergs „Verklärte Nacht" verbreitet eine flirrende Klangschwüle, als sei's ein Stück von Schreker. Bei Bruckners Neunter schwelgt man nicht nur in gotischer, sondern auch in barocker Klangarchitektur. Das heißt, das Orchester schwelgt. Barenboim wedelt mit dem Taktstock, weil es eben sein muß, oft unpräzise, manchmal ungelenk, eigentlich überflüssig. Ein großer Dirigent ist er nicht, aber ein guter Musiker.

Am meisten leuchten Daniel Barenboims Augen, wenn man mit ihm über die Opera de la Bastille spricht. Für seine Direktion des neuen Hauses hat er sich Großes, sehr Großes vorgenommen. Vorbild ist Bayreuth. Opernarbeit mit Werkstattcharakter – das soll auch in Paris funktionieren: lange Probenzeiten (Minimum acht Wochen), Teamarbeit von Regisseur, Bühnenbildner und Dirigent, Förderung junger Sänger, sorgfältig vorbereitete Wiederaufnahmen. Als feste Hausregisseure hat Daniel Barenboim Harry Kupfer, Jean-Pierre Ponnelle und Patrice Chereau verpflichtet. Hausdirigenten sollen Pierre Boulez, Georg Solti und Zubin Mehta werden. Auch Neue Musik soll nicht zu kurz kommen. Luciano Berio und Pierre Boulez haben schon Kompositionsaufträge für eine Oper.

Experimentellere Plattenprojekte, gewagte Opernpläne – eine Radikalität aus materieller (Über-)Sättigung? Wie eine Zigarettenkippe wirft er den Davidoff-Stummel in den Aschenbecher. „Es gibt nichts auf der Welt, das mich interessiert, das ich mir aber nicht leisten könnte. Ich habe die beneidenswerte Möglichkeit, nur noch die Sachen zu machen, für die ich mich leidenschaftlich engagiere." Das sagt ein Mann, der (nach dem Tod seiner Frau Jacqueline Du Pré) mit einer Freundin und zwei Kindern wechselweise in Fribourg, Paris und San Pedro an der Costa del Sol lebt und der nicht nur Orchester, sondern einen beachtlichen Teil der Musikwelt dirigiert. Das sagt aber auch ein Wunderkind, das nicht erwachsen werden will und Jugendlichkeit aus kühnen Träumen schöpft.

Wenn Daniel Barenboim einen Besuch im Musikerhimmel frei hätte, wüßte er genau, mit wem er am liebsten spräche. Mit Mozart würde er gerne mal einen Schoppen trinken: „Mozart ist für mich ein Symbol. Mich fasziniert die Ambivalenz, das Tragikomische an seiner Musik. So sind wir doch alle, als Menschen." Was er ihn fragen würde? „Wie er all das, was er gemacht hat als Mensch und Musiker, in einen Tag hineingepackt hat."

Daniel Barenboim, der rastlose Workaholic, ein Wunderkind und everybodys Danny, antwortet gerne. Aber immer so, daß mit jedem Wort neue Fragen entstehen. Die Antwort auf sich selbst und sein Leben hat er noch nicht gefunden. Wie könnte er. Noch einmal weiten sich seine Kinderaugen: „Es gibt für mich nur eine Qualität, die mich weiterbringt, und das ist die Neugier." Nach vierzig Karriere-Jahren fängt er jetzt erst richtig an zu fragen. Daniel „Danny" Barenboim, der ewige Nachwuchskünstler? Erwachsen ist er noch lange nicht. Vorerst wächst er weiter.

Der Regisseur, der im Theater für Furcht und Erbarmen sorgt, um Erkenntnis zu stiften: Tabori und sein „Kreis“ in Wien

Er ist sehr groß und sehr schlank, trägt lange Mäntel und sieht aus wie das, was er ist: ein Reisender, unterwegs zu neuen, unbekannten Zielen, ein Wanderer, der nicht darauf eingestellt ist zu bleiben, und der überall Spuren hinterläßt, die beweisen, daß er da war, und die sich nicht wegwischen lassen. Über seinen Weg zu der Erkenntnis, daß die Kunst alles darf, „besonders im Theater, wo das Undenkbare gedacht, das Unsagbare gesagt wird“, hat Tabori in Texten Auskunft gegeben, die einem unter die Haut gehen, weil sie das „Undenkbare“ und „Unsagbare“ in unserer Zeit, die Verwandlung von Menschen in Unmenschen, mit der gleichen Selbstverständlichkeit gestalten oder wortlos einbeziehen, mit der Kafka diese Wirklichkeit in seiner „Strafkolonie“ vorweg-

*Von Erwin Leiser*

Der Magier, der im Witz die Katastrophe zeigt: Tabori, immer unterwegs zu neuen, unbekannten Zielen

nahm. Tabori wurde am 24. Mai 1914 in Budapest geboren. Sein Vater war Journalist und wurde während des Krieges in Auschwitz ermordet. Der Sohn hat ihm sein unbarmherziges Stück „Die Kannibalen" gewidmet, in dem ein Mann namens Cornelius Tabori als Häftling im Konzentrationslager vorkommt. Über die Flucht seiner Mutter angesichts der Gefahr der Deportation in ein Vernichtungslager hat Tabori die Erzählung und das Stück „Mutters Courage" geschrieben. Als Sechzehnjähriger ging er nach Berlin, „lebte im roten Wedding und arbeitete als Aschenbecherputzer", wurde Kellner und kehrte nach dem 30. Januar 1933 nach Budapest zurück, wo er als Journalist und Übersetzer arbeitete; 1936 wanderte er nach London aus.

Die ersten drei Kriegsjahre verbrachte Tabori als Auslandskorrespondent in Bulgarien und in der Türkei. 1941 bis 1943 war er in der britischen Armee und wurde als Leutnant im damaligen Palästina stationiert. Dann kehrte er nach London zurück, arbeitete bei der BBC, schrieb Romane und ging 1947 nach Amerika. Da war sein erster Roman, „Beneath the Stone", schon in London erschienen. In Hollywood schrieb er Drehbücher für Alfred Hitchcock, Anthony Asquith, Anatol Litvak und Joseph Losey. Er lernte in Hollywood Brecht kennen, von dem er später drei Stücke ins Englische übersetzte und durch den er Appetit auf das Theater bekam. Während der McCarthy-Inquisition stand er auf der schwarzen Liste, „weil ich eine Lesung gehalten hatte, zusammen mit einem Mann, den ein FBI-Mensch als Theodor Mann beschrieb. Als ich darauf hinwies, daß sein Name Thomas sei, fuhr er mich barsch an: ‚Du hast mich nicht zu verbessern, du dreckiger Roter'." Zwischen 1953 und 1971 lebte Tabori vor allem in New York, kam aber regelmäßig nach Europa für Theater- und Filmarbeit. 1952 inszenierte Elia Kazan Taboris Stück „Flight to Egypt" am Broadway; es fiel durch, weil weder der Regisseur noch die Presse bereit waren, „den Humor in allen Widersprüchen zu sehen". Taboris erste eigene Theaterinszenierung war Strindbergs „Fräulein Julie" im Phoenix Theatre in New York, mit seiner damaligen Frau Viveka Lindfors in der Titelrolle. 1960 entstand seine szenische Collage „Brecht on Brecht", und 1966 gründete er die freie Theatergruppe „The Strolling Players". Seit 1971 arbeitet Tabori im deutschen Sprachraum. In Berlin inszenierte er sein 1970 in Amerika entstandenes Stück „Pinkville" über ein von US-Ledernacken ermordetes vietnamesisches Kind. Seitdem hat er vor allem in Berlin, München, Bremen und Bochum als Regisseur gearbeitet.

Neben eigenen Stücken hat er Prosatexte von Kafka und Beckett mit seinem „Theaterlabor" auf die Bühne gebracht und Tragödien von Euripides und Shakespeare in eigenen Bearbeitungen aufgeführt. Er sagt, daß er kein Perfektionist sei, „denn es geht ja um Menschen, und daher kann es nur eine mechanische Perfektion geben, und die ist langweilig". Er arbeitet „genau gegenteilig von diesen sogenannten Gott-Regisseuren wie Stein oder Peymann. Aber man weiß ja, auch Gott hat Schwierigkeiten gehabt". Auf seinen Proben untersucht er verschiedene Möglichkeiten der Gestaltung ein und derselben Szene. Er weiß, daß die Produktion eines Stückes interessanter sein kann als das Stück selbst, und er zitiert gern Helene Weigels Antwort auf seine Frage, ob sie Brechts Methode in ihren Worten zusammenfassen könne: „Er machte den Schauspielern die Dinge leicht."

Tabori ist immer bereit, neue Ideen, die nicht unbedingt seine eigenen sein müssen, auszuprobieren und dabei ein ursprünglich geplantes Konzept umzuwerfen. Besonders erfolgreich war er in seinen „Improvisationen über Shakespeares Shylock", für die er als Titel ein Zitat aus dem „Kaufmann von Venedig" gewählt hat: „Ich wollte, meine Tochter läge tot zu meinen Füßen und hätte die Juwelen in den Ohren." Am Ende der Gerichtsverhandlung steht der Jude Shylock entblößt von allem vor uns „wie irgendeiner in den Todeslagern. Alles ist ihnen genommen, Kleidung, Haare, Zähne, Kämme, Namen, ihr Gott, ihr Sinn, ihr Verstand".

Dieser nackte Shylock ist peinlich, man will ihn nicht sehen und muß doch hinschauen. Tabori zwingt die Zuschauer zum Einstieg in eine Wirklichkeit, die sie nicht wahrhaben wollen. Taboris Shylock erinnert sowohl den Juden wie den Nichtjuden von heute an die Opfer des Dritten Reiches, die sie vergessen wollen. Er weiß: „Wir können nur das vergessen, woran wir wirklich erinnert haben." Ohne ein sinnliches Wiedersehen ist für Tabori wahre Erinnerung nicht möglich. Die Wahrheit ist oft „ein unerträglicher

Der Meister,
der Schauspieler in
Menschen verwandelt
und die Menschen
in Bilder stellt: Tabori
à la Leonardo

Der Wundermann, der auch in finsteren Zeiten die Hoffnung nicht fahren läßt: Tabori, am Rand der Apokalypse

Schmerz", der vom Ensemble auf das Publikum übertragen wird. So wie in Brechts Lehrstück „Die Maßnahme" jeder der Mitwirkenden sowohl den jungen Genossen zu spielen hatte, den die kommunistische Partei opfert, wie den Funktionär, der ihn liquidiert, so spielten bei Tabori alle Schauspieler sowohl Shylock wie eine andere Figur des Stücks.

In dieser Vorstellung schreckte Tabori vor nichts zurück, um sichtbar zu machen, daß der Weg von der Juden-Karikatur mit krummer Nase und fremdartiger Kleidung direkt in die Konzentrationslager führte, mit ihren Gaskammern und Bergen von nackten Leichen. So wurde eine Wahrheit jenseits aller ästhetischer Kategorien vermittelt. Tabori war unerbittlich, und wenn das, was hier gezeigt wurde, von manchen Zuschauern als geschmacklos, peinlich, ekelerregend und entsetzlich empfunden wurde, so galten diese Adjektive in noch viel höherem Grad für die Wirklichkeit, an die die Vorstellung erinnern sollte, die jüdische Tragödie vom Pogrom der Kristallnacht bis zur Folter und dem anonymen Tod im Konzentrationslager. Zur europäischen Uraufführung seines Stücks „Die Kannibalen" schrieb Tabori, daß sein Vater in Auschwitz gestorben sei, „mit unantastbarer Würde, wie überlebende Zeugen versichern", und noch immer könne er seinen Mörder nicht hassen. „Die Kannibalen" bezeichnet Tabori als „eine schwarze Messe", nicht als Dokumentation oder Anklage. Das Stück ist „bevölkert von den Dämonen meines eigenen Ichs, um mich und diejenigen, die diesen Alptraum teilen, davon zu befreien". Die Funktion des Theaters bestehe darin, „Furcht und Erbarmen zu erzeugen". Er zeigt in seinem Stück über den Tod seines Vaters sowohl die Häftlinge wie ihren Peiniger aus der Sicht der Söhne. „Da ich ihr Vermächtnis nie angezweifelt habe, durfte ich es mir erlauben, auch den Hohn und Ekel ihrer Menschlichkeit zu zeigen, ehe ich am Ende ihren Widerstand feierte."

Tabori braucht nur einen offenen Raum mit einem Tisch, Bänken und Hockern, einem Gestell mit drei übereinander liegenden Pritschen, einem Ofen und einem großen Kochkessel als Schauplatz für sein Drama über eine Wirklichkeit „jenseits aller Tränen" – mit Menschen in einer „totalen Ausgesetztheit". Er arbeitet mit einfachen Mitteln. Derselbe Schauspieler tritt als der fette Puffi auf – und als dessen Sohn auf der Suche nach dem verschwundenen Vater. Der Darsteller des SS-Rapportführers Schrekinger wendet sich plötzlich ans Publikum und teilt mit, daß der „Engel des Todes" im Lager, den er spielt, jetzt ein Lokal in der Nähe von Düsseldorf habe. Dann stellt er die Frage: „Vater, was hast du im Krieg gemacht?" und beginnt einen Dialog zwischen Vater und Sohn zu sprechen, in dem die Sätze der beiden fließend ineinander übergehen, nur durch Tonfall und Gesten voneinander abgegrenzt. Der Sohn bekommt keine Antwort, der Vater kehrt in die Handlung zurück.

Die Kannibalen" ist ein Stück über eine Zeit, in der, wie Tabori in einem Text zur europäischen Erstaufführung 1969 in Berlin schrieb, „der praktischste, der menschlichste und – wenn man so will – der gewalttätigste Akt einfach in der Weigerung besteht, sich zu etwas zwingen zu lassen; eine Geste der Verneinung, die nicht ohne tiefes Geheimnis ist: nicht zu essen, obgleich man verhungert". Dieser Satz war auch aktuell in Wien 1987, wo Tabori in seinem Theater das Stück an den Anfang der Herbstsaison setzte. Wie schon in Berlin und 1968 in New York, wurde es von dem Amerikaner Martin Fried inszeniert. Parallel zu den „Kannibalen" zeigte „Der Kreis" eine szenische Fassung von Peter Sichrovskys Buch „Schuldig geboren", in dem Kinder aus Nazi-Familien über ihre Beziehung zu ihren Eltern – und zur politischen Wirklichkeit im NS-Staat und in der Gegenwart – Auskunft geben. Sichrovsky verwandelte seine Interviews in Ich-Erzählungen, Tabori bearbeitete und inszenierte sie für die Bühne. Die beiden Vorstellungen ergänzten einander. In den „Kannibalen" spricht Tabori im Namen der Söhne von Häftlingen, die versuchen, „jenseits von Gut und Böse sich das Gewesene zurückzurufen, mit der kühlen Neugier von Leuten, die überzeugt sind, daß ihre Väter vor den Augen der Nachwelt bestehen werden". Sowohl in den „Kannibalen" wie auch in „Schuldig geboren" stellt aber auch der Sohn des Nazis die Frage nach der Wahrheit über die Vergangenheit seines Vaters. Bei Sichrovsky wird man mit verschiedenen Reaktionen der Kinder von prominenten und kleinen Nazis auf die Schuld und das Schweigen der Väter konfrontiert. Man erlebt, wie sich die Täter von gestern nach 1945 in Opfer ver-

Der Mahner,
der mit Lust schockierend
an die Tragödie
erinnert: Tabori, die Liebe
und der Tod

wandeln, und wie ihre Kinder, ähnlich wie die Kinder der überlebenden Opfer des Holocausts, vom Schicksal der Eltern gezeichnet sind.

Taboris politisches Talent bemüht sich um die Darstellung einer unerträglichen, wenigstens unbequemen Wahrheit, und sowohl die Schauspieler wie das Publikum sind von dieser Wahrheit betroffen. Einer der von Sichrovsky Befragten spielte sich selbst. Das Verhältnis zwischen den Generationen wurde mit einer ungewohnten Direktheit und Intensität geschildert, die den Zuschauer ebenso wie den Darsteller zwangen, auch sich selbst gegenüber ehrlich zu sein und seine eigene Beziehung zu den Eltern und ihrer Vergangenheit zu untersuchen. Die Lebensgeschichte der Menschen auf der Bühne und im Zuschauerraum wurde einbezogen. Die Mitwirkenden in den „Kannibalen" hungerten während der Probe, damit sie durch die „Nulldiät" einigermaßen nachvollziehen konnten, wie sich die Häftlinge in den Konzentrationslagern gefühlt haben. Die Empörung mancher Leser und Zuschauer über „Die Kannibalen" führt Tabori darauf zurück, daß die „schwarze Messe" nicht der Frömmigkeit, sondern einem Humor entsprang, den viele Deutsche und Österreicher nicht als „Rettungsring" eines Überlebenden verstehen können und deshalb als unpassend empfinden.

In einem selbstbiographischen Text von Tabori heißt es: „Meine Großmutter konnte kaum Ungarisch. Ihre letzten Worte, die sie aus starrem Mund heraussabberte, waren: ‚Na endlich'. Es wurde überhört, als mein Vater beim Eintritt in die Gaskammer sagte: ‚Nach Ihnen, Herr Mandelbaum'." So schreibt einer, der weiß, daß man fähig sein muß zu lachen, wenn das Schlimmste geschieht. Sonst geht man unter. 1985 inszenierte Tabori im Akademietheater in Wien seine „Farce" mit dem provozierenden Titel „Mein Kampf". Als Motto für „Mein Kampf" wählte Tabori ein paar Sätze von Hölderlin, die über der Bühne in großen weißen Buchstaben auf schwarzem Grund zu lesen sind: „Immer spielt ihr und scherzt? Ihr müßt! o Freunde! mir geht dies in die Seele, denn dies müssen Verzweifelte nur." Spielen und Scherzen kommen bei Hölderlin aus der Verzweiflung. Bei Tabori ist es auch umgekehrt: „Irgendwann hört der Spaß und der Witz auf, und es geht wieder weiter. Bisher hat dieses Weitergehen nicht aufgehört." Wenn ich für Taboris Humor die Bezeichnung „Galgenhumor" wähle, denke ich sowohl an den Galgen, der im Dritten Reich für jeden Juden vorbereitet war und dem Tabori entging, und den Galgen, unter dem Tabori uns alle in dieser Zeit der Apokalypse sieht. Ich kenne Tabori, seitdem er in den sechziger Jahren „Brecht on Brecht" in Stockholm inszenierte und dabei meine schwedischen Übersetzungen von Brecht-Texten benutzte. Sein Stück „Mein Kampf" kündigte er mir mit den Worten an: „Ich habe den Titel deines Films ‚Mein Kampf' gestohlen." Tabori zeigt hier den jungen Hitler in einem Männerasyl in Wien vor dem Ersten Weltkrieg. Dort gibt es unter den Zimmergenossen den alten jüdischen Koch und selbsternannten Gott Lobkowitz – den Tabori bei der Uraufführung selbst spielte, weil der für die Rolle vorgesehene Schauspieler krank war – und noch einen Juden, Schlomo Herzl, der seit Jahren vergeblich versucht, ein Buch zu schreiben – es soll „Mein Kampf" heißen.

Mit Schlomos Hilfe findet Hitler seine Berufung, und zum Schluß des Stückes steht er als „Würgeengel – ein Naturtalent" da, so apostrophiert ihn „Frau Tod", der er Millionen Leichen liefern wird. Mit einem Zitat aus der Schlußszene des Filmes „Casablanca", das den besonderen Humor Taboris demonstriert, nimmt „Frau Tod" ihren künftigen Gehilfen mit: „Der Anfang einer wundervollen Freundschaft". Hitler antwortet: „Ich bin sicher, gnädige Frau, ich werde Sie nicht enttäuschen." Vor dieser Szene hat Tabori die Handlung aus dem Männerasyl herausgeführt. Auf der jetzt in ihrer ganzen Tiefe als Spielplatz benutzten Bühne wird der gewaltsame Tod eines Huhnes gezeigt, und eine Figur in der Maske von Himmler, mit dem Namen „Himmlischst", demonstriert mit peinlicher Genauigkeit, wie man ein Huhn absticht und herrichtet. Als er fertig ist, sagt Herzl: „Wenn ihr beginnt, Vögel zu verbrennen, werdet ihr enden, Menschen zu verbrennen." Zu den Klängen des jüdischen Totengebets Kaddisch wäscht er die Überreste des Huhnes und fragt Lobkowitz, der plötzlich aus dem Dunkel auftaucht, wo er so lange gewesen sei. Es ist die Frage Herzls an Lobkowitz und zugleich die Frage des gemarterten Juden an Gott. Die Antwort lautet: „Ich war hier, die ganze Zeit hier, aber du hast vergessen nachzuschauen." Bezeichnenderweise erzählt Lobkowitz in der Schlußszene einen Witz, und das Stück endet mit Lobkowitz' Aufforderung an Herzl, zu essen, um „eine Kraft in dich aufzunehmen, die du in alle den kommenden Jahren, wenn das Schuhplatteln wieder zum Donnern geworden ist, brauchen wirst".

Tabori meint, daß man einen Hitler nur bewältigen könne, nachdem man dessen Züge in sich erkannt habe. „Wenn die Österreicher sagen: Wir sind das erste Opfer von Hitler, dann ist das Quatsch. Die Deutschen waren das erste Opfer von Hitler. Oder Hitler war das erste Opfer von Hitler." Tabori warnt auf der Bühne wie in der Wirklichkeit vor Vereinfachungen. Er ist bestürzt darüber, daß es in der Debatte über seine Salzburger Inszenierung des Oratoriums „Das Buch mit sieben Siegeln" „so viele antisemitische Äußerungen gegen mich wie in den letzten fünfzig Jahren bald nicht" gegeben habe. Nach seinen Salzburger Erfahrungen reizt es ihn, Shakespeares „Maß für Maß" zu inszenieren, das Stück von dem bigotten Statthalter, der Wien seinem Tugend-Terror aussetzt, privat aber alles tut, was er anderen offiziell verbietet. Tabori: „Das gehört nach Wien, da geht es um das Verhältnis von Religion und Existenz." Auch Shaws „Heilige Johanna" und Brechts „Galilei" sind nach Salzburg aktuell für Tabori geworden. Er ist ja nicht wehrlos. Er läßt sich durch den Salzburger „Skandal" und die Drohungen, die er seitdem immer wieder bekommt, nicht einschüchtern. Als „Mein Kampf" nach der Sommerpause im Herbst 1987 wieder aufgeführt wurde, stellten Tabori und seine Schauspieler fest, daß im Salon weniger gelacht wurde als vorher. Dem Publikum bleibt das Lachen im Halse stecken, wenn es daran denkt, daß auch jetzt wieder Judenhaß und NS-Ideologie zum österreichischen Alltag gehören. Daß Tabori in seiner tragischen Farce gerade den Juden Schlomo Herzl, dessen Vorname ja „Friedensfürst" bedeutet und der denselben Familiennamen trägt wie der einst in Wien als Journalist tätige Gründer der zionistischen Bewegung, Theodor Herzl, in seinem Verhältnis zu Hitler den christlichen Gedanken „Liebe deinen Feind wie dich selbst" verkörpern läßt, muß im Hinblick auf die erhitzte Debatte überWaldheim und den Jüdischen Weltkongreß als absurdes Paradox wirken. Aber eine lange und intensive Diskussion zwischen Tabori, einigen Schauspielern und einem überraschend großen Teil des Publikums nach einer Vorstellung von „Mein Kampf" war von Sympathie und Verständnis geprägt.

Tabori will in seinem Theater Kunst produzieren, „ohne Menschlichkeit zu verlieren". Er will Schauspieler in Menschen verwandeln und nicht Menschen in Schauspieler. Zwischen den Inszenierungen schreibt er Texte, die ebenso wie seine Theaterarbeit dazu bestimmt sind, das Publikum mit den Bedingungen menschlicher Existenz in unserer Welt vertraut zu machen. Es war vorauszusehen, daß sich Zuschauer in Salzburg dagegen wehren würden, seine Vision eines Weltunterganges und eines Neubeginns anzunehmen. Tabori ging von einem Satz bei Johannes aus. „Denn gekommen ist heute der Tag des Zorns. Wer kann da bestehen?" Die Frage und die Kraft der Assoziationen trafen das Publikum unvorbereitet, sie mußten allen obszön erscheinen, die sich auf einen weihevollen „Kunstgenuß" vorbereitet hatten. Bei Tabori wird nicht zelebriert, seine Inszenierungen sind das Resultat einer Gemeinschaftsarbeit. Der Regisseur erhebt nicht den Anspruch, allwissend zu sein, und gibt den Schauspielern eine Freiheit, die als große Chance angenommen wird. Für Tabori gilt, was er einmal über Samuel Beckett gesagt hat. Er ist „positiv", weil er „ein Prinzip der Hoffnung vertritt, das nur in völlig hoffnungslosen Situationen glaubhaft ist".

Zu dem Salzburger „Skandal" bemerkt er, daß eben Künstler von Beruf „Hexen" seien, „ihr Auftrag war schon immer, das Verdrängte herauszukitzeln, das Verschwiegene anzusprechen, das Verlogene in Frage zu stellen". Darum jage man „die Hexen, die nicht aufhören, in der Vergangenheit herumzuwühlen, mit solcher Wut". Aber die Jagd, „eine Form der Zensur", habe nie verhindern können, daß das Werk der Verfolgten die Verfolger überlebt hat. „Wer weiß noch, wer den Euripides verbannte, die Johanna verbrannte, dem Galileo die Instrumente zeigte, dem Grünewald die Finger brach?" Das für Tabori heute gültige „Prinzip Hoffnung" lautet: „The harder you hit a nail, the deeper it goes" – Je stärker man auf einen Nagel haut, desto tiefer dringt er ein.

Der Blick des Fotografen: Die kräftigen Bilder der Wirklichkeit vertraut er der Kamera an. Hans Hartungs Liebe gehört den zarten Mustern des Informel

Eigentlich wollte er Astronom werden. Ein Jugendtraum, gewiß, aber in seinem Fall ein besonders hartnäckiger. Denn in Hans Hartungs Familie waren durchaus die Möglichkeiten vorhanden, um einen solchen Traum zu verwirklichen. Wohlstand war in der Leipziger Arztfamilie ebenso selbstverständlich wie weitläufiges Interesse: Der Vater war Dr. med. und Dr. phil., der Großvater mütterlicherseits, ebenfalls Arzt, betätigte sich außerdem noch als Maler und Musiker. „Von dem", sagt Hans Hartung, „von dem kommt alles her." Astronom ist er deswegen doch nicht geworden, und auch nicht Fotograf oder Musiker oder gar Theologe, obwohl es ihn in seiner Jugend, wie er immer wieder betont, zur Religion am meisten hingezogen hat. Vielmehr wählte

*Von Wilfried Wiegand*

Das Auge des Malers: Unbestechlich sucht es die Balance von Form und Farbe. Hans Hartungs Malerei ist eine Kunst der Ordnung

Hans Hartung sich die Kunst, die er in beiderlei Gestalt studierte: als historisches Fach an der Universität und als Praxis an der Akademie. Dabei kam es dann zu jenem entscheidenden Erlebnis: Er hörte einen Vortrag von Wassily Kandinsky und bekam anschließend von einem seiner Professoren den gutgemeinten Rat, doch ans Bauhaus zu gehen. Aber der einundzwanzigjährige Student Hans Hartung lehnte ab und zog statt dessen bloß von der Leipziger auf die angesehenere Akademie in Dresden.

Kandinskys priesterliche Verkündigung der alleinseligmachenden geometrischen Malerei hatte Hartung negativ beeindruckt. Solche Malerei sei „in gewisser Hinsicht doch bloß Dekoration", sagt Hartung heute noch, nicht ohne erregten Unterton, aber da er im Gegensatz zu Kandinsky und so vielen anderen eben nicht belehren, sondern jedem seinen individuellen Ausdruck zugestehen will, vermeidet er alles Dozieren über ästhetische Fragen und beläßt es beim ganz persönlichen Geständnis: „Bei mir kam die Kunst immer aus dem Expressionismus, es ging mir immer um den Ausdruck innerer Erregung – zum Beispiel, wenn ich verliebt war." Hartung macht eine andeutende Handbewegung als Hinweis auf das Viele, was man jetzt noch sagen könnte, aber nicht zu sagen braucht. Daß schon der Einundzwanzigjährige so deutlich gespürt hat, wohin er nicht gehört, wirkt erstaunlich – und muß vielen seiner Bewunderer lange Zeit als ein Rätsel vorgekommen sein. Mittlerweile aber ist auch sein frühestes Werk so gründlich bekanntgemacht worden, daß wir wissen, worauf das Selbstbewußtsein schon des Kunststudenten gegründet war: auf einen unverwechselbaren Stil. Er findet seinen Niederschlag in den Schulheften des Siebzehn- und Achtzehnjährigen und zeigt ihn zwei Jahre lang im Banne eines temperamentvoll-schmissigen Expressionismus. Figuren, Köpfe, Landschaften werden dabei mehr und mehr vereinfacht und oft von der Tusche nur noch als weißer Grund ausgespart.

Die Werke des Achtzehnjährigen sind von verblüffender Qualität. Ganz selbständig ist hier ein junger Künstler noch einmal jenen Weg gegangen, den andere Große – von denen er damals gar nichts wußte – schon vor ihm gegangen waren: Kandinsky etwa oder Mondrian, die beide über Jahre hin einen regelrechten Kampf mit dem Gegenstand geführt hatten, bis ihnen eine neue, von aller Ikonographie gereinigte Bilderwelt gelungen war. Hartung hat für diesen Kampf nur noch zwei Jahre gebraucht – und noch gibt es sie nicht, die Generation derer, die ihn gar nicht mehr führen, sondern gleich mit dem Ungegenständlichen beginnen wird. Alles, was er später geschaffen habe, sei in den Werken seiner Gymnasiastenzeit angelegt, hat man oft von Hans Hartung gesagt, und er zögert keine Sekunde, es zu bestätigen. Leider kann er mir keines dieser Werke im Original präsentieren, da er sie in Paris unter Verschluß hält: sozusagen die Brennstäbe dieses Kunstkraftwerks, von dem alle Neuerungen seines Stils wie durch immer neue Kernspaltungen ausgegangen sind.

Das gilt vor allem für all die Schübe jenes graphischen Stils, der ihn in aller Welt berühmt gemacht hat, der Seite an Seite mit Malern wie Miró und Soulages, aber auch Bildhauern wie Calder und Gonzalez in den dreißiger, vierziger und fünfziger Jahren von Hartung entwickelt wurde. Hartung muß an diesem Punkt des Gesprächs lachen, denn ihm fällt jener Schulfreund ein, der einst über ihn und seine „Kringel" gefrotzelt hat. Nun haben ihn seine Kringel weltberühmt gemacht – und nicht nur ihn, sondern auch die deutsche Kunst, die in ihm unbezweifelbar einen ihrer weltläufigsten Repräsentanten besitzt. Man weiß, wie die großen deutschen Beiträge zur internationalen Kunst in unserem Jahrhundert in aller Regel zustande kamen: durch Vertreibung, Flucht, Emigration. Hartung macht da keine Ausnahme, im Gegenteil ist die Geschichte seiner Emigration von einer derartigen Absurdität, daß er sie sich selbst durch den Vergleich mit der Welt Kafkas zu deuten versuchte.

Hartung, der sich zusammen mit seiner Frau auf die Balearen zurückgezogen hatte – nicht zuletzt, weil er meinte, dies sei eine Zuflucht vor der schockierenden Brutalität des Nationalsozialismus –, wurde dort schon bald von den deutschen Zuständen eingeholt: Die neuen deutschen Gesetze erlaubten es nicht mehr, daß seine Angehörigen ihm monatlich hundert Mark überwiesen. Also machte sich Hartung nach mancherlei Umwegen auf nach Deutschland, um die Angelegenheit zu klären. Im Sommer 1935 hielt er sich in Berlin auf und hatte von Anfang an den Eindruck, er werde pausenlos verfolgt. Als seine Frau ihn besuchte, mußte sie seinen Verdacht bestätigen. Um völlige Klarheit zu erlangen, fuhr Hartung zu einem Vetter nach Bautzen, der Staatsanwalt war und ihm nach einem gemeinsamen Zickzack-Spaziergang ebenfalls recht geben mußte. Sein Ratschlag, er solle sich in Berlin mit einem anderen Vetter, der in Görings Garde Dienst tat, zusammensetzen und im übrigen am besten gleich freiwillig zur Gestapo gehen, um seine Schuldlosigkeit zu demonstrieren, hatte einen Alptraum zur Folge. Hartung wurde im Licht zweier Scheinwerfer einem absurden Verhör unterworfen („Rufen Sie meinen Vetter an." – Antwort: „Du hast keinen Vetter dieses Namens!"), nachdem man ihn zuvor stundenlang in eine vergitterte Zelle gesetzt und alle seine Einwände mit einem stereotypen „Halt's Maul!" beantwortet hatte. In der Nacht kam Hartung dann doch noch frei und schaffte es bald, mit Hilfe befreundeter Kritiker – es waren Will Grohmann und Christian Zervos – für sich und seine Frau Visa nach Paris zu bekommen.

Der Grund für den Nervenkrieg der Gestapo bleibt rätselhaft, in Hartungs Familie gab es keine Juden, keine Kommunisten. Unbefangen hatte der Künstler freilich Malerfreunde besucht, die beides waren – was damals ausgereicht haben mag, um ihn in den Augen der unentwegt Verschwörung witternden Gestapo zur verdächtigen Person zu machen.

So wurde Hartung zum Emigranten, der, da sein Erbe in Deutschland beschlagnahmt worden war, nun materielle Entbehrungen und seit der deutschen Okkupation in Frankreich auch Schlimmeres kennenlernen mußte. Im Internierungslager meldete er sich für die Fremdenlegion und ging nach Nordafrika, vier Jahre später wurde er in Spanien verhaftet, kam ins Konzentrationslager, wurde befreit, ging wieder nach Afrika und wurde schließlich 1944 an der elsässischen Front so schwer verwundet, daß ein Bein amputiert werden mußte. Das Leben eines Abenteurers? Gewiß nicht, sondern das eines Menschen, der sich die Würde zurückgibt, die andere ihm haben nehmen wollen.

Hans Hartung lebt seit Jahren in einem weiträumigen Haus oberhalb von Antibes. Alles hier ist großzügig, übersichtlich, klar und funktionell und unterscheidet sich auf hochherzige Art von jenen unzähligen Villen der Côte d'Azur, die allesamt doch nur eine Melange von Angebertum und Gemütlichkeit zustandebringen. Es ist der Stil des Bauhauses, hindurchgegangen durch die Erfahrungen der amerikanischen Landhäuser, der uns an Hartungs Gebäude so verblüfft.

Bereitwillig zeigt er sein Atelier. Unter den großformatigen Gemälden der letzten Jahre, die seine Assistenten auf der Staffelei präsentieren, gibt es jene, die zwar, wie bei Hartung stets, anstelle von Titeln nur Kürzel aus Buchstaben und Zahlen tragen, die ausnahmsweise aber eine inhaltliche Charakterisierung vertragen könnten. „Weltraumbilder" sollte man sie nennen und hat es auch schon getan. Ein nebliges Gewölk in changierenden Farben erweckt die Vorstellung eines soghaft tiefen, geradezu unendlichen Raumes. Daß diese relativ kurze Phase im Schaffen Hartungs notwendig war, wird einsichtig, sobald man sich an die farbigen ungegenständlichen Aquarelle von 1922 erinnert. Auch Hartung empfindet es so, daß die großen Bilder nach Jahrzehnten an die Schülerarbeiten anknüpfen, sie weiterdenken. „Ich liebe nicht die Menschen, die immer das gleiche machen", sinniert er und läßt den entscheidenden Zusatz folgen: „Aber man muß die Freiheit behalten, auf sich selbst zurückzukommen." Man begreift in einem solchen Moment, warum Künstler sich so ungern von ihren Werken trennen, warum sie ihre Frühwerke hüten: Es sind Inkunabeln der eigenen Kreativität.

Wieder zurück in seinem Wohnhaus, kommt das Gespräch auch auf asiatische Tuschmalerei, die für Hartung aber eher eine Bestätigung als eine Anregung gewesen zu sein scheint. Die Diskussion bringt Hartung aber in Erinnerung, daß ihm unlängst ein Verehrer „Worte des Buddha" geschenkt hat, und dann zeigt er mir kommentarlos den vierundzwanzigsten Spruch des Lao-Tse: „Ehe Himmel und Erde bestanden, / war etwas Nebelhaftes, / still und abgeschieden, / alleinstehend und sich nicht ändernd, / ewig kreisend ohne Unterlaß." – Hatte Hans Hartung nicht Theologe werden wollen? Als ich zwischen lauter Skulpturen einen bizarr geformten Naturstein bemerke und ihn vorsichtshalber für das Werk des Künstlers halte, belehrt mich Hartung ernsthaft: „Nein, der ist vom lieben Gott" – und fügt hinzu: „als ich sein Assistent war."

Auftritt des Fotografen: Newman sieht, was andere nicht sehen. Mit der Kamera erfindet er die Wirklichkeit neu

Mit der Porträtfotografie ist es wie mit dem Tango: Es gehören zwei dazu. Seinem definitiven Schein zum Trotz ist das fotografierte Bild eines Menschen eben auch das Bild, das sich ein anderer von ihm macht. Porträtfotografie als Ergebnis einer geistigen Auseinandersetzung, einer Auswahl und einer formalen Anstrengung, als künstlerische Komposition fixiert und transzendiert einen Augenblick. In ihren Sternstunden aber beschwört sie eine dauernde Wirklichkeit. Diese Art von Fotografie, dieser Balanceakt zweier Sensibilitäten ist gewiß selten geworden. Eine fast verlorene Kunst, wie der Fotohistoriker Robert Sobieszek behauptet, ist sie zum Glück nicht. Der Amerikaner Arnold Newman liefert seit einem knappen halben Jahrhundert Beweise dafür, daß sich ihre funktio-

*Von Jordan Mejias*

15
15123

Ausschnitt des Porträts: Newman rückt die Menschen ins Bild. Seine Fotos sind das Ergebnis einer strengen Auswahl

Bildnis eines Künstlers: Newman sucht nach gültigen Formeln. Das berühmte Porträt Picassos nahm er 1954 in Frankreich auf

nelle Tradition mit einem von der bildenden Kunst hergeleiteten Anspruch durchaus verbinden läßt. Wenn Newman sich als Überlebenden bezeichnet, so mag ein wenig Kritik an heutigen Gepflogenheiten mitschwingen. Aber mehr noch scheint er damit auch eine gewisse Befriedigung ausdrücken zu wollen. Es ist ihm immer wieder gelungen, neue Ansätze zu finden, neue Formen und neue Lösungen für einige im allgemeinen meist gleiche und im besonderen doch stets sehr unterschiedliche künstlerische Probleme.

Newman gilt als Vater des „environmental portraiture" in Amerika. Inspiriert von Steichen, Stieglitz und Man Ray, stark beeinflußt von Walker Evans und begeistert von der Mobilität der Kamera, begann er, Menschen in ihrer Umgebung zu fotografieren: Schriftsteller an ihren Schreibtischen, Wissenschaftler in ihren Laboratorien und vor allem Maler und Plastiker in ihren Ateliers. Er gab einmal zu Protokoll: „Den Menschen, von dem ein fotografisches Porträt angefertigt werden soll, hat man sich vorzustellen unter dem Aspekt von scharfen Linsen, schnellen Gelatineschichten, Texturen, Licht und Realismus. Er muß überdacht werden unter dem Aspekt von Häusern, in denen er lebt, und Plätzen, an denen er arbeitet: unter dem Aspekt der Lichtart, welche die Fenster an diesen Orten einlassen und in der wir ihn jeden Tag sehen. Wir müssen ihn überdenken, wie er sitzt und wie er steht – nicht nur, wenn er sich gerade vor einer Kamera befindet, sondern im alltäglichen Leben. Das heißt fotografisch denken. Wir produzieren so vielleicht nicht bewußt eine Kunstform; indem wir jedoch klar überlegen, schaffen wir etwas Neues und ahmen nicht nach."

Creating, not imitating – das könnte ein Motto seiner Arbeitsweise und seines Verständnisses von Fotografie sein. Eine vor ihm sich offenbarende Realität will er nicht nur ablichten, er will sie interpretieren. Bei einer so verstandenen Suche nach Wahrheit spielt der unbestechliche Blick der Kamera zwar eine Rolle, braucht aber nicht die ganze Bürde der Form zu tragen. Wichtiger als die Linse ist das Auge des Fotografen, genauer gesagt: die Kreativität des Künstlers, des Historikers, des Biographen, des Regisseurs und des Psychologen hinter dem Apparat. Newmans Verständnis von Fotografie beschränkt sich nicht auf bekannte, womöglich im technischen Detail begründete Parameter. Charakteristisch für seine Arbeit sind schon die Recherchen, die dem Akt des Fotografierens vorausgehen. Das kreative Konzept, das er dabei entwickelt, stützt sich auf die genaue Kenntnis seines Gegenübers, auf die Vertrautheit mit dessen Umwelt und Leben. Interpretation wird so abgesichert durch Information und beides im Ernstfall dann belebt, kommentiert, gelegentlich auch in Frage gestellt durch das Spiel des Zufalls. Intuition und Spontaneität wirken zusätzlich dem genau kontrollierten Augenblick entgegen und sorgen für Gegenkräfte.

Puristen, die sich von der Unbestechlichkeit der Kamera und der Unantastbarkeit ihres Abbildes leiten lassen, werden ihre Schwierigkeiten mit einer solchen Arbeitsweise haben. Newman verteidigt sie gern mit einer Anekdote aus seinen Anfängerjahren. Er hatte auf Bestellung ein Porträt fotografiert, war damit zufrieden und legte es vor. Zwischen ihm und dem dringend benötigten Honorar wölbte sich nur noch ein Hautpickel, den man ihn zu retouchieren bat. Handwerklich wäre das für ihn kein Problem gewesen. Seine Künstlerseele aber schreckte schon vor dem Gedanken eines nachträglichen Eingriffes zurück. Dennoch und notgedrungen zur Sünde entschlossen, wollte er sich bei Stieglitz im voraus die Absolution holen. Zu seiner Überraschung wurde ihm nichts weniger als ein pauschaler Ablaßbrief ausgestellt. Das Negativ, so Stieglitz, könne er retouchieren, bespucken oder mit Füßen zertrampeln. Wichtig sei allein das Resultat. Wenn es ehrlich sei, werde es ehrlich aussehen. Wenn es unehrlich sei, werde er und jeder andere es als unehrlich empfinden.

Seitdem ist für ihn die Ehrlichkeit der Kamera nur Teil eines im Grunde noch unerbittlicheren, viel weiter gefaßten Imperativs: der Ehrlichkeit des Fotografen, seiner Einstellung und seiner Absicht. Die abstrakte, maschinell erzielte und dadurch fragwürdige Wahrheit hat sich der menschlichen Aufrichtigkeit unterzuordnen. Das setzt Integrität und Offenheit voraus, und Mut darf schon gar nicht fehlen.

Alfried Krupps Porträt, Mitte der sechziger Jahre entstanden, ist dafür der skandalumwitterte Beleg. Newman, der Jude, täuschte neutrale Distanz überhaupt nicht erst vor. Er fotografierte im unmißverständlichen Schatten einer tausendjährigen Vergangenheit. Vor einer riesigen Maschinenhalle und in gespenstischer Beleuchtung sieht er in dem Großindustriellen den leibhaftigen Bösen. Creating, not imitating – die Freiheit, die er sich mit diesem Leitsatz sichert, nutzt er oft und vielfältig. Stieglitz hatte ihm erlaubt, einen Pickel wegzuzaubern; seine Ausbildung zum Zeichner und Maler wies ihm den Weg zu radikaleren Verfahren. In Claes Oldenburgs Porträt, das er zu langweilig fand, ließ er im nachhinein den Blitz einschlagen. Um Witz und Unberechenbarkeit zu berücksichtigen, die er im Werk und in der Person des Künstlers erkannte und in der originalen Fotografie vermißte, riß er die obere Hälfte des Bildes ein. Andy Warhol mußte gleich einen doppelten Angriff überstehen. Arg heimgesucht schon von den Verzerrungskünsten der Linse, wurde ihm noch zusätzlich durch eine Collage das Gesicht zurechtgerückt.

Seine Freude am Experimentieren bewahrt Newman schließlich auch davor, in die von ihm perfektionierte Falle zu gehen. Wie jeder andere künstlerische Gedanke, der auf keinen Widerstand mehr stößt, könnte „environmental portraiture" schnell zur Formel erstarren. Newman kennt die Gefahr, ohne sich vor ihr zu fürchten. Er fotografiert weiter Menschen in ihrer Umgebung, an ihren Arbeitsplätzen und in ihren Wohnungen. In seinem expressiven Spektrum ist dabei Platz für die ihrer Kunst nachempfundenen Porträtparaphrasen eines Piet Mondrian und Marc Chagall; für das akademisch korrekte Bild von Haile Selassie, das den ehemaligen äthiopischen Kaiser in der antiseptischen Hotelpracht seiner Thronhalle zeigt; und für das in all seiner symmetrischen Ausgewogenheit schwerelose Porträt von Cecil Beaton. Dem britischen Fotografen und Bühnenbildner gibt Newman im Foto noch einmal die extravagante und exzentrische Eleganz zurück, die ihm in der Wirklichkeit eine Lähmung geraubt hat.

Frisch hält er sich diesen Ansatz aber mit seiner Bereitschaft, ihn jederzeit zu verwerfen. Schon in dem großartigen Strawinskyporträt von 1946 löste er sich von den eigenen Regeln. Auf die Person bezogenes Environment ersetzt er hier mit einem von Person und Werk abgeleiteten Symbolismus: mit einem offenen Flügel, dessen Deckel sich zu einer Note formt; mit harten Kontrasten, strenger Geometrie und klaren Linien. Auch das berühmte Porträt von Pablo Picasso folgt Richtlinien, die das Foto selbst liefert. Auf dem Negativ umgibt den Künstler noch ein weiter Raum. Das endgültige Bild, bis an den Rand des Kopfes beschnitten, konzentriert sich auf die Intensität des Ausdrucks, auf den Blick, die Hand, den Mund, auf das plastisch herausgearbeitete Oval des Gesichts und die Komplementärform des Hemdausschnitts.

Aufnahmen dieses Kalibers deuten an, warum Newman zu behaupten pflegt, er sei weniger interessiert an Fotografie als an visuellen Ausdrucksformen. Und sie erinnern daran, daß er, New Yorker des Jahrgangs 1918, zunächst Maler werden wollte. Ende der dreißiger Jahre fing er zu fotografieren an, vorübergehend, wie er augenzwinkernd erklärte. In einem Kaufhaus in Philadelphia lernte er, für neunundvierzig Cents Porträtaufnahmen zu machen, erlernte damit ein Handwerk, experimentierte mit der Kamera nebenbei – und wurde drei Jahre später schon zu einer Ausstellung eingeladen. Unter Arnold Newmans ersten Käufern befand sich auch das Museum of Modern Art in New York.

Seit nahezu vierzig Jahren lebt er am selben Ort, in derselben Straße und im selben Haus. Sein Studio hat er in einem doppelstöckigen Atelier eingerichtet, seine mit Kunst dieses Jahrhunderts gefüllte Wohnung drei Türen weiter, gleichfalls in einem jener beneidenswert geräumigen Appartementhäuser gelegen, die ursprünglich für Maler und Plastiker gebaut wurden und jetzt mit Nordlicht und hohen Hallen zu den Kostbarkeiten des Wohnungsmarkts gehören.

Langer Atem, Ausdauer und Beständigkeit sind Merkmale seines Lebens und seiner Kunst, ungeachtet all ihrer Kühnheiten. Nicht ganz ohne einen Hauch von Selbstgefälligkeit erklärt er, er sei als Fotograf nie in Mode gewesen, sei kein eleganter Mann und keine für die jetzigen Medien maßgeschneiderte Person. Trotzdem kann er sicher sein, daß niemand mehr seine Grundsolidität und Durchhaltekraft mit Mittelmäßigkeit verwechselt. Sein Werk ist längst anerkannt als inspirierter Zeuge seiner Zeit. Das ist schon viel, seine besten Arbeiten aber sind noch mehr. In ihnen ist es ihm gelungen, eine Vision zu verwirklichen von Fotografie, wie er sie fordert, als Illusion einer Realität und eines im Unterbewußtsein verankerten Traumes.

Der Musiker und sein Instrument: „Der Klang der Gitarre ist ein Ausdruck dessen, wofür es keine Worte gibt“

Die Landkarte Portugals ist ein Gesicht, das von Europa aus melancholisch nach Westen blickt. Wo dieses Wesen atmet, an seinem linken Nasenloch, liegt Lissabon, die Hauptstadt, an seinem Auge das alte Coimbra. In diesen beiden Städten gibt es eine Musik, von der keiner zu sagen weiß, wie und woher sie dorthin gekommen ist. Mit der Folklore ringsumher hat sie nichts gemein. „Schicksal“ heißt sie auf deutsch, „Fado“ auf portugiesisch. Sie ist ein reicher Schatz dieser Städte. Daher gibt es in Coimbra seit langem auch eine generationenalte Tradition von Meisterdieben, die der Paredes, die sich vor Jahrhunderten schon die Seele des Fado aus der Begleitung der Sängerinnen und Sänger herausnahmen, um damit eine rätselvolle, ganz eigene Instrumentalmusik zu schaffen.

*Von Paul Badde*

Der Musiker
und das Meer: „Unsere
Musik ist eine
Klippe im Strom der
Traurigkeit“

Diese Musik hat keinen Namen. Auch für das Instrument, auf dem sie gespielt wird, fehlt in Deutschland ein geeigneter Begriff. Am ehesten gleicht es noch der bayerischen Waldzither, von der es eine Verwandte ist. Doch es ist lauter, und was die Paredes in den Händen hielten, war aus besonderem Holz auf eine ganz andere Weise geschnitzt und gefertigt. Denn außer ihnen gab es in Coimbra auch noch die Gracios, eine ebenso alte Gitarrenbauer-Familie, die den Paredes über die Jahre hinweg ihre Instrumente regelrecht auf den Leib schneiderten. Es war der Höhepunkt ihrer Geschichte, als João Gracio seinem Freund Artur Paredes, kurz bevor die beiden Alten vor einigen Jahren ans Sterben kamen, noch ein letztes einzelnes Meisterstück baute, das nun allein von ihnen übriggeblieben ist – neben Carlos, dem Sohn des Artur und Enkel des Gonçalo Paredes, der das Erbstück heute besitzt.

Dieser Mann hat etwas von dem Profil Portugals. Alles an ihm scheint älter als die sechzig Jahre, die er vielleicht zählen mag. Er ist auf eine merkwürdige Weise an- und abwesend. Wenn er von sich sprechen will, spricht er augenblicklich nur von seiner Musik. Während des Essens zeichnet er hastig die indoeuropäische Kulturgeschichte der Saiteninstrumente von der Sitar über die schmalere Zither bis zu seiner „Gitarre“ auf die Serviette. „Ach, mein Freund“, redet er dabei selbst Fremde an.

Der Klang der Gitarre, von dem er so erfüllt ist, sei „ein Ausdruck dessen, wofür es keine Worte gibt“. Er hat eine eigentümliche Melodie in seinen Worten, und Antworten gibt er so verschlungen, als gebe er sie nicht. „Nein“, sagt Paredes dann jedoch um so präziser, als man die eigene Frage gerade vergesen will, „unsere Musik ist kein Nebenfluß des Fado. Sie ist eine Barriere, an der sich der Fado bricht; sie ist eine Klippe im Strom der Traurigkeit.“

Dabei macht er den Tomatenklecks auf die Tischdecke, den zu machen ich mich gefürchtet hatte. „Er ist ein Unglücksrabe“, meint Luisa Amaro lächelnd, die junge Frau, mit der er nun durch die Städte reist: ein Schatten folge ihm auf allen seinen Wegen. Bis vor zehn Jahren sah er noch eher rundlich aus, nun aber – nach seines Vaters Tod – ist er ein Asket geworden, ein feingliedriger Mann mit Hornbrille Er trinkt nur Wasser, raucht nicht, hält Diät: ein

Der Musiker
und das Leben: „Das
Morgengrauen in
Lissabon und Berlin ist
gleich, und auch
die Liebe ist hier und
dort identisch.
Das ist meine ganze
Musik“

graziöser Hypochonder mit den sanften Augen eines Rehs und den kuriosesten Schrullen. Sein Geschäftsbetrieb läuft über eine chaotische Zettelwirtschaft aus Serviettenschnitzeln und Bierdeckelnotizen in der Reverstasche seiner Anzugjacke. Paredes zeichnet ein ganz und gar altertümlicher Luxus des Verschwendens aus. Er zahlt fast die Hälfte seiner Gage dafür, daß die Gitarre im Flugzeug neben ihm zu sitzen kommt. Seinen Lebensunterhalt verdient er bis heute nicht mit ihr, sondern als Angestellter der Röntgenabteilung eines Lissabonner Krankenhauses. Sein Vater war Bankangestellter, sein Großvater Finanzbeamter. Ihre Kunst hatte immer etwas Unbezahlbares. Die meisten Konzerte hat Carlos Paredes umsonst in Cafés oder spontan in Freundeskreisen gegeben, die in der Zeit der Diktatur nicht selten von der Auflösung durch die Polizei und Verhaftungen bedroht waren. Erst in den letzten Jahren war er von New York bis Macao oder auf königlichen Yachten zu hören. Wie ein Kind freut er sich auf die Konzertreisen. Wenn er vorher jedoch unheilprophezeiende Anrufe anonymer Hysterikerinnen erhält, kann er sich darauf verlassen, daß ihne jede einzelne und noch mehr der vorausgesagten kleinen Katastrophen treffen werden.

So tobten in China die Zuhörer so sehr, daß er sich vor lauter Begeisterung schon beim vierten Titel des Konzerts den Zeigefingernagel in Stücke spielte. Er hörte sofort auf, flog noch in der gleichen Nacht heimlich nach Portugal zurück. Er war verzweifelt, und eine Woche später mußte er in Deutschland spielen: ein Konzert, auf das er schon seit Monaten hingefiebert hatte. In Lissabon suchte er vergeblich nach künstlichen Fingernägeln, von denen sein Vater so viele besessen hatte. Auch der Erdboden wollte sich nicht gnädig erweisen: er verschluckte ihn nicht. Und als er dann die Bühne des kleinen Hindemith-Saals in der Frankfurter Alten Oper betrat, war der Saal gerade zur Hälfte voll. Der Applaus war so dünn, als hätten die Leute gewußt, daß er mittlerweile auch noch eine Blase an seinem Unglücksfinger hat. Die Fliege an seinem Hals ist verrutscht. Nachdem er sich gesetzt hat, läßt er hinter seinen Brillengläsern den Blick über die Menge gleiten, als suche er jemanden. Natürlich findet er ihn nicht und bringt auch kein Wort von denen heraus, die ihm in der Kehle stecken. Gleich werden sie ihn ausbuhen und in Schimpf und Schande davonjagen. Er hört Bach und Beethoven schon mitpfeifen. Jetzt aber ist alles zu spät, um die Hinrichtung noch zu verhindern. Und jetzt endlich läßt er sich kopfüber in sein Konzert wie in einen Anfall des Vergessens hineinfallen.

Auf einmal erkennt man ihn kaum wieder in der Kraft, die er aufbringen muß, um dem zentnerschweren Zug der zwölf Saiten die zärtlichsten Melodien zu entlocken. „Ich bin kein Volksmusiker", hatte er am Abend zuvor gesagt, „das Volk hat das nicht gemacht, was ich mache. Ich bin ein Musiker der Dritten Art." Nun sieht man, was er damit gemeint haben mag. Wie Perlen reiht er seine kostbaren Kabinettstücke aneinander und löst sich zwischendurch wie aus einem Traum von seinem Spiel: noch ganz verschlafen, schiebt er den Kopf wie eine Schildkröte vor und zurück aus dem Kragen in den Zwischenapplaus hinein, um dabei mit einem griffbereiten gelben Lappen die verschwitzten Stahlsaiten gleichmütig wie ein Schuhputzer zu polieren. Eigens für diesen Lappen hat immer zu seiner Rechten ein Schemel auf jeder Bühne zu stehen. Sollte der Veranstalter es einmal vergessen haben, kann es geschehen, daß Carlos Paredes den Lappen kurzerhand über das Mikrophon legt.

Denn noch bevor er sich über die Gitarre beugt, ist er schon wieder völlig versunken, hingegeben an seine rasende Liebhaberei. Die vorgedruckten Programme werden zum Witz, wenn die hart gestreckten Finger über den zitternden Stahl tanzen und die Linke wie eine knöcherne Spinne oben über das Griffbrett hüpft, mit einer würgenden Gewalt. Wie ein Wal schnauft Carlos Paredes die Luft dazu ein, laut und tief und mit der mathematischen Exaktheit eines Metronoms.

In Düsseldorf hat ihn die Inspiration einmal regelrecht vom Stuhl gerissen, nicht nach oben, nach unten. Und wenn man ihn hier oben so spielen sieht, denkt man: er würde auch noch im Fallen, er würde auch noch auf dem Boden weiterspielen. Heute abend aber hält er sich auf seinem Stuhl. Er drückt die Stirn in seine Lieder und hängt über seinem Instrument wie über dem Ruder eines offenen Bootes in schwerer See, mit einem unbändigen Verlangen nach Ausdruck und Harmonie – in einem Schmelzvorgang, in dem sich auf wundersame Weise aus der Aggressivität der Technik Musik wie singendes Licht zu lösen scheint.

Keinen Musiker, sondern den Maler Breughel nennt er als eines seiner Vorbilder, und von einem alten Meister hat er in der Tat etwas, von einem Vermeer etwa – seine Miniaturen haben etwas von diesem Meer, das Länder wie Holland, Flandern und Portugal so sehr geprägt hat. Die Mandola in seiner Hand ist eine Laute, eine Harfe, ein Cembalo, eine hohe, helle, schnelle Glocke im Schnee und noch mehr als all das und nichts von alledem: ihre Musik ist eine geistige Musik, die jeder kennt, selbst wenn er sie noch nie gehört hat. Aus dem Weinen, das dieser Gitarre so eigen ist, versteht er es, die Freude wie eine Essenz herauszufiltern. Sein Repertoire ist nicht groß. Von dem Werk seines Vaters kann er viele Titel immer noch nicht spielen, da sie in seinen Ohren von dessen Händen besetzt sind. Eigene und neue Stücke interpretiert er jedoch wie ein Meister höfischer Musik.

Er meint hingegen, es sei „urbane Musik". Denn: „Sehen Sie, mein Freund, das Morgengrauen (so der Titel eines seiner Stücke) ist gleich in Lissabon und in Berlin: der Tag wird immer heller, die Stadt immer voller. Und die Arbeit, die Straßen, die Fabriken, die Geräusche des Verkehrs, der Maschinen und der Menschen sind gleich in den Städten. Und die Kinder, die zur Schule gehen, wie sie springen und laufen. Auch die Liebe ist hier und dort identisch. Das ist meine ganze Musik." Er lächelt schief dabei: „Das ist Musik des zwanzigsten Jahrhunderts." Von der Geschäftswelt dieses Säkulums jedoch scheint er noch nie etwas gehört zu haben, jener minnesängerischen Unschuld nach zu urteilen, mit der er sich in den Gassen des Musikmarkts bewegt. In der Zusammenarbeit mit Agenturen oder gar Plattenfirmen ist er unberechenbar. Ist es schließlich einmal soweit gekommen, daß ihm Freunde ein Plattenstudio gemietet haben und allex fix und fertig zur Aufnahme vorbereitet ist, bekommt er – wenn der Termin naht – plötzlich hoffnungslos starke Bauchschmerzen. Oder mit den Fingern stimmt etwas nicht, oder der Gitarre geht es gerade nicht so gut, und überhaupt, die Temperatur! So ist er schließlich auf bisher ganze drei Schallplatten gekommen, wovon ihm allerdings die letzte heimlich während eines Konzertes vor fünf Jahren in Deutschland abgenommen werden mußte. Er wußte nichts davon. Die Platte ist ein starkes Stück. Doch keiner kennt sie.

Vor denen aber, die ihn kennengelernt haben, wird er schüchtern wie ein verklemmter Sechzehnjähriger. Im enthusiastischen Abschiedsapplaus steht er neben dem Lichtkegel des Scheinwerfers. Seine Begleiterin Luisa lacht, als der Beifall nicht enden will. Er aber tritt von einem Bein aufs andere und dreht und wendet sich minutenlang, bis er sich schließlich doch noch einmal hinsetzt, um eine köstliche kleine Variation seines Vaters anzustimmen. Er müßte wissen, daß der folgende Beifall davon nicht geringer wird, und scheint es doch nicht zu wissen, will sich endgültig davonstehlen, zuckt mit den Schultern, geht weg und zurück und dann endgültig weg, kopflos vor Freude. Doch das Publikum schert sich nicht um die sorgfältige neue Stimmung, die seine Gitarre jetzt braucht, und um seinen Fingernagel schon gar nicht. Nun ist es sogar aus den Sitzen gesprungen. Fast stolpert Carlos Paredes auf dem Treppchen, das von der Bühne führt, wird wieder unschlüssig, kommt zurück und setzt sich, wartet, schaut, schaut in das Prasseln der Hände wie in einen nachlassenden Regenschauer vor dem Fenster, dem er dann einen letzten lieblichen Tanz wie eine leichte glitzernde Wolke voll lusitanischer Larmoyanz nachsendet.

War ich gut?" fragt er später in einem Lokal, wo sich in einem Hinterzimmer seinetwegen an die zwanzig Gäste nach dem Konzert um einen Tisch drücken. Er lächelt wieder hilflos und sitzt eingequetscht in der Ecke. Auch hier hat er die Gitarre in ihrem Koffer in Reichweite dabei; er ist schon wieder unterwegs. Dort, wo er in einer Dunstglocke aus Lysoformin sein Brot verdient, erwartet ihn eine Rente von etwa dreihundert Mark. Da, wo er lebt, erwartet ihn das Ende vom Lied der alten Paredes im Paradies, dem er mit seinem Leben das Finale hinzufügt. Seine Schwester lebt schon nicht mehr, sein Sohn ist unmusikalisch, Enkel hat er nicht. Vor der Tür verabschiedet er sich mit einer bizarr-vornehmen Verbeugung. Sein Konzertanzug ist verbeult, sein Mantel schwer und von vorvorgestern. Er steht nun so ungeschützt wie eine offene Flamme in der winterkalten Straße. Wenn er sich gleich abwendet, nimmt er die Verkörperung eines der letzten europäischen Märchen mit in das Dunkel der Nacht.

*Von Michael Freitag*

Skeptischen Seelen sei es gleich zu Beginn gesagt: Brooke Shields ist ein entzückendes Mädchen. Sie ist schön und hat Verstand. Ihr Gesicht bringt Männer zum Verstummen und Frauen zur Raserei oder zur resignativ gefärbten Vernunft. Dieser Mund! „Item zwei Lippen, blasses Rot" – die nicht verkniffen dünn, wie harte Striche, sind, die auch nicht fleischlich aufgeworfen Wollust andeuten. Der ganze Mund ist nicht kußmäulig schmal und auch nicht eine Spur zu breit: ganz einfach Lippen par excellence, der Prototyp des Mundes einer Frau. Das mag viele andere tief im Innersten verletzen, aber es ist so. Papperlapapp: In Gegenwart von Brooke Shields denkt man nicht an andere Frauen. Die Proportionen ihres Gesichts sind vollendet. Es ist nicht zu schmal und nicht zu breit, nicht zu groß und nicht zu klein. Die Wangenknochen, wie das Kinn, sind Eckpunkte, die anzeigen: Hier ist jemand, mit dem man besser keine blöden Witzchen macht. Übertrieben ist dieser energische Zug nicht, aber er ist da.

Was macht die Schönheit beim Posieren? Sie zeigt sich von Kopf bis Fuß

Was macht
die Schönheit beim
Schminken? Sie
schneidet schöne
Grimassen

Die Stirn ist nicht flach und nicht zu hoch. Kein Phidias, kein Michelangelo hätten hier der Natur noch idealisierend nachgeholfen. Die beiden Hälften ihres Gesichts könnten fast vollkommen symmetrisch genannt werden, wäre da nicht diese linke Augenbraue, die die männliche Raserei noch verstärkt. Sie signalisiert Aufmerksamkeit, hüpft beim Lachen lustig auf und nieder, deutet Koketterie, Mißtrauen oder Unwillen an, verrät Konzentration.

Eine sehr deutlich und differenziert sprechende Augenbraue, die mit ihrem rechten Pendant einen unübersehbaren, wenn auch manchmal etwas düsteren Akzent in dieses schöne Gesicht setzt. Hier wird nicht gezupft, auch die wenigen kecken Härchen, die an der Nasenwurzel einen kleinen Fächer bilden, werden nicht in die Reihe gezwängt. Die Augenbrauen bedeuten dem Betrachter: Bewundere, verehre mich so, wie ich bin – das ist mehr als genug an Schönheit, mehr, als du bei irgendeiner anderen sehen kannst.

Brooke Shields ist groß. Sie erreicht mit 1,88 Meter bis auf den Zentimeter genau das gleiche Gardemaß wie Boris Becker, das andere Wunderkind der Schlagzeilen. Sie überragt viele Männer und wirkt dennoch nicht zu groß. Denn so, wie sie gewachsen ist, ist sie schön. Das soll nicht heißen, daß sie von ihrer Figur normalerweise (und das heißt, außerhalb von sorgsam ausgesuchten Fototerminen) viel zeigen würde. Sie tritt sehr angezogen auf die Szene – überall, wo sie erscheint, entsteht eine Szene – und sie ist sehr gut angezogen. Dabei bevorzugt sie eher damenhafte Outfits. Gesittete, hochgeschlossene Blusen kombiniert sie mit langen, weich fallenden Röcken und eleganten Blazern. Das steht ihr ausgezeichnet. Wohl deshalb entwirft sie derlei selbst für eine Modekollektion, die ihren Namen trägt, oder versichert doch zumindest in der Öffentlichkeit treu blickend, sie sei tatsächlich deren Designerin – die Damen und Herren der Schweizer Herstellerfirma ihrer Kollektion nicken an dieser Stelle immer ganz begeistert.

Im Gespräch ist sie ein angenehmer Partner. Sie hört dem Fragenden sehr bewußt zu, schaut ihn aus großen Augen konzentriert an und schüttelt manchmal, wenn sie über die rechte Antwort nachdenkt, ihr wunderschönes Haar. Was sie sagt in ihrem melodischen Ostküstenakzent, der so kultiviert ist, daß man ihr fast die Engländerin glaubte, das kann sich hören lassen. Sie hat eine gute Ausbildung genossen, neben ihrer Karriere als Filmstar und Fotomodell. Natürlich besuchte sie gute Prep-Schools, die Lenox- und die New Lincoln School in New York, danach die Dwight School in Englewood Cliffs/New Jersey.

Ein „Preppie" zu sein und sich doch nicht outriert zu gebärden, das ist an der Ostküste eine wesentliche Voraussetzung dafür, sich in einer berühmten Ivy-League-Universität in jeder Hinsicht sehen und hören lassen zu können. Brooke Shields besucht die besonders konservative und förmliche Universität von Princeton, wo sie Psychologie und Romanistik, aber auch Musik, Literatur, Philosophie, Kommunikation belegt, das, was die Amerikaner liberal arts nennen. Sie sieht das als Studium generale – später im upper crust bestehen zu können, in jeder Hinsicht, ist ihr Ziel. Eigentlich hat sie es jetzt schon längst erreicht. Sie ist schon jetzt die perfekte Schwiegertochter.

Ihr einziger Fehler ist es, keinen zu haben: Sie ist furchterregend perfekt. Zu ihren beschriebenen Vorzügen kommt hinzu, daß sie Geld hat, reichlich. Und es wird immer mehr, weil sie klug mit ihren Pfunden wuchert. Als Fotomodell verdient sie zehntausend Dollar pro Tag. Filmgagen dürften in ähnlicher Höhe liegen. Wer sich sie leisten will, muß ein fat wallet, eine dicke Brieftasche haben. Das Geld geht nicht direkt an sie, sondern an die Firma, die ihre Einnahmen und Ausgaben verwaltet, die salopp Brooke Shields and Family genannt wird und gesellschaftsrechtlich korrekt „and Company" heißt. Eines der ersten Produkte der Firma war das „Brooke-Book" mit Fotos, Gedichten von eigener Hand und dem Horoskop Brooke Shields. Als Chairman fungiert die Schönheit in Person. Treibende Kraft in der Körperschaft ist ihre Mutter, Teri Shields. Sie ist, und das ist kein Kalauer, immer dabei. Sehr früh schon dachte sie an die Karriere ihrer Tochter. Mit elf Monaten strampelte die sich vor den Kameras des Fotografen Francesco Scavullo, eines der ersten Garde seiner Zunft, ins Scheinwerferlicht, was immerhin die Vermutung nahelegt, daß die Karriere nicht ganz aus eigenem Antrieb gestartet wurde.

Teri Shields handelte sich denn auch verständnislose Kommentare ein. Sie habe kein Kind geboren, sondern einen Dukatenesel, hieß es. Die derart Angegriffene ließ sich nicht erschüttern und betrieb die Karriere strebsam weiter. Die Tochter tauchte im Lauf der Jahre immer mal wieder als Modell auf, für Windeln, Seife, Zahnpasta, Kekse und Mode, drehte von Zeit zu Zeit einige Filme, die sich mit wenigen Ausnahmen nicht in der Erinnerung festgesetzt haben – was wohl auch für alle Beteiligten besser ist.

Große Beachtung fand Brooke Shields beim internationalen Kinopublikum durch Louis Malles Film „Pretty Baby". Malle, der sich in größeren Abständen bemüht, seinem früher erworbenen Ruf als Filmregisseur gerecht zu werden, verarbeitete die Geschichte aus einem Hurenhaus in New Orleans zu einem erstaunlich lendenlahmen Film. Die damals zwölfjährige Brooke war in der Rolle einer Bordell-Lolita zu sehen, deren Jungfernschaft meistbietend unter den Stammgästen des Etablissements versteigert wird. Sie spielte ihren Part lustlos, wie mit einem immateriellen Keuschheitsgürtel angetan.

Man kann ihr deshalb keinen Vorwurf machen, denn eines hat sie, die Vielbegabte, nicht: Sex-Appeal. Das ist nur für den ein Fehler, der sich Stars immer à la Monroe vorstellt. Brooke Shields ist eine jener wohlerzogenen Amerikanerinnen, die ihr Privatleben sehr ernst nehmen und nicht daran denken, es der Öffentlichkeit auszuliefern. Für Malle war die junge Schönheit wohl keine Fehlbesetzung, er suchte die Unberührtheit des Kindes – und weil er trotzdem Laszivität und Verworfenheit verlangte, war der Film nicht besonders erheiternd.

Der jungen Frau Brooke Shields steht die Aura der Keimfreiheit ganz gut. Auf dem weißen Sandstrand der „Blauen Lagune", eines Films, der vor allem jugendliche Zuschauer ansprechen sollte, versuchte sie im Auftrag der Produzenten, zusammen mit ihrem Partner, allen Zuschauern zu suggerieren, zum Kinderkriegen benötige das Paar den Klapperstorch nicht. Vergeblich.

Mit der Liebe hat sie ohnehin nicht viel im Sinn. „Ich war noch nie verliebt", sagt die Zwanzigjährige ohne die leiseste Spur eines Bedauerns. Und auf den Einwand, daß ihr doch in der Regenbogenpresse etliche Affären nachgesagt wurden, mit dem Sohn des vor Marbella ankernden Adnan Kashoggi beispielsweise oder mit George Michael, dem Sänger der englischen Popgruppe „Wham!", antwortet sie mit hochgezogener Augenbraue: „Ach, Sie lesen die Yellow Press?" All das sei frei erfunden. Sie könne sich auch nicht vorstellen, wie der Mann aussehen müsse, der ihr Herz erwärmt. Mag man der Tochter glauben, daß sie unschlüssig ist, Mutter Shields wird schon darauf sehen, daß er ein fat wallet, ein gut bestücktes Konto auf Grand Cayman oder an einer anderen steuerbegünstigten blauen Lagune hat. Nicht, daß das reichte. Gesucht ist ein Mann, der Stil hat. Einer, der ihr ebenbürtig ist, wird schwer zu finden sein, aber es hat keine Eile. Wenn er sich nicht findet, ist es auch gut.

Brooke Shields hat sich eine Unbekümmertheit bewahrt, die man gerade bei ihr nicht vermutete. Damit das so sein kann, braucht sie Ordnung. Der Schutzschirm um sie ist kaum zu durchdringen. Aber wenn sie gesagt hat, sie kommt, dann kommt sie auch, auf die Minute pünktlich. Ihre Entourage besteht aus Bodyguards, die in ihren Nadelstreifenanzügen so aussehen wie die smarten Wanderprediger der Mormonen und bedenkenlos jeden Flur „clearen". Am liebsten würden sie wohl gerne Straßenzüge für den Star absperren, zur größeren Sicherheit und Bequemlichkeit. Als Chefin dieser Herren fungiert Brookes Agentin, eine drahtige kleine Französin, die immer dann, wenn es nötig scheint, die Haare auf ihren Zähnen entblößt. Mama Teri steht mit einem Anwalt in einem Hinterzimmer mit dem Walkie-Talkie in der Hand dauernd bereit, resolut einzugreifen, wenn die Öffentlichkeit zu besitzergreifend wird. Wenn Brooke Shields spricht, darf sie beispielsweise nicht fotografiert werden. Diese Maßregel wurde sicher nicht deshalb getroffen, weil sie sich durch surrende Motoren und Blitzlichter im Redefluß stören ließe – das ließe sie kalt –, sondern weil beim Sprechen die Mimik nicht jeden Schnappschuß vorherseh-, beherrschbar macht.

Brooke Shields – eine Glamourfigur, die zu klug ist, um auf ihr eigenes meist etwas kühles Glitzerbild hereinzufallen. Daß geschäftstüchtige Regenbogen-Illustriertenmacher und andere Trittbrettfahrer mit ihr Geld verdienen wollen, nimmt sie als unvermeidlich hin. Aber sie bemüht sich, ihnen das Fenster nur so weit zu öffnen, wie unbedingt nötig. Wer von ihrem Antlitz profitieren will, soll zahlen. Wer will ihr das verargen. Und wie es in ihrem Innersten aussieht, geht niemanden etwas an. Auch uns nicht.

Unter Dampf: Carlos Saura, der spanische Regisseur, macht Kino aus Leidenschaft. Er liebt die theatralischen Effekte

Schon als Junge hatte er etwas mit Flamenco im Sinn. Gleich nach dem Abitur versuchte Carlos Saura mit Fotos Geld zu verdienen, und ein Madrider Flamenco-Lokal engagierte ihn als Hausfotografen. So ganz neu ist sein Interesse für den andalusischen Tanz nicht, daß er sich, nach einem Dutzend Filme über die spanische Bourgeoisie und deren psycho-politische Komplexe und Probleme in eine Schaffenskrise geraten, in den Flamenco hätte retten müssen. Mit der Flamenco-Carmen sei er immerhin in die kommerziellen Kinos der Bundesrepublik Deutschland gekommen, wo seine anderen Filme trotz Kritiker-Lobes und vieler Festival-Preise nur übers Fernsehen Zuschauer gefunden hatten. Von schöpferischer Krise will Carlos Saura nichts wissen: „Daß mir nichts mehr ein-

*Von Walter Haubrich*

falle, daß es mit mir zu Ende sei, hat man schon mehrmals gesagt. Etwa, als ich für ‚Mama wird hundert Jahre alt' auf die Personen und den Schauplatz von ‚Ana und die Wölfe' zurückgriff und die sieben Jahre vorher tragische Familiengeschichte diesmal humoristisch darstellte. Die Kritik gibt sich bei mir halt gern extrem: Sie behandelt mich mal wie ein Wunderkind, um mich kurze Zeit später einen totalen Dummkopf zu schelten."

Der überaus umgängliche und freundliche Mensch Carlos Saura hat schon recht bösartige Feinde, gerade unter seinen früheren Gefährten. Einige von denen hat er als Lehrer an der Madrider Filmhochschule im Examen durchfallen lassen, sogar den eigenen Regieassistenten seines ersten Films „Die Straßenjungen" (1959), weil der ihm nicht erklären konnte, warum er Regisseur werden wollte. Als der heutige Chef der konservativen Opposition, Fraga Iribarne, vom Diktator Franco zum Informations-Minister ernannt worden war, hatte der sofort beschlossen, daß Spanien einen neuen Film brauche, der auch im Ausland interessiere und dort ein etwas freundlicheres Gesicht von der überall ungeliebten Franco-Diktatur zeige. Um ein neues Kino zu bekommen, müsse er die Filmhochschule von Kopf bis Fuß reformieren. Bis dahin hatten Leute, die sich eher zu Zensoren, zu Unterdrückern der Filmkunst berufen fühlten, die spanische Filmschule geleitet.

Die Filmhochschule wurde dann schnell zum politisch aktivsten Universitätszentrum Spaniens. Die politische Polizei in den sechziger Jahren wußte schon, warum sie mit besonderem Eifer die Cafés und Bars rund um die Filmhochschule nahe der Castellana-Allee ausspionierte und warum sie jüngere Polizisten in der Schule für die Fächer Drehbuch und Regie immatrikulierte. Saura gehörte damals nicht zu den politischen Führer-Figuren. Das waren andere wie Sastre, Caballero Bonald oder im Film Patino und später Julia Pena, Gutierrez Aragon, Revuelta und die Basken aus San Sebastián. Die Kommunistische Partei, wie immer und überall am besten organisiert, hatte schon eine Produktionsgesellschaft, Uninci, welche die Filme des Altkommunisten Bardem produzierte und mit mexikanischer Beteiligung auch Buñuels „Viridiana". Wichtigster Mann in der kommunistischen Filmorganisation war — schließlich sind wir in Spanien — ein bekannter Stierkämpfer: Domingo Dominguin. Carlos Saura hatte Ende der sechziger Jahre Kontakte zu dieser Gruppe, er wurde aber weder Mitglied der Kommunistischen noch einer anderen Partei. „Man hat mich damals und später abschätzig als ‚Mitläufer' bezeichnet, als ‚Reisegefährten der Partei', doch genau das wollte ich immer sein. Ich wollte sympathisieren mit der Partei, ihr helfen in dem, was mir richtig und notwendig erschien, ohne ihr in allem recht zu geben, ohne mich mit ihr identifizieren zu müssen." Die Filme von Saura wurden wie die von Bardem als antifrankistisches Kino etikettiert, obwohl Saura — und da im Gegensatz zu Bardem — nie politische Filme machen wollte. Manche Einstellungen, kleine Gesten oft nur, waren in Sauras Filmen, ob der Regisseur das nun beabsichtigt hatte oder nicht, sehr leicht als politische Anspielungen zu interpretieren. Wer von den damals in Spanien lebenden Zuschauern hatte etwa im „Garten der Lüste" vermeiden können, dauernd an die Person des Diktators, seine Sprechweise, sein Vokabular und die dunklen Ereignisse während seiner langen Herrschaft erinnert zu werden? Die meisten seiner Filme hat Saura im spanischen Bürgertum angesiedelt, in einer Gesellschaftsschicht also, die den Frankismus stark mitgeprägt hat und dann von ihm — wie von einem Monstrum, das sie selbst ausgetragen hatte — am Ende unterdrückt wurde.

Mit der Zensur mußte Saura ständig einen lästigen Kampf führen. Bei manchen Zensoren konnte er hoffen, daß sie Andeutungen nicht verstanden, andere waren durch Freundlichkeiten oder Empfehlungen gemeinsamer Bekannter zu beschwichtigen. Manche Drehbücher Sauras wurden trotzdem verboten, einige fertige Filme mußten Monate auf die Erlaubnis zur Aufführung warten, andere kamen mit kleinen Schnitten und Dialogänderungen davon. Die Aufführungen der „Cousine Angélica" wurden immer wieder von randalierenden Gruppen Rechtsextremer gestört, weil da ein Falangist mit permanent zum Faschistengruß erhobenem Arm als satirische Figur erschien. Die Militärs hielten wütende Reden auf den Kasernenhöfen gegen „einen Film in unseren Kinos" („Züchte Raben"), in dem das Unmögliche und Fürchterliche geschehe: die

Über den Wolken: Carlos Saura ist am Ziel. Mit seinem Film über die unergründliche „Carmen" wurde er weltberühmt

Auf dem Posten:
Carlos Saura kann sich auf seine Schauspieler verlassen. In seinem Flamenco-Film „El amor brujo“ tanzen Zigeuner

In Zuneigung:
Carlos Saura liebt
die Mythen, aus
denen er schöpft. Der
Esel symbolisiert
das arme traditionelle
Spanien

Frau eines spanischen Offiziers setzte ihrem Mann Hörner auf.

Den Markennamen „Nuevo Cine Español" und die Preise, die der neue spanische Film auf internationalen Festspielen erntete, versuchte auch das Regime sich propagandistisch zunutze zu machen. „Doch eigentlich ohne Erfolg", meint Saura. „Unsere Filme enthielten ja genug Kritik gegen den Staat, der sie zum Teil mitfinanzierte. Und wir hatten ja auf den ausländischen Festspielen reichlich Gelegenheit, die Praktiken unserer Zensur zu denunzieren; wir sprachen da dauernd schlecht von unserer Diktatur. Und ich, der ich keiner Partei angehörte, fühlte mich dazu moralisch verpflichtet. Manche warfen uns damals trotzdem vor, mit der Diktatur zusammenzuarbeiten, Filme für das Regime zu machen. Nun, ich habe immer Filme für mich selbst gemacht, habe nie geglaubt, daß meine Filme für mein Land oder ein politisches Regime stehen können."

Filme wollte Carlos Saura schon als Kind machen. Wer den Regisseur heute als einen ausgeglichenen und lebensfrohen Mann erlebt, mag überrascht sein, wenn er sich an die Albträume und Obsessionen, die Wahnvorstellungen und Fetischismen so mancher seiner Filme erinnert. Saura enttäuscht. „Nein, ich glaube, ich war ein recht normales Kind, habe wenig Konflikte gehabt oder geschaffen. Mit neun oder zehn Jahren habe ich mich mehrmals überaus heftig verliebt; das waren platonische, doch vielleicht traumatische Erfahrungen. An die Zeit danach habe ich kaum Erinnerungen, als sei es eine sehr graue und langweilige Periode gewesen." Es ist nun mal so: Fotografieren und Motorradfahren waren die Lieblingsbeschäftigungen dieses Jungen aus wohlhabender Familie in der aragonesischen Provinzhauptstadt Huesca. „Einen Konflikt hatte ich damals schon, in der Schule, als ich mich mit dreizehn Jahren für ungläubig und areligiös erklärte. Das bin ich übrigens ohne jeden Rückfall geblieben. An der katholischen Religion interessiert mich nur die Dekoration, der Flitter."

Mit seinen Eltern, katholischen Republikanern, konnte Carlos Saura auch über religiöse Fragen diskutieren. Die Mutter verlangte von den Kindern, daß sie in die Messe gingen, doch selbst ging sie nie. Wenn die Kinder fragten, warum sie denn nicht in die Kirche gehe, antwortete sie in sehr sicherem Ton: „Weil ich schon erwachsen bin." Die sexuelle Repression Ende der vierziger Jahre in der spanischen Provinz? Nun ja, da sei es ihm halt nicht besser und schlechter gegangen als allen anderen; er habe versucht zu tun, was man damals habe tun können. Auch da also kein Trauma, was als Interpretationshilfe heranzuziehen wäre.

Carlos Saura hält sich für einen Mann, der sich schnell und intensiv verliebt. Im Umgang mit den großen Gefühlen und Leidenschaften scheint er reichlich Erfahrung zu haben. Zwischen Zuneigung und Leidenschaft müsse man sich, ganz im Gegensatz zu den Protagonisten von „Mama wird hundert Jahre alt", für die Leidenschaft entscheiden. Denn nur Leidenschaft führe zu neuem Leben, mache kreativ und erfindungsreich: „Ich brauche diese Feuerstöße. Manchmal habe ich über lange Zeit hin, Jahre vielleicht, in großer Ruhe gelebt, und plötzlich brach da eine wilde, ungezügelte Kraft, eine Frau oder sonstwas, in mein Leben ein. Da habe ich mich nicht gewehrt. Doch ich bin kein Mann, der seine Passion auf verschiedene Personen verteilen kann; ich bin monogam. Ich habe wenige Frauen gehabt, die aber sehr fest und lange Zeit." Man kann denselben Sachverhalt auch anders lesen, etwa bei dem maliziösen Schriftsteller Manuel Vicent: „Saura ist kein herzloser Don Juan, kein gewissenloser Verführer, wie man denken könnte. Nein, er gibt sich sexuell harmlos und füllt dann hintereinander verschiedene Wohnungen mit unterschiedlichen Frauen und unterschiedlichen Kindern, ein bißchen, wie es gerade kommt." Nicht, daß Carlos Saura mit seinem Privatleben auf den Markt gegangen wäre. Aber in der geschwätzigen und offenen Gesellschaft Madrids kann niemand, der ein bißchen aus der Masse herausragt, sein Privatleben verbergen. Carlos Saura lebte zehn Jahre lang mit Geraldine Chaplin zusammen und machte sie zur Protagonistin mehrerer Filme. Das waren die Jahre der kämpferischen Moderne, als Saura und Geraldine in der politischen Madrider Nacht präsent und sehr geschätzt waren.

Saura hat vier Söhne von den drei Frauen, mit denen er längere Zeit zusammen war. Sein ältester Sohn Carlos arbeitet als Regie-Assistent beim Vater. Carlos Saura ist inzwischen Großvater, aber Kinder will er eigentlich auch noch einige mehr haben. Obwohl er sich mit Charly Chaplin gut verstand, hat er nicht versucht, aus seinem berühmten Schwiegervater Kapital für sich zu schlagen. Angebote, in Hollywood zu drehen, hat Saura nach längerem Zögern abgelehnt; die Arbeit mit Schauspielern anderer Sprache in einer Gesellschaft, die er nicht kennt, unter Menschen anderer Mentalität – das alles scheint ihn noch zu erschrecken. Luis Buñuel, sein großer Landsmann aus Aragonien, hielt viel von dem jungen Carlos Saura und spielte in Sauras Film „Totenklage für einen Banditen" eine weiß Gott unpassende Rolle: der herzensgute Mensch Buñuel als grausiger, furchterregender Henker. Besonders bei den Franzosen, die auf so etwas ja leicht hereinfielen, habe Saura seine landsmannschaftliche Nähe zum großen Buñuel ganz ausgebeutet, so wie sich heute sein Bruder Antonio an einen großen Landsmann, den Aragonier Goya, angehängt habe – halt auch so eine Geschichte, von Leuten erfunden, die nicht verstehen wollen, daß jemand, der kein großer politischer Kopf, kein brillant analysierender Intellektueller ist, trotzdem hervorragende Filme machen kann.

„Cría cuervos" (Züchte Raben) gilt vielen als der beste Film Sauras. „Cría cuervos y te sacaran los ojos" heißt das spanische Sprichwort, dessen erste Worte zum Filmtitel wurden. Und sie – die Kinder sind gemeint – werden dir die Augen aushacken. Ein Kind will alle Erwachsenen seiner Familie umbringen. Der Film ist ein Rückblick auf die Kindheit als die schrecklichste Periode im Leben: die Zeit der völligen Ohnmacht, der unbestimmten Ängste und des unerfüllten Liebesbedürfnisses. Psychische Fehlentwicklungen enden bei Saura meistens in Gewalt. In „Die Jagd" reagieren falangistische Kriegsveteranen ihre in langen Friedensjahren angestauten Aggressionen dadurch ab, daß sie sich gegenseitig umbringen. Kein Wunder, daß 1965 dieser Film als politische Parabel verstanden wurde. Es dauerte allerdings noch zehn Jahre, bis das Regime der Falangisten kollektiven politischen Selbstmord beging.

Das Drehbuch – „für mich eigentlich nur eine Arbeitsunterlage", meint Saura – sei ja eigentlich gar nicht so wichtig. Auch das Wort Regisseur mag er nicht. Er fühlt sich als Autor von Filmen und könnte sich auch nur schwer an das amerikanische Produzentenkino gewöhnen. Es enge die Ausdrucksmöglichkeiten des „Autors" zu stark ein. Mit seinen spanischen Produzenten verträgt sich der Filmemacher sehr gut: mit Querejeta, mit Emiliano Piedra, der die Flamenco-Trilogie (Bluthochzeit, Carmen und El amor brujo) produzierte.

Mit Gades und Piedra arbeitet Saura, der gewiß kein einsamer Wolf ist und über ausreichend Geduld für Gemeinschaftsarbeit im kleinen wie auch im größeren Kreis verfügt, gut zusammen, auch wenn sie bei „El amor brujo" wegen der anstehenden Auslandstournee des Balletts von Gades schnell drehen mußten. Während einiger Wochen im Juli schrieben Saura, Gades und Piedra zusammen das Drehbuch, dann sahen sich Gades und Saura die Schauspieler für die Nebenrollen und die Statisten an. Sechs Tage lang zog das ganze Madrider Zigeunervolk an den Augen der beiden vorbei. Das große, halbverfallene Studio, das früher dem amerikanischen Produzenten Bronston gehörte, wirkte zwei Monate lang wie ein Zigeunerlager. Mitten unter den Tänzern und Zigeunern, die mit Kind und Kegel, mit Maultier und Esel zu den Dreharbeiten kamen, dirigierte Saura die Arbeiten. Alle dreißig Minuten führten er und Gades ein kurzes Gespräch, wobei Gades akzeptierte, daß Saura – bei Meinungsverschiedenheiten – das letzte Wort behielt. Aber der rationalistische Revolutionär Gades, der Tänzer mit den kühlen Füßen und dem heißen Kopf, versteht viel vom Film, und Saura weiß das zu schätzen.

Der heute sechsundfünfzig Jahre alte Carlos Saura steht am Ende der Dreharbeiten von „El amor brujo" keineswegs ratlos unter dem hohen Zirkuszelt von Samuel Bronstons baufälligem Studio, umringt von seinen Schauspielern, von Freunden aus den wilden Jahren der Madrider Filmhochschule und seiner eigenen Großfamilie, zu der auch der Maler Antonio Saura und dessen hübsche Tochter, die Schauspielerin Marina, gehört. Nach rund zwanzig Filmen steht Carlos Saura wieder einmal am Ende einer Periode. Zumindest in den nächsten Jahren, meint er, will er keine Tanzfilme mehr drehen. Der nächste Film „El Dorado" hatte auch mit seinen früheren Filmen nichts zu tun. Die Irrfahrt des Lope de Aguirre über den Amazonas und den Orinoko auf der Suche nach dem Dorado verläuft bei Saura anders als in Werner Herzogs „Aguirre, der Zorn Gottes".

Janosch
versteht die Kinder:
In den widerborstigen
Geschichten des
scheuen Künstlers erkennen
die Kinder sich
wieder

Janosch reist. Doch ganz anders als die Reise von Bär und Tiger nach Panama – sie hat ihn vor sechs Jahren endlich berühmt gemacht – verläuft die eigene Unternehmung enttäuschend. Schon der Abschied ist verdorben. Er dürfe keinesfalls vergessen, Jean-Pierre zu grüßen, schärft ihm die Frau ein. Auch unterwegs erkundigen sich alle Frauen nur nach dem geheimnisvollen Franzosen. Und selbst die Frau am Ziel der Reise kennt nur eine Sorge: „Du hast mir doch bestimmt etwas von Jean-Pierre zu bestellen?“ Der Traum der vergangenen Nacht macht Janosch immer noch ärgerlich. „Sehen Sie“, sagt er nur mit einem halben Lachen, „so hätte ich das gewollt. Wie dieser Jean-Pierre“. Doch die Geister der streng katholischen Kindheit suchen ihn nachts immer noch heim.

*Von Dorothea Friedrich*

Janosch widersteht der Versuchung: Er will in seinen Geschichten nicht Erzieher, sondern Erzähler sein; am liebsten in Wort und Bild

Janosch übersteht die Kindheit: Er blickt zurück in Trauer. Seine Geschichten sind immer auch Versuche, die Angst der frühen Jahre zu bewältigen

Frauen waren Sünde, jede Liebe eine Herablassung. Frühe Mißerfolge waren unvermeidlich. „Die Frauen wollen mich ja nicht!" Heute aber brauchen wir ihm das nicht mehr abzunehmen, sondern mustern ihn so ungeniert, wie er selbst die Mädchen und Frauen seiner Geschichten taxiert, ob sie nun in der Grimmschen Märchenwelt oder in Schwabinger Kneipen spielen: zu fett, zu mager, straff wie ein Kosakenpferdchen – der Autor Janosch, der hemmungslos autobiographisch schreibt, kennt da keinerlei Pardon.

Janosch ist hochgewachsen und schlank. Die schönen Hände bewegt er sparsam. Im Stehen versteckt er sie in den Taschen seiner bequemen Hosen. Sein kleiner Mund wird von einem riesigen Schnauzbart fast völlig verdeckt. Doch ist er selbst so friedlich, wie es die Frauen sein müssen, damit sie ihm gefallen? Zanksucht ist ihm verhaßt, aber er streitet sofort über die Farbe seiner großen Augen: sie seien grau, nicht blau. Doch eher als am Aussehen lag es wohl an seinem ultimativen Satz „Na, was ist jetzt", der die schönen Mädchen in München ihm den Rücken zudrehen ließ, damals, als er noch „ein feuriger junger Bursche" war.

Doch das alles ist lange her. 1975 reichten noch vierundzwanzig Stunden in Schwabing für einen ganzen Roman, „Sacharin im Salat", heute kommt ihm der Zehn-Uhr-Dampfer vor dem Haus wie ein Sekundenzeiger vor. Vor sieben Jahren ist Janosch umgezogen, auf eine schöne, warme Insel im Atlantik. Das war die vierte Station in seinem Leben. 1931 wurde Janosch mitten im oberschlesischen Kohlerevier geboren, in Hindenburg, das heute Zabrze heißt. Mit einem zwiespältigen Nationalgefühl hat ihn das nicht belastet. „Wir Oberschlesier waren immer auf der Seite, wo es was zu fressen gab." Er besitzt einen deutschen Paß, gibt sich gegenüber dem Kellner im Fischrestaurant als Pole zu erkennen und wäre am liebsten staatenlos oder – sicher ist sicher – im Besitz mehrerer Pässe. Mit Hilfe falscher Papiere verließ er als Sechzehnjähriger mit seinen Eltern Polen: die Familie ging nach Oldenburg. Damals hatte er schon drei Jahre Fabrikarbeit hinter sich. Er arbeitete als Schmied und er arbeitete als Schlosser.

Der erste Versuch, der verhaßten Fron zu entfliehen, mißlang: Textilingenieur konnte er mangels Schulbildung nicht werden. Eine Weile entwarf er Hemdenmuster. Der zweite Ausbruch gelang besser. Er ging nach München, hielt sich nach nicht bestandener Aufnahmeprüfung zwei Probesemester an der Kunstakademie – „Gehen Sie zum abstrakten Kollegen, dafür braucht man keine Begabung" – und wurde eher zufällig zum ersten Kinderbuch ermuntert. Er schrieb es im Suff. Anders, sagt er, konnte er die Angst nicht überwinden. Anders hatte er auch den Alltag in der Fabrik nicht aushalten können. Sein Vater war stolz auf ihn, weil der Sohn mehr vertrug als er selbst. Wer im Kohlerevier nicht trank, war ein Außenseiter. Immerhin hat ihn das frühe Training gelehrt, sich nur bis zu kontrollierten Räuschen hinzutrinken. Seit einigen Jahren begnügt er sich mit grünem Tee. Beim Fischessen allerdings färbt sich sein Mineralwasser mehr und mehr vom Rosé – Janosch liebt es, sich in Versuchung zu führen.

Von solchen guten Vorsätzen ist in seinem ersten Roman „Cholonek oder Der liebe Gott aus Lehm" nichts zu spüren. In dieser derben Zelebration oberschlesischen Überlebenskampfes kriegen sie alle ihr Fett ab. Und man versteht: Ohne diesen Hintergrund wären Janoschs Kinderbücher nicht möglich. Den lahmen Gresok, der die weinenden Kinder tröstet und den Sterbenden Mut zuspricht, erkennt man sofort in dem Hasen Baldrian aus dem „Leben der Thiere" wieder, der den anderen im Dorf die Kinder wiegt, für sie das Heu schleppt, sie gesundpflegt. Haut man ihm eins auf die Löffel, lacht er darüber. Gresok läßt sich in seiner Kinderliebe auch nicht beirren, wenn sie dem auf dem Boden sitzenden Lahmen mit der Hand so fest auf den Hinterkopf schlagen, daß er aus der Nase blutet. Doch Gresok wird von den Nationalsozialisten totgeschlagen, während Baldrian zum König gewählt wird, denn Baldrian soll sich nur so zum Spaß schon während der Krönungsfeier das Genick brechen. Doch eine geheimnisvolle Magie schützt ihn. Sicher schwebt er vom zusammenstürzenden Thron zu Boden.

Wer eine Psychoanalyse auf sich nimmt, glaubt Janosch, ist danach noch mehr „im Eimer". Er hat sich dafür entschieden, sich seine Kindheit schönzuschreiben, unbeschadet davonzukommen, wo er in Wahrheit so hautnah erfahren mußte, wozu die Menschheit auch wehrlosen Kindern gegenüber fähig ist: Mit drei Jahren wurde er so lange und so

brutal geprügelt, bis er nicht mehr schreien konnte. Dreiunddreißig Jahre Asthma waren die Folge, bis ein Arzt die Ursache erkannte und ihn wieder davon wegprügelte – keine psychische, sondern eine physische Heilmethode, die die verkrampften Muskeln löste. In seinen düstersten Momenten verflucht er alle Eltern, findet es egoistisch und grausam, Kinder in diese „ekelhaft unverschämt konstruierte Welt" zu setzen, und fühlt sich mit Arno Schmidt einig, der die Menschheit zum Aussterben verpflichten wollte. Er traut sich inzwischen zu, sich selbst irgendwie durchzumogeln, doch nicht, es deshalb auch besser zu machen.

Eine kindliche Opposition sucht man in seinen Büchern dennoch vergebens. König zu werden, ist immer noch ein erstrebenswertes Ziel, und man muß schon um einige Ecken denken, um auf die Deutung zu kommen, die Janosch für seine Geschichte vom „Tigerschweinchen" anbietet, das von seinen Geschwistern für einen Tiger gehalten und zum König gemacht wird, in Wahrheit aber nur von seinem Vater mit Streifen bemalt worden war: Auch ein König sei eben nur ein kleines Schweinchen. Der scheinbar Dumme sei nicht immer auch der wirklich Dumme, sagt Janosch, dessen Lieblingsbuch „Der Gaukler Pamphalon" von Nikolaj Leskow eine Weisheit Laotses als Motto vorangestellt ist: „Schwäche ist stark, Stärke ist nichts." In den ersten Jahren produzierte Janosch, der eigentlich Maler wurde, um nicht mehr arbeiten zu müssen, wie ein Verrückter. Nach dreißig Büchern konnte er sich über Wasser halten. Als es siebzig waren, hörte er auf zu zählen. Der ersehnte große Erfolg kam mit „Oh wie schön ist Panama". Geplant war eine Täuschung des Publikums. „Ich habe mich hingesetzt, war völlig verzweifelt und sauer und beschloß, jetzt mach' ich euch einen ganz alten Käse: Ein Teddybär macht eine Reise. Und ihr werdet weinen, habe ich immer gedacht, und was passierte, sie weinten tatsächlich." Er hat sich dann aber doch geniert, nur alten Käse zu machen, und die im Ansatz unglaublich sentimentale Geschichte wurde witziger als beabsichtigt. Vor allem die Fortsetzung, in der er der gestreiften Tigerente einen temperamentvollen Liebhaber zugesellt, einen grünen Frosch. Es entwickelt sich eine Geschichte voller Tragik und Leidenschaft, aber auch des stillen Glücks, wenn der Frosch Rivalen in Boxkämpfen besiegt, die Liebenden sich durch die Gegend tragen, einander küssen und anbrüllen – wenn sie also in absurden Positionen vorgeführt werden. Die beiden eigentlichen Helden der Geschichte „Komm, wir finden einen Schatz" geraten über der gespannten Verfolgung des Liebesdramas zwischen Frosch und Holzente völlig ins Hintertreffen, obwohl oder gerade weil die Romanze im Text mit keinem Wort erwähnt wird.

Seither liebt es Janosch, in seine Bildergeschichten Paare einzuführen, die dort eigentlich nichts verloren haben, sie in wenig mißverständlicher Absicht kreuz und quer übereinanderzulegen und sich bei der Vorstellung zu freuen, kleine Betrachter könnten ihre großen Vorleser mit der altbekannten Frage in Verlegenheit bringen: „Was machen die denn da?" Dennoch bleiben das merkwürdig geschlechtslose Umarmungen, die den Schritt vom Kinderbuchzeichner zum Bebilderer der Marquis-de-Sade-Geschichten als nicht einmal so groß erscheinen lassen. Auch hier sehen die Protagonisten eher hilflos und lächerlich aus, wenn sie in schwierigen Dreierkonstellationen krampfhaft die Balance zu halten versuchen. Spaß habe ihm diese Arbeit nicht gemacht, aber nach zwei „Hochzeitsmappen" mit Bildern biederer Paarungen wollte er seinem Graphikverleger Andreas J. Meyer vom Merlin-Verlag einen Gefallen tun. Oder war es die Rache eines Mannes, der sich manchmal als Kinderbuchschreiber zu Unrecht festgelegt fühlt und der viel lieber „Sauereien" machen möchte? Worunter Janosch nun aber keineswegs die de-Sade-Radierungen versteht, sondern zum Beispiel aus dem „Leben der Thiere" die Geschichte vom Frosch und von der Maus, einem anderen unglücklichen Paar, das elend zugrunde geht, nachdem es sich Pfote um Pfote, Bein um Bein, aneinandergefesselt hat. Die beiden verhungern schließlich.

Janosch selbst will in – seltenen – ähnlichen Fällen sehr konsequent gewesen sein. Die makabre Geschichte versteht er als Lebenshilfe für Männer und Frauen, die voneinander nicht lassen können, obwohl sie nicht zusammenpassen. Eine Sauerei? Sein gutmütiges Naturell hat Janosch bisher noch immer davon abgehalten, so abgefeimt und tükkisch zu werden, wie er es gerne androht. Und so scheint ihm die Putzigkeit der meist liebeskranken Tiere auf den Postkarten, die ihn fast noch bekannter gemacht haben als „Panama" und von denen inzwischen zwei oder drei Millionen verkauft wurden, doch nicht so fremd zu sein, wie er trotzig vorgibt: „Wenn die ihren kleinen Bären haben wollen, sollen sie ihn haben." Er glaubt, daß Kinder durch Batman und Superman verdorben sind, doch auch ihn dünkt es den Gipfel irdischen Glücks, wenn er seinen Frosch und seinen Onkel Popov fliegen läßt; allerdings nur kurze Strecken. Leichtsinn ist bei Janosch selbst in der Phantasie nicht gefragt, geschweige denn im wirklichen Leben: Endgültig ausgestiegen ist er entgegen seiner ursprünglichen Absicht deswegen nicht, weil weder der beauftragte Freund noch sein damaliger Verleger – jetzt ist Janosch bei Diogenes – die Post und den sonstigen organisatorischen Kleinkram wie versprochen abwickelten. Vielleicht hat er deswegen schon wieder das Gefühl, die Zelte abbrechen zu müssen. Doch mit einem Aufbruch ins Nichtversicherbare ist wieder nicht zu rechnen. Bevor die Krankenversicherung nicht für die nächsten Jahrzehnte sichergestellt ist, bleibt er. Reicht das Geld nicht jetzt schon für ein geruhsames Leben ohne Arbeit? „Kommt drauf an, wie alt man wird. Man braucht ja Reserve. Denn dann hängt man da, dann springt keiner ein. Aber nicht ein einziger."

Ein Freibeuter – so sieht sich Janosch – möchte natürlich auch nicht von anderen abhängig werden. Aus Deutschland zog er sich nicht zuletzt deswegen zurück, um nicht einmal mehr von der mißmutigen Stimmung, dem Unbehagen ringsherum angesteckt und mitgezogen zu werden. Die guten Vorsätze, die er gefaßt hat, will er nicht vergessen und schreibt sie sich deshalb auf: „Nur noch zwei Hemden, zwei Hosen, zwei Teeschalen … Die Piste leerfegen", nennt er seine Entscheidung, die ihn vor seinem Abschied vom kleinen Haus am Ammersee ein riesiges Feuer abbrennen ließ, in dem er allen unnötigen Ballast vernichtete. Nur einmal hat er sich früher schon so befreit gefühlt: als er nach dem Krieg aus dem Bombenschutzkeller kroch. Die Kindheit war endlich vorbei. Nur vor solchem Hintergrund kann der ganze verzweifelte Aberwitz Janoschs begriffen werden; seine Sprunghaftigkeit und Ruhe, nur so kann man seine stereotype Antwort „wie im Leben!" akzeptieren, mit der er jeder Festlegung auf den zutiefst unlogischen inneren Zusammenhang seiner Geschichten jedesmal ausweicht.

Jetzt lebt er in einem anderen kleinen Haus, allein, die Freundin lebt ein paar Ecken weiter. Er hat es selbst und so geschickt entworfen, daß ihn nicht einmal der grelle Mond über der Insel am Schlaf hindern kann. Dann steht Janosch einfach auf, legt sich in der nächsten Ecke nieder und muß zu diesem Zweck weder Matratzen schleppen noch Türen öffnen – an Betten herrscht kein Mangel, und Türen gibt es nicht. Eines der Bettgestelle erkennt man sogar aus seinen Zeichnungen wieder. Er hat es in seinem Bukowski-Zyklus verewigt, ebenfalls eine Arbeit für den Merlin-Verlag, auf die er sich mit Besessenheit gestürzt hat. Und die Illustration Bukowskis ist ihm wirklich kongenial geglückt. Die liebenswürdigere Seite des Amerikaners wird sichtbar, der darin seinem deutschen Zeichner ähnlich ist, doch offenbar mit seinen Frauen, die ihn verwöhnen und verführen und ihm danach Fragen stellen wie „Was macht ein Kerl wie du in so einer Bruchbude?", mehr Glück hat als Janosch, jedenfalls in dessen altem Leben, als er sich für seinen Besitz am Ammersee ein stabiles Tor zimmerte, um unerwünschte Gesellschaft fernzuhalten, und den die Frauen, mit denen er zusammenlebte, an den Rand des Wahnsinns trieben mit ihren Wünschen nach Aufmerksamkeit, die ihn vom Malen und Schreiben abhielten, indem sie sich in seinem Zimmer auf den Boden legten, nachdem die Hausarbeit erledigt war – von ihm.

Jetzt näht seine Freundin die Hemden, endlich geht es auch ihm einmal gut. Ausgenützt ist sie damit nicht, denn Ersatz will er erst dann, wenn ihm das alte Hemd in Fetzen vom Leib hängt. Nur auf zweierlei Annehmlichkeiten der Zivilisation mochte Janosch auch in der „Wüste" der Kanarischen Inseln nicht verzichten: auf seine drei Schreibmaschinen und die Stereoanlage. Ohne Musik, sagt er, kann er nicht leben. Und wie jeder Genießer, der sich die Fähigkeit zum Genuß sorgfältig anerzogen hat, hört er Musik niemals bloß so nebenbei, gleichgültig, ob ihm nach Bach oder Bartók, Jazz, Reggae oder Pop zumute ist. Nur einen kann er nicht vertragen, und auch das spricht für Ökonomie in seinem Gefühlshaushalt: Bei Richard Wagner, sagt Janosch, wird ihm schlecht.

Vorsicht Kunst: Im New Yorker Loft von Jonathan Borofsky hat sich Mathieu Carrière unter die Objekte geschmuggelt

Schönheit ist nicht nur ein Segen, sie kann auch zur Last werden. Vor allem wenn man nicht nur schön ist, sondern auch fotogen. Und ein Liebling der Kamera. Wie Mathieu Carrière. Die feinen, zugleich männlichen Gesichtszüge, die hohe, geschmeidige Statur und die breite Skala seiner Bewegungen verschmelzen vor der Filmkamera zu einer Einheit von Eleganz und Feinnervigkeit, die in der Welt des Films konkurrenzlos ist. Das ist von Vorteil, wenn ein Regisseur nur ihn für die passende Besetzung hält, das ist von Nachteil, weil ihm manches Rollenfach verschlossen bleibt. Mit einem Blick, der nie etwas Verheißungsvolles hat, sondern so vollendet die innere Abwesenheit ausdrükken kann, war er wie geschaffen für die Kinowelt der Marguérite Duras, für die schwüle, schwere

*Von Mareike Boom*

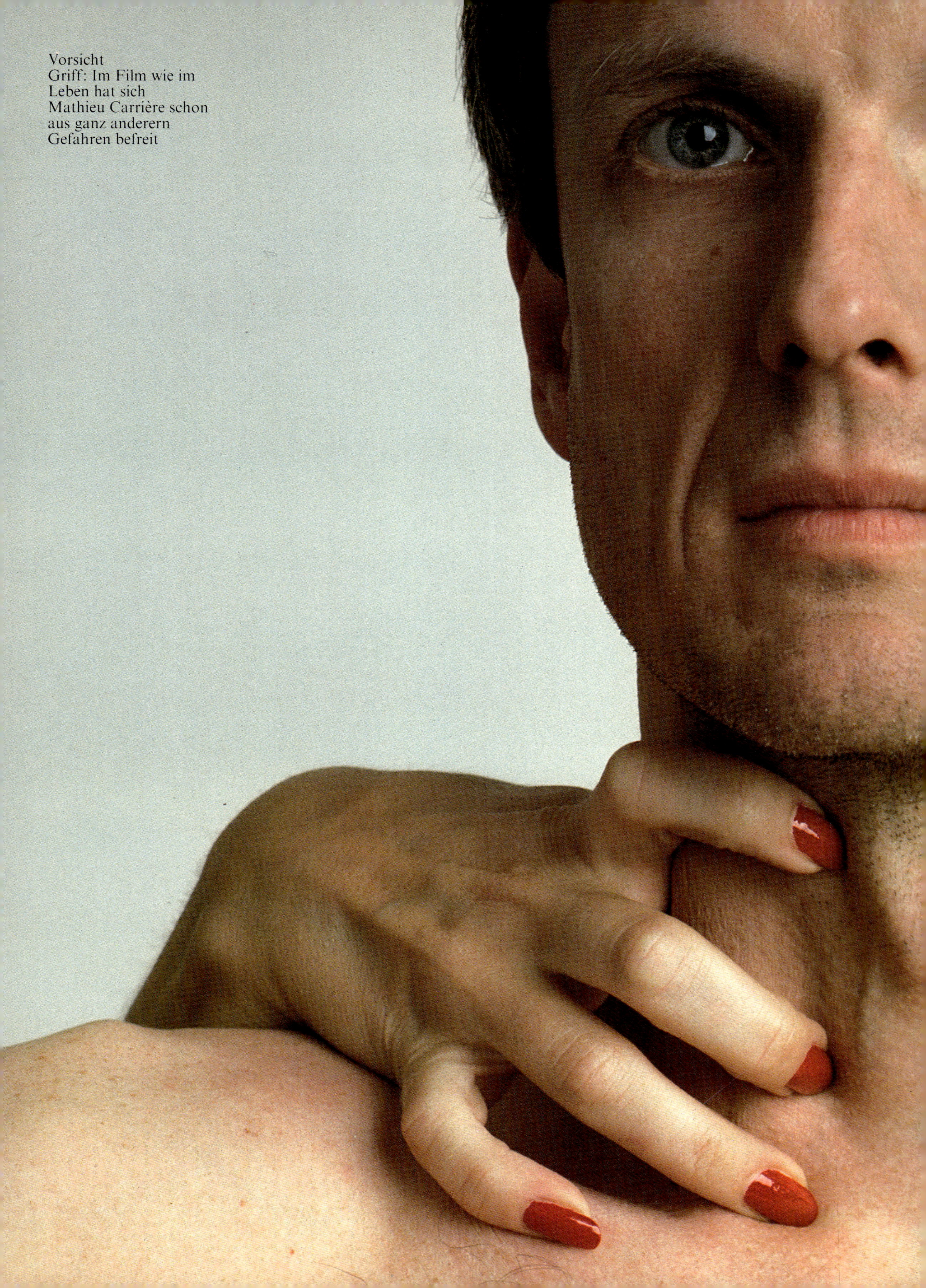

Vorsicht
Griff: Im Film wie im
Leben hat sich
Mathieu Carrière schon
aus ganz anderern
Gefahren befreit

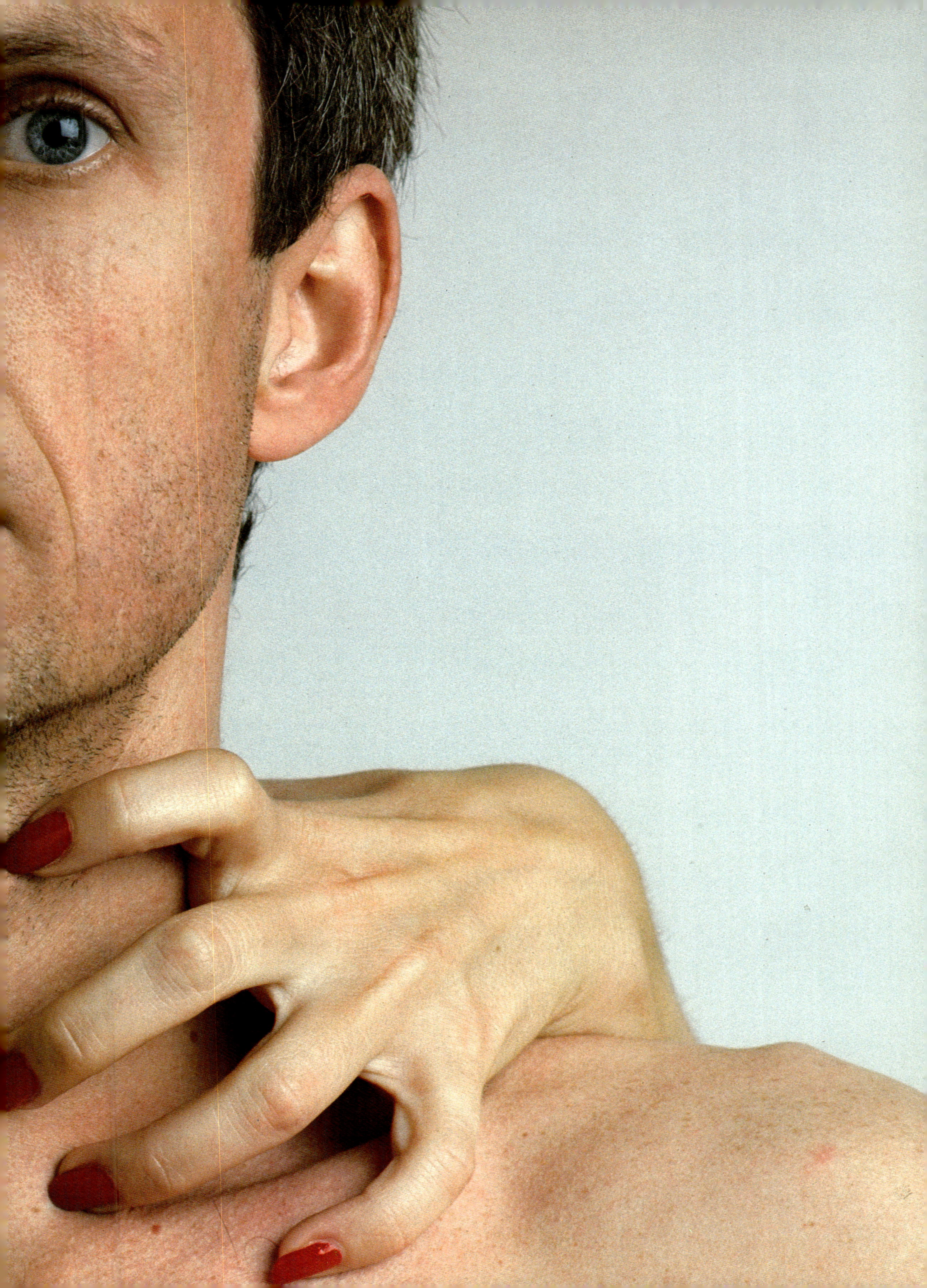

Vorsicht Schurke: Mathieu Carrière hat keine Angst vor schrägen Rollen und starken Frauen

Erotik von „India Song“. Im schwarzen Smoking schreitet er stumm durch die großen Räume einer Diplomatenvilla, lehnt gelangweilt – nie verträumt – im Türrahmen und am Flügel oder tanzt mit Delphine Seyrig Blues. Bei Rollen wie dieser, bei der er – wie alle anderen Schauspieler auch – neunzig Minuten nichts zu sagen hat, weil ein fremder Text von der Tonspur kommt, ist seine Wirkung am reinsten. Keine Stimme schmälert den Reiz des ungetrübten Anblicks, zerstört die Phantasien, die ein Bild hervorlockt. Und Marguérite Duras war nicht an Handlung und Aktion, nicht an Lebensnähe gelegen, sondern an der Poesie von Filmbildern, in denen die Menschen nur bewegliche Teile sind: eine Ahnung von Leben in Tableaux, die an Gemälde Renoirs erinnern.

Auch Roger Vadim, der mit Mathieu Carrière im selben Jahr, 1974, einen Film drehte, machte sich die unnahbare Schönheit von Carrière zunutze, wenn auch in einem reichlich billigen Film. Aber gerade der triviale Umgang mit der Wirkung Carrières zeigt, daß Vadim sie erkannt hat. Carrière spielt einen Mann der Pariser Gesellschaft, der sich alles erlauben kann, dem alles nachgesehen wird, sogar ein Mord. Interessant ist vor allem die erste Szene. Wieder nähert sich die Kamera dem stummen Carrière, rückt ihn von allen Seiten ins Bild, während seine Stimme aus dem Off Zeilen von Rimbaud zitiert. „Einst, wenn ich mich recht entsinne, war mein Leben ein Fest, bei dem sich alle Herzen öffneten, bei dem Weine dahinströmten. Eines Abends saß ich da, die Schönheit auf meinen Knien, und ich habe sie als bitter empfunden ...“

Das könnte Mathieu Carrière auch schon so gegangen sein. Rollenangebote hat er viele, aber oft vom selben Typus. Wenn in Deutschland oder Frankreich Literatur verfilmt wird, denkt man schnell an ihn. „Ich war halt immer so eine Kunstfigur. Ich habe wohl ein Gesicht, das auf diese altmodischen Personen besser paßt“, sagt er und lehnt sich lässig zurück. Kein verhangener Blick. Keine manierierte Geste. Kein effektvoll inszeniertes Schweigen. Mathieu Carrière, vis-à-vis, ist lebendig und aufgeschlossen, bereit, über alles zu sprechen. „Die Arbeit des Schauspielers ist ein technischer Beruf. Ob ich nun ein Messer in der Hand habe, die Bibel oder einen Teelöffel – das ist ganz egal.“ Carrière sieht das kühl, was nicht heißt, daß ihm gleichgültig ist, was er spielt. Keineswegs. Sein bisher jüngster deutscher Erfolg war die männliche Hauptrolle in der „Flambierten Frau“, der Gefährte einer käuflichen Frau, der demselben Geschäft nachgeht. „Eine fürchterliche Rolle! Die wollten den Mann und das Männerbild in diesem Film reduzieren auf einen freundlichen Trottel.“ Mathieu Carrière hat darum gekämpft, daß die Rolle wenigstens glaubwürdig wirkt. Aber grundsätzlich konnte er auch nichts ändern: er war ein schöner, etwas profilloser Mann an der Seite einer schönen, sehr selbstbewußten Frau, Gudrun Landgrebe.

Aber seit drei Jahren, seit der „Flambierten Frau“, sah man Mathieu Carrière in keinem deutschen Film mehr. Woran liegt das? „In Deutschland wird man für Erfolg bestraft“, sagt er provokant, „weil in Deutschland die Schauspieler vollkommen unwichtig sind, dort sind die Regisseure die Herren. In Frankreich ist das ganz anders. Ich schreibe Ihnen zehn Seiten aus dem Telefonbuch ab, und wenn ich zu einem Produzenten gehe und sage, Gérard Depardieu hat sich bereit erklärt, dieses Drehbuch zu spielen, dann gibt er mir Geld dafür. Um die Telefonbuchseiten zu verfilmen!“ Carrière hat recht, und er hat einen guten Überblick. Seit Jahren führt er ein Leben zwischen der Alten und der Neuen Welt, dreht in den Staaten Filme wie in Europa. Sein hugenottischer Name hat es ihm in Frankreich leichtgemacht, als er mit neunzehn nach Paris ging. Zunächst hat er eher Schweizer oder Belgier gespielt, inzwischen spricht er akzentfrei und spielt auch Franzosen. Sein dritter Markt ist Nordamerika. Er mag die Sprache, „weil man auf Englisch besser spielen kann“. Deutsch findet er auch „okay“ – sofern die Drehbücher gut geschrieben sind.

„Aber die Sprachverwüstung in Deutschland ist ja grauenvoll, ja, es ist ungeheuer, was in deutschen Drehbüchern steht. Es gibt bei uns eine Hochsprache und eine Tiefsprache. Die Tiefsprache, das ist so ein Gemisch aus Bayrisch und Gastarbeiterdeutsch. Und die Hochsprache ist das, was in den Fernsehserien oder im ‚Wort zum Sonntag‘ gesprochen wird.“ Er bemängelt, daß auch wir, beide aus Norddeutschland, ein fürchterliches Deutsch sprächen. Daß wir Verkürzungen benützten, die man in einer dramatischen Situation nur schwer verwenden könnte. Wie eine Figur aus den Stücken Thomas Bernhards erhitzt sich Mathieu Carrière über den um sich greifenden Sprachverfall. „Auch Französisch ist fürchterlich. Man kann immer nur ein Wort in einem Satz betonen.“

Zu oft schon hat Carrière Dialoge gesprochen und Rollen gespielt, die ihm nicht gepaßt haben. Irgendwann hat er angefangen, selbst Drehbücher zu schreiben. Eines ist schon verfilmt worden, „Beethovens Neffe“ von Paul Morrissey. Ein zweites wird im Frühjahr verfilmt, bei einem dritten kümmert er sich gerade um die Finanzierung: „Champagnerfrühstück“ ist eine Spionage- und Ehekomödie, in der KGB, CIA und die amerikanische Mafia Jagd auf ein Manuskript machen, das es gar nicht gibt. Schreiben ist für Carrière der Ausbruch aus der Rolle des Befehlsempfängers. „Denn als Schauspieler ist man immer nur das Phantasieprodukt der anderen. Auch der beste Schauspieler kann ein schlechtes Drehbuch nicht retten.“

Das Drehbuch unserer Begegnung ist zumindest voll von lebendigen Dialogen. Carrière, der Hauptdarsteller, läßt keine Langeweile zu. Und auch der Ort der Begegnung ist filmreif. Paris, eine großzügige, zweistöckige Wohnung in einer Seitenstraße zwischen dem Boulevard du Montparnasse und dem Jardin du Luxembourg. Eigentlich hat sie sogar drei Etagen, denn von der zweiten kann man aufs Dach steigen und hat am Abend die Wahrzeichen von Paris effektvoll illuminiert um sich herum: rechts den Eiffelturm, links das Panthéon und Notre-Dame. Die Wohnung ist hell, wenig Wände, wenig Möbel. Ein paar Bilder hängen an den Wänden, und die sind von Jennifer Bartlett, in den Staaten eine bekannte Künstlerin und Carrières Ehefrau seit einigen Jahren, außerdem Mutter seiner über alles geliebten Tochter Alice.

„Champagnerfrühstück“ wäre nicht der erste Film, der hier gedreht würde. In diesen Räumen filmte schon Bernardo Bertolucci mit seinem Team, auf diesem Parkett wälzten sich schon Marlon Brando und Maria Schneider zu ihrem „Letzten Tango in Paris“. Und das Kaugummi, das Marlon Brando im Todestaumel unter das Geländer des Balkons klebte, sei immer noch da. „Wollen Sie es sehen?“ fragt er mich. Nein, danke, ich glaube es ihm auch so. Ja, Bertolucci. Das waren noch Filme.

Gut gemacht und aufregend zugleich. „Was interessiert die Leute im Kino? Gewalt, Liebe, Sex, Macht, Korruption, Kitsch – ist alles tabu. Warum hat es in Deutschland niemals einen Film über die vielen Skandale gegeben, die wir hatten. Es wäre doch schön, wenn einer unserer engagierten schwulen Regisseure einen Film über Kießling gedreht hätte. Oder über den Türken, der sich aus dem Fenster gestürzt hat, weil man sein Visum nicht verlängerte. Warum gibt es keine Komödie über die Flick-Affäre? Warum nicht? Weil die deutschen Regisseure ihre komplizierten Filme machen wollen."

Die meisten dieser Filme werden mit Geldern der Filmförderungsanstalt und der Fernsehanstalten finanziert. Jetzt wird Mathieu Carrière ganz zum Schauspieler, besser: zum Satiriker. In verschiedenen Tonlagen spielt er vor, wie es in deutschen Fernsehredaktionen zugeht. Seine Stimme wird ernst und getragen: „‚Wir müssen jetzt wieder einen neuen Peter-Lilienthal-Film machen', sagt der Fernsehredakteur. ‚Fragen wir doch einmal Peter Lilienthal, was für einen Stoff er hat!'" Dann wechselt er die Tonlage und spricht wieder schnell und lebhaft als Carrière: „Wenn das Projekt finanziert ist, wird die Besetzung überlegt. Wobei ich Peter Lilienthal sehr schätze und auch das Filmförderungsgesetz nicht kritisiere, sondern diese riesige Bürokratie. Im Film muß das Kapital schnell zur Verfügung stehen und schnell ausgegeben werden. In Deutschland sind die Regisseure am ersten Drehtag meist so erschöpft, daß sie kaum noch inszenieren können. Weil sie alle Energie verbraucht haben in den anderthalb Jahren Finanzierung.

Mathieu Carrière nimmt kein Blatt vor den Mund. Ihm fehlen Demut und Dankbarkeit für das Erreichte, deshalb ist er auch so produktiv. Schauspieler zu sein ist ihm nicht genug, was vielleicht daran liegt, daß er es nie werden wollte, diesen Wunsch gar nicht entwickeln konnte, weil alles so früh begann. Souverän kann er heute sagen: „Die Schauspielerei ist zu mir gekommen, nicht ich zu ihr." In der Schulklasse, im Katharineum zu Lübeck, das schon Thomas Mann besuchte, hat man ihn entdeckt und engagiert. Zuerst nur für eine Nebenrolle in der Verfilmung von „Tonio Kröger". Da war Carrière dreizehn. Zwei Jahre später suchte Franz Seitz, der Produzent, seinen „Törleß" und erinnerte sich an den „kleinen dicken Tonio Kröger". Mathieu Carrière bekam die Rolle, und er spielte ihn großartig, den Zögling im „berühmten Konvikte zu W.", der Zeuge grausamer Spiele an einem Mitschüler wird: Törleß entwikkelt wohl Mitleid mit dem geschundenen Zögling, aber er hilft ihm erst ganz zum Schluß. „Törleß", gedreht von Volker Schlöndorff, wurde ein großer Erfolg, wurde zum Beginn des jungen deutschen Films 1965 und bekam einen Preis in Cannes. „Ich werde nie den Skandal vergessen", sagt Carrière heute amüsiert. „Ich saß auf der Empore in Cannes und neben mir der deutsche Kulturattaché. Und als Törleß dann die Maus, die gequälte Maus, an die Mauer schmeißt, um sie zu erlösen, stand er auf – mitten in der Vorführung – und brüllte: ‚Dies ist ein Skandal, das läßt sich die deutsche Kultur nicht bieten. Ich protestiere.'"

Damals war Carrière fünfzehn, er ging weiter zur Schule, drehte aber jedes Jahr einen Film. Als er siebzehn war, schickte ihn der Vater, ein Psychiater, ins Internat. Auf dieselbe Jesuitenschule in der Bretagne, auf die auch schon Schlöndorff gegangen war. Carrière lernte schnell Französisch; mit neunzehn, nach dem Abitur, zog er nach Paris, tauchte ein in die glitzernde Halbwelt der Stadt, drehte mehrere Filme, gefeierte wie „La maison des Bories" von Doniol-Valcroze und weniger bedeutende, führte ein Leben zwischen Höhen und Tiefen. Eines Tages fragt ihn jemand, ob er nicht zugunsten der Kennedy Foundation für behinderte Kinder eine Nummer auf der Bühne des Alcazar bringen könnte. Carrière überlegt. Er wäre in guter Gesellschaft. Mastroianni will als Zauberer auftreten, Eddie Constantine ein Lied singen – Mathieu Carrière läßt sich überreden. „Ich sagte mir, ich werde etwas machen, das ich sowieso nie schaffe, nämlich den Hamlet auf der Bühne zu spielen, und dann mache ich mich darüber lustig."

Mathieu Carrière legt eine perfekte Parodie hin auf den berühmten Dialog von Sein oder Nichtsein, zieht sich langsam dabei aus, und während der letzten Worte – „Durch diese Rücksicht aus der Bahn gelenkt, verlieren so der Handlung Namen" – ist er nur noch mit einem Slip bekleidet, macht einen Salto, das Licht geht aus, und er steht im Kostüm von Zarah Leander da und singt „Cabaret Paris". Die Nummer ist so erfolgreich, daß das Alcazar ihn bittet zu bleiben. Carrière akzeptiert. Ein Jahr lang tritt er dort auf, seine Nummer wird zum Hit der Saison. „Zugleich dachte ich, das ist der Tiefpunkt deines Lebens, jetzt bis du in einem Cabaret gelandet und ziehst dich aus."

Nach einem Jahr hörte er auf. Schon zuvor hatte er angefangen, bei Gilles Deleuze, dem originellen Widersacher der orthodoxen Psychoanalyse, Philosophie zu studieren. Deleuze wird für ihn zur Leitfigur, sie arbeiten eng zusammen, bis Deleuze ihm rät: „Du mußt jetzt etwas Eigenes machen." Die Frucht dieser Zusammenarbeit wird eine Studie über Kleist, „ein kleines Wunder an Scharfsicht", wie ihm die deutsche Literaturkritik bescheinigte.

Doch von Lob kann man nicht lange leben. Carrière war dreißig und glaubte, am Ende zu sein. „Aber, wie Hölderlin sagt, ‚wo Gefahr ist, wächst das Rettende auch', im Augenblick der schwersten Krise kam alles auf einen Punkt, und es ging wieder los." Er bekommt wieder passable Rollenangebote – und er lernt Jennifer Bartlett kennen. Jennifer ist einige Jahre älter als er, wie die Analytikerin, mit der Carriere in den siebziger Jahren befreundet war. Hat er eine Neigung zu älteren Frauen? „Das Alter ist es nicht. Ich mag starke Frauen, ich mag Frauen, die autonom sind, die etwas machen. Frauen haben nicht nötig, was ich am meisten hasse: um Identität zu festigen, Herrschaft und Gewalt auszuüben. Ich bin fest davon überzeugt, daß der Krieg eine Erfindung der Männer ist. Der Mann kann keine Kinder kriegen, und dieses Minderwertigkeitsgefühl kompensiert er durch Technologie. Ich wurde lange Zeit für schwul gehalten, vielleicht hat das mit meiner Unfähigkeit zu tun, den Geschlechterunterschied in dieser gesellschaftlichen Form anzuerkennen und zu praktizieren. Wer unten oder oben liegt, ist für mich keine Frage des Geschlechts, sondern eine Frage der Situation."

Wirklich, wer Mathieu Carrière reden hört, kann sich vorstellen, wie er schreibt. „Champagnerfrühstück", sein neues Drehbuch, ist voll von spritzigen, witzigen Dialogen, kein tiefsinniges Raisonnement über schwierige Beziehungen und das Unglück in der Welt. Film ist für ihn ja auch kein Kulturgut, sondern zunächst der Ausdruck kollektiver Bedürfnisse nach Unterhaltung. Und da Carrière immer seltener Drehbücher liest, die ihm gefallen, schreibt er nicht zuletzt auch für sich selbst. Liest man die Liste seiner fast vierzig Filmtitel aus zwanzig Jahren, so ergeben seine Rollen eine merkwürdige Familie aus literarischen Figuren, Mördern und Offizieren. Und dazwischen so schräge Typen wie Chris aus der „Flambierten Frau" oder der Aufsteiger aus der Fallada-Serie „Ein Mann will nach oben". Auch eine literarische Figur, gewiß, aber bestimmt keine Idealbesetzung.

Der Droschkenkutscher Siebrecht ist ein Mann, der von ganz unten kommt. Carriere aber ist von Anfang an ein Außenseiter. Viel zu schön und intellektuell für einen Arbeiter. Daß er mehr kann, als nur den elegischen Jüngling oder den unergründlichen Bösen zu spielen, kann man sich vorstellen. Doch von einem etablierten Rollenbild wegzukommen, ist nicht leicht. „Vielleicht müßte ich mal eine richtig schöne Reklame für Nixdorf-Computer oder BMW-Autos machen. Um ein anderes Image zu bekommen." Eine kesse Idee, aber keine, die ihn wirklich interessiert.

Im Sommer 1986 hat er zum erstenmal Regie geführt, und das nicht etwa beim Film, sondern im italienischen Spoleto. Dort hat er Verdis „Rigoletto" inszeniert. „Das hat viel Spaß gemacht – ich habe mir nur gesagt, das hätte ich vor zehn Jahren auch schon gekonnt. Das ist mein einziger wunder Punkt, daß ich manchmal das Gefühl habe, alles kommt ein bißchen zu spät."

Hat er denn bei seiner Nüchternheit gegenüber dem Beruf und seiner Kritik an dem, was man ihn spielen ließ, trotzdem irgendeine Rolle besonders lieb gewonnen, eine, die sich unvergessen in die Erinnerung eingräbt? Carrière antwortet mit einem berühmten Vergleich. „Als Truffaut den Hitchcock fragte, ‚Was ist denn der Film, den Sie am liebsten mögen?', sagte Hitchcock, das könne er nicht beantworten. ‚Ich mag drei Minuten in Vertigo, zweieinhalb Minuten in North by Northwest und eine Minute in Psycho.' So geht es mir auch. Ein paar Szenen aus ‚Ungeduld des Herzens' finde ich gut, einige aus ‚Malpertuis', einige aus Schlöndorffs ‚Fangschuß', aber auch bei meinem dritten Mord in einem grauenvollen Film – er hieß ‚Die Hinrichtung' – fand ich mich gut. Aber – ich habe immer das Gefühl, ich habe noch nichts so gemacht, wie ich es machen will."

Der Mann:
William Klein fotografiert und filmt, wie es nicht nur ihm gefällt – wüst und wild, wach und witzig

Ein Zuruf wird 1989 hundertfünfzig Jahre alt: „Bitte recht freundlich!" Freilich, als 1839 die Erfinder der Fotografie, der Franzose Louis Jacques Mandé Daguerre und der Engländer William Henry Fox Talbot, Menschen vor ihre jeweils auf einem Stativ verankerte „Camera Obscure" placierten, hatten sie wohl eher gemahnt: „Bitte recht stillhalten!" Denn damals dauerte eine Belichtung lange Zeit. Und der Mensch hat – besonders in umschlossenen Atelierräumen – seine Scheu vor der Prozedur, bei der er sein lebendiges Gesicht an eine Maschine verliert, die ihm dafür ein flaches, bewegungsloses Abbild liefert, nie aufgegeben. Anders wurde es seit dem Jahre 1924 durch die Kleinbildkamera Leica. Mit ihr konnte man unbemerkt und schnell Aufnahmen machen. Viele bedeu-

*Von L. Fritz Gruber*

SAM ALGA

Die Methode:
Wenn William Klein
filmt, werden auch Dinge
am Rande wichtig

FILM Corne
Phone

Der Erfolg:
William Kleins Ideen
leben von der Vitalität
des Alltags

tende Fotografen haben diese Eigenschaft seither virtuos genützt und, aus der Alten Welt kommend, auch die Neue bildlich zu deuten versucht. Der Franzose Henri Cartier-Bresson bereiste 1947 die Vereinigten Staaten und veröffentlichte seine Eindrücke 1952 in dem Bildband „The Decisive Moment“. Er postulierte zugleich als Gesetz, trotz der Flexibilität des kleinen Wunderwerkzeuges: der Fotograf müsse unsichtbar bleiben, das dem Auge entsprechende Fünfzig-Millimeter-Objektiv sei allein angemessen und das Zwei-zu-Drei-Rechteck dürfe auf keinen Fall beschnitten werden, es müsse alles Darstellenswerte enthalten.

Mitte der fünfziger Jahre durchstreifte der Schweizer Studio-Lichtbildner Robert Frank Amerika und veröffentlichte seine Eindrücke 1959 in einem Bildband. Frank unterschied sich von Cartier-Bresson nur in dem, was er anpeilte. Wo der Franzose einmalige Vorgänge zu visuellen Höhepunkten veredelte, was die Amerikaner freute, suchte der Schweizer das sich stets wiederholende Banale in Tiefpunkten aufzuzeichnen, was die Amerikaner kränkte. Nachdem Cartier-Bresson schon 1955 das Buch „The Europeans“ herausgebracht hatte, nannte Frank seines „The Americans“. Beide Fotografen gaben vor, mit einer Auswahl von Bildern die Bewohner jeweils eines Kontinentes gültig dargestellt zu haben. Und beide präsentierten ihre Fotografien einzeln, säuberlich, traditionell mit weißem Rand.

Ganz anders William Klein, der Amerikaner in Paris, mit seinem Buch, das als Ergebnis eines dreimonatigen Besuches in seiner Vaterstadt New York entstanden war. Es unterschied sich von allem bisher Dagewesenen radikal. Mit seinem 1956 erschienenen Bildwerk über New York hatte er jegliche fotografische Konventionen durchbrochen und einen völligen Umbruch der Wahrnehmung und Darbietung signalisiert: kein Kontinent, sondern eine Weltstadt im Brennpunkt: Metropolis New York. Schon der Titel war wie die Schlagzeile eines Boulevard-Blattes: „New York is good & good for you. William Klein Trance Witness reveals.“

Das Buch kam in Frankreich heraus, nicht in Amerika. Wo es dort auftauchte, kochte das Foto-Establishment vor Entsetzen. Dieser Bildband war nicht ordentlich, er war wüst und wild, aber enthüllend. Bis heute hat man Mühe, die genaue Zahl der schätzungsweise zweihundertfünfundsiebzig Fotografien auf hundertneunundachtzig Buchseiten festzustellen. Denn nicht nur gleiten in dem unorthodoxen Arrangement die Aufnahmen ineinander, die oft auftauchenden „Bilder in den Bildern“ vermehren das Chaos. Das Buch war ein optisch lärmendes Panorama von Menschen, Straßenschluchten, Wolkenkratzern, Plakatwänden und Schriftreklamen. Klein hatte viele Aufnahmen mit dem Weitwinkelobjektiv geschossen, hierbei die Aufmerksamkeit der Dargestellten auf sich gezogen und sie zum Mitwirken animiert. Meist schaut jemand direkt in die Kamera. Unvoreingenommen benutzte Klein auch das Teleobjektiv, das die Gesichter groß und flächig zusammenschob. Hinzu kam, daß er das Layout auf unübliche Weise, manchmal die Seiten geradezu sprengend, randlos entwarf und realisierte, einschließlich der Texte und Erläuterungen dazu.

Dieses Buch hat seine erregende Unmittelbarkeit bis heute nicht verloren, und obwohl es schwarzweiß gedruckt war, strahlte es prismatische Buntheit aus. Doch Klein zehrte nicht sein ganzes Leben von dem Echo und dem Erfolg nur dieses einen Buches. Schon im Jahre 1960 publizierte er sein zweites: „Rom“, es war genauso ungestüm und sensationell wie das erste. Vier Jahre später kamen zwei Hauptstadtbildbände hinzu, aus Ländern, deren Sprache Klein nicht einmal beherrschte: „Moskau“ und „Tokio“. Hier konnte er nur sehen, entdecken, reagieren, und dies auf seine typische, ungebärdige Weise.

Das Bild der sowjetischen Metropole vermittelte erstmals eine sonst verschlossene, kaum bekannte Lebenssphäre, offensichtlich unzensiert, die Zurückhaltung der Betroffenen überspielend und ihr gelegentliches Lachen akzentuierend. Hingegen ist ihm das Sujet seines fernöstlichen Buches mit den fotogewohnten und kamerabegeisterten Japanern geradezu entgegengesprungen.

Hätte William Klein nur diese vier revolutionierenden Bücher geschaffen, wäre ihm ein Ehrenplatz im „Olymp der Fotografie“ gewiß gewesen. Doch gab es daneben noch ein anderes Betätigungsfeld: Modefotografie für „Vogue“. In den Jahren 1955 bis 1965 verdiente er sich damit sein Geld. Bei der Interpretation der Haute Couture hat er die exquisiten oder exzentrischen Modelle im Alltagsstraßengewühl postiert. So verlieh er der Haute Couture, bei aller Phantasie, gesteigerte Realität. Auch hier schuf er überraschend, ebenso frech wie chic, einen neuen Fashion-Bildstil.

In dem umfassenden Projekt „Große Photographen unseres Jahrhunderts“, das als Ausstellung der Kölner „photokina“ 1963 William Klein erstmalig präsentierte, war er der Jüngste in der Reihe der Auserwählten, und er wies mit seinen avantgardistischen Visionen in die Zukunft. Die abschließenden Worte in der Publikation dazu lauteten: „Hier scheint Photographie zum Exzeß getrieben, in Dynamik wie in Statik. Aber diese Bilder sind nur kühne Augenübungen eines die bisherigen Gewohnheiten der Lichtbildnerei überrennenden Künstlers. Die vibrierende Ungeduld, mit der Klein die Kamera bedient, wirkt, als bahne sich ein Tachismus der Photographie an. Wer genau hinsieht, gewahrt, was wie Auflösung scheint, ist tatsächlich ein intensiveres Sehen und Photographieren als bisher.“

Im Jahr 1965 zieht Klein die aus seinem bisherigen Werk folgende Konsequenz: Er legt den Fotoapparat beiseite und befaßt sich ausschließlich mit Filmemachen. Schon 1959 hatte er als Regisseur den kurzen Farbstreifen „Broadway by Light“ realisiert, vielleicht der erste Popfilm in der Geschichte. Es folgten „How to kill a Cadillac“ und Anfang der sechziger Jahre eine Serie von Fernsehproduktionen mit Simone Signoret. Seit 1964 wurden einige seiner Filme mit Preisen bedacht, darunter „Cassius Clay, The Great“ und eine Satire auf die Modewelt: „Qui êtes-vous, Polly Maggoo?“ sowie die politisch engagierte Beteiligung an dem Film „Loin de Vietnam“. 1968 dreht er eine comic-strip-artige Parodie auf den Konflikt zwischen Amerika und Rußland, „Mister Freedom“, die er auch als witziges Buch dokumentiert. Bis heute hat er elf Kino- und fünfzehn Fernsehfilme, stets einzelgängerisch, selbst geschrieben, eingerichtet und als Regisseur verwirklicht. Trotz seiner sozialkritischen Einstellung hat Klein keine Berührungsängste mit dem Kommerz gehabt. Und tatsächlich sind seine rund dreihundert Fernsehspots für Konsumgüter und Firmendienste ein Konzentrat all seiner kreativen und professionellen Fähigkeiten, voller Witz, Verve und Esprit, umwerfend im blitzhaften Geschehen der Reklamebotschaft. Man ahnt nicht den großen, tagelangen Aufwand, wenn ihre zündenden Funken sprühen.

Seit zehn Jahren arbeitet Klein wieder fotografisch, souverän auch in Farbe. Bilder sind ihm gelungen, die alle Ingredienzen seines schockierenden Frühwerks mit Intensität und Reife vollendet in sich vereinen. Seltsam: Trotz seiner internationalen Anerkennung, seiner Ausstellungen, Publikationen und Ehrungen ist Klein in seiner amerikanischen Heimat fast eine Un-Person geblieben. Patriotische Ressentiments gegenüber dem das Ausland bevorzugenden Landsmann, akademisch erhärtete Vorurteile gegenüber dem bilderstürmenden Bildermacher mögen daran schuld sein. Obwohl das Museum of Modern Art in New York 1980 eine kleine Schau seines Werkes zeigte, ist er 1982 in der neuesten Ausgabe der „History of Photography“ des führenden Fachhistorikers Beaumont Newhall nicht erwähnt. Erst im vergangenen Jahr widmeten ihm das „Museum of Photographic Art“ in San Diego eine „One-Man-Show“ und das „Time“-Magazin eine Seite mit zwei Bildern, in der das „Verschweigen“ Kleins in Amerika als Versäumnis bezeichnet wird. Immerhin eine späte Erkenntnis über den Mann, der schon im Jahre 1957 den geschätzten „Prix Nadar“ bekam, der 1986 mit dem „Grand Prix National de la Photographie“ in seiner Wahlheimat ausgezeichnet wurde und 1988 den Kulturpreis der Deutschen Gesellschaft für Photographie erhalten hat.

So fragt man sich: Wer war, wer ist eigentlich William Klein? Er wurde 1928 in New York geboren, studierte am City College Sozialwissenschaft, wurde Soldat. Nach dem Krieg blieb er in Europa. Da er einen schöpferischen Drang in sich spürte, wandte er sich der Malerei zu, wurde Schüler von Fernand Léger und gestaltete riesige Typographien. Der Autodidakt ohne fotografische Lehrerfahrung wurde zum künstlerischen Lichtbildner.

Heute ist er der „Große Photograph unseres Jahrhunderts“. Doch William Klein hat auch Selbstironie. Er meint: Alles in allem würden vielleicht hundertfünfundzwanzig seiner hundertfünfundzwanzigtausend Fotografien in der Zukunft, der er entgegeneilt, bestehen. Und da jede davon mit einer 125stel Sekunde belichtet worden sei, habe sein fotografisches Lebenswerk nur eine Sekunde in Anspruch genommen.

„Ich glaube, ich muß immer wieder aufbrechen“: Barbara Sukowa liebt das künstlerische Abenteuer; mal Lola und mal Rosa Luxemburg

Ich kann mich nicht entscheiden.“ Barbara Sukowa dreht unschlüssig den Zettel in den Fingern, den ihr der Hotelportier gereicht hat. Georgio Strehler will in den nächsten zwei Stunden wieder anrufen. Er bemüht sich, sie als Polly für seine Pariser „Dreigroschenoper“ zu gewinnen. Draußen in der Hitze Siziliens wartet der Bus des Filmteams. Sie könnte mit den schlaksigen Boys, die schon in Stiefeln in der Halle lungern, zum Reiten fahren. Und da steht noch der Reporter, dem sie ein Gespräch versprochen hat. Das lange blonde Haar strähnig in der Stirn, in rotem ärmellosem T-Shirt, Wickelrock und Sandalen hat sie nichts von Rosa Luxemburg, aber um so mehr von jenem Wandervogelmädchen Hilde in Ibsens „Baumeister Solness“, das sie bei Peter Zadek gespielt hat.

*Von Andres Müry*

„Irgendwann muß ich ganz einfach daran glauben, daß ich, nur ich, das spielen kann“: Barbara Sukowa liebt Hosenrollen; auch für den Hamlet ließe sie sich begeistern

„Ich hatte schon immer das Bedürfnis, den Clown zu spielen“: Barbara Sukowa liebt das komische Fach; aber sie kann auch tödlich Ernst machen

Einen Augenblick überlegt sie noch, der kleine Fuß schlägt noch einmal nervös auf, dann ist es klar: Strehler kann warten. Sie hat sich zwar schon „zu 98 Prozent dafür“ entschieden, aber er soll ruhig noch ein wenig zappeln. Schließlich hat er ihr schon einmal den Mund wäßrig gemacht, dann aber einen Flirt mit Nastassja Kinski angefangen. „Jetzt, nach dem Erfolg als Rosa, kommen sie alle.“

Wenig später steht Barbara Sukowa wie die anderen in Reithosen und Stiefeln da und flachst in breitem Amerikanisch herum. Den letzten Sitzplatz im Bus überläßt sie dem Reporter. Sie zieht die harte Ladefläche vor, um es sich zwischen den Knien eines Mannes bequem zu machen, den man für ihren Bruder halten könnte: krauses, rötliches Haar, helle Haut, blaue, eng beieinanderliegende Augen. Es ist Daniel Olbrychski, der in „Rosa Luxemburg“ ihren polnischen Kampfgefährten und Freund Leo Jogiches spielt. Die Szene, in der ihm Rosa die Intimbeziehung aufkündigt, weil er erst im Eheverhör zugibt, daß er mit einer anderen Genossin nicht nur gearbeitet hat, die wird man so schnell nicht vergessen. Die wirkt in dem Berliner Plüsch von 1905 plötzlich so heutig, als wäre sie von John Cassavetes. Später, auf die Frage, ob sie es selber auch so rigoros halte, sagt Barbara Sukowa ohne einen Moment zu zögern: „Ja.“

Der Bus hat jetzt Mondello, den kleinen Badeort vor den Toren Palermos, verlassen und schlängelt sich ein Tal hinaus, bis auf eine saftiggrüne Hochebene mit Stallungen und einer Koppel. Für die Schauspieler ist das Reittraining Pflicht: Sie bilden die Bande von Salvatore Giuliano, dem sizilianischen Volkshelden, der in den vierziger Jahren aus dem Untergrund Mafia und Staatsmacht gleichermaßen in Schrecken versetzte. Seine Geschichte verfilmt Michael Cimino hier an Originalschauplätzen, nach Mario Puzos Bestseller „Der Sizilianer“. Ihre Rolle, erzählt Barbara Sukowa, sei nicht sehr groß, aber markant: Eine Millionärstochter von der amerikanischen Ostküste, aus Connecticut, die sich von einem sizilianischen Herzog hat heiraten lassen, der vor allem scharf auf ihr Geld war. In ihrer Hauptszene gibt sie, während sich der Duca de Crotoni in Paris vergnügt, in ihrem Landhaus ein Essen für die adlige Verwandtschaft. Da hinein platzt Salvatore Giuliano, gespielt von Christopher Lambert, mit seiner Bande. Er fordert den Familienschmuck, der im Schlafzimmer im Safe liegt, und dort kommt es, während die Bande die Gäste ausplündert, zu einer anzüglichen Rollenumkehrung: Die Duchessa läßt sich bis auf ihren Lieblingsring alles abnehmen, entschädigt sich aber, indem sie den frauenscheuen jungen Banditen vergewaltigt. Vergewaltigt? „Ja, vergewaltigt.“

Ein schneller Seitenblick, ein ironisches Lächeln, dann sind Barbara Sukowas Augen wieder bei den Pferden. Vom kalifornischen Stuntman laut angefeuert, galoppieren zwei Reiterreihen aufeinander zu, kreuzen sich mit einem Schlag der Handflächen und nehmen neu Aufstellung. Nur einer dreht auf einem Fuchs gleichmäßig trabend seine Runden. Daniel Olbrychski sitzt wie festgewachsen im Sattel. Er gehört nicht zum Team, er ist für ein paar Tage von anderen Dreharbeiten aus Rom herübergeflogen, um Barbara Sukowa zu sehen. Das Pferd zum Stehen bringend, dreht er ihr den nackten, schweißglänzenden Brustkorb zu, stemmt die rechte Hand in die Hüfte und lächelt. Sie lächelt zurück. „Es gibt ein Gemälde von Rembrandt, ‚Der polnische Reiter‘“, sagt sie, „der hält sich genauso. In seinem ersten Film mit Andrzej Wajda mußte Daniel ihn kopieren.“ Jetzt ist sie an der Reihe, ein Pferd ist frei geworden. Da kein Gummiband zur Hand ist, greift sie eine Schafgarbe, bindet sich das Haar hoch und schwingt sich auf einen zierlichen Grauen. Reitunterricht.

Im Gleichschritt trabt das Paar nebeneinander. Barbara Sukowa hat jetzt den Ernst des Lernens im Gesicht, ein bißchen Furcht ist auch dabei. Ihre Reitszene als Duchessa hat sie schon hinter sich, aber sie benützt die Gelegenheit, besser zu werden. Eine Assoziation, mit hervorgerufen durch ihre herbe, nicht im konventionellen Sinn schöne Erscheinung: Vor acht Jahren gab Michael Cimino einer jungen New Yorker Theaterschauspielerin in „The Deer Hunter“ eine Nebenrolle, eine kleine Supermarktverkäuferin, deren Mann nach Vietnam einrücken muß, und es wurde, an der Seite Robert de Niros, der Anfang einer großen Karriere: Meryl Streep. Die ein Jahr jüngere, 1950 geborene Barbara Sukowa ist in Hollywood allerdings heute keine Unbekannte mehr. Nachdem sie Anfang der Achtziger, nach der „Caprifischer“-Tingeltangelsängerin mit bürgerlichen Sehnsüchten in Rainer Werner Fassbinders „Lola“ und der Gudrun Ensslin nachempfundenen Terroristin in Margarethe von Trottas „Bleierne Zeit“, von der Kritik rasch, vielleicht zu rasch, zum Star ausgerufen worden war, ging sie für ein halbes Jahr nach Los Angeles und spielte in dem Fernseh-Mehrteiler „Space“ die Ehefrau des Raketenbauers Wernher von Braun. Den Grundstein zu ihrem Englisch, das ihre Kollegen loben, hat sie schon viel früher gelegt: Von ihrer Heimatstadt Bremen aus war sie als Gymnasiastin im Austausch für ein Jahr nach Amerika gegangen. Mit ihrem polnischen Freund, der ihr gerade den richtigen Sitz des Fußes im Steigbügel erklärt, spricht sie Englisch und Französisch: „What are stirrups in French?“ – „Les étriers.“

Der Garten des „Mondello Palace“ erinnert daran, daß es nach dem Krieg der Traum von nicht wenigen Sizilianern war, von den Amerikanern als Bundesstaat annektiert zu werden: Unter dem rosavioletten Abendhimmel hohe Palmen, blühender Oleander, ein Swimmingpool und Hollywoodschaukeln. Befrackte Kellner legen letzte Hand an die lange weißgedeckte Tafel, an der, wie ein goldbesticktes kardinalsrotes Banner verkündet, der Rotary Club Palermo zu Abend speisen wird. Barbara Sukowa hat das wellige Haar mit zwei Kämmen aus der Stirn gesteckt, trägt jetzt ein beiges, ganz und gar unmodisches abgewetztes Kostüm, darunter immer noch das rote T-Shirt und ein falsches Perlencollier, das sich so eng um den Hals schließt, daß man vom bloßen Hinsehen Atembeklemmungen bekommt. Äußerer Stil, gar ein damenhafter, das ist nicht ihre Sache, sie liebt es, ganz wörtlich, ungeschminkt.

Hat Cimino sie als Rosa Luxemburg gesehen? „Wahrscheinlich, der sieht sich alles an.“ Aber in seinem Notizbuch, meint sie, stehe sie schon viel länger, seit „Lola“. Und dann lag eines Tages ein Flugticket in ihrem Münchner Briefkasten, die Einladung nach New York. Dort lernte sie Christopher Lambert kennen, und Cimino nahm sie, bezeichnend für seine Arbeitsweise, auch gleich auf eine private Einladung mit, wo sie das Milieu der Ostküsten-Geldaristokratie schnuppern konnte. „Als es klappte, hab' ich mich natürlich wahnsinnig gefreut.“ Die Unterschiede zwischen einer deutschen und einer amerikanischen Produktion? „Das ist gar

kein Vergleich. Das fängt schon beim Drehbuch an. In Deutschland wird mir fast nur Mist angeboten, die wissen nichts über Menschen." Zwangsläufig kommt die Rede auf Margarethe von Trotta. Bei „Rosa Luxemburg" sei die Zusammenarbeit ein Glücksfall gewesen, „wie er wahrscheinlich nur einmal vorkommt". Sich wie Robert de Niro ein ganzes Jahr auf eine Rolle vorzubereiten, das war schon lange Barbara Sukowas Traum. Für Rosa Luxemburg hatte sie immerhin drei Monate, in denen sie sehr viel von ihr las, in denen sie Polnisch lernte, sich ein rollendes R antrainierte und das leichte Hinken.

Diesen Prozeß der Anverwandlung, der tief ins Private reichte – das rollende R unterlief ihr noch lange nach den Dreharbeiten –, wird sie nicht müde zu beschreiben. Da spricht die besessene Schauspielhandwerkerin, die während ihrer Zeit im Hamburger Schauspielhaus auch Schüler ausgebildet hat. „Damals", erinnert sie sich, „dachte ich manchmal: Vielleicht kannst du das sogar besser, anderen vermitteln, wie es gemacht wird." Was sagt sie zu der in Interviews verbreiteten schwärmerischen Erklärung von Margarethe von Trotta: „Ich wußte, nur Barbara hat dieses starke Bewußtsein, das auch Rosa hatte, das kann man nicht erspielen"? Das möchte sie nachträglich ungern kommentieren, tut es dann aber doch: „Sie glaubt das eben." „Und", fügt sie schließlich hinzu, „etwas daran ist auch richtig. Irgendwann muß ich ganz einfach daran glauben, daß ich, nur ich, das spielen kann."

Barbara Sukowa sieht auch die Mängel, die Verluste, die das für den deutschen Autorenfilm typische niedrige Budget mit sich brachte. Besteht Cimino aus künstlerischer Überzeugung darauf, chronologisch zu drehen – und mit dieser Methode trieb er bei „Heavens Gate" seine Verleihfirma, die „United Artists", in die Pleite –, so führte der Zwang, den Drehplan möglichst kostengünstig aufzustellen, bei „Rosa Luxemburg" dazu, daß die Schauspielerin ihre Rolle vom Ende her entwickeln mußte: „Ich begann als achtundvierzigjährige, vom Gefängnis gezeichnete Rosa, und am dritten Tag spielten Daniel und ich unsere Abschiedsszene, nachdem wir uns am Abend vorher kennengelernt hatten. Ein Wahnsinn!" In der fulminanten Streitszene profitierte der Film offenkundig davon, daß sich die beiden privat nähergekommen waren, aber Barbara Sukowa hat auch eine simple technische Erklärung: „Wir haben davor auf einer Probe bestanden." Der oft ungelenke, hölzerne Charme des deutschen Films, er hat nicht nur, aber auch ökonomische Gründe – Proben kosten Zeit und Geld –, und nur wenige, wie Fassbinder, dem Barbara Sukowa den Beginn ihrer Filmkarriere verdankt, vermögen aus dem Zwang ein aufregendes Stilprinzip zu gewinnen.

Bei Michael Cimino sind Proben eine Selbstverständlichkeit. Bei ihm, dem Fanatiker des Details, konnte Barbara Sukowa, das andere Extrem, eine Woche lang drei Tanzschritte üben. Sie betrachtet ihre Hände und lächelt: „Das erste, was er von mir verlangte, war, daß ich zur Maniküre gehe." Mit dem Zeigefingernagel beginnt sie auf der oberen Zahnreihe eine Melodie zu klopfen, indem sie den Resonanzraum im Rachen mal vergrößert, mal verkleinert, ein Kunststück, das sie seit Kindertagen beherrscht. Ja, den Spieltrieb, das Bedürfnis, „den Clown zu spielen", das hat sie von damals behalten, das gehört genauso zu ihrer Person wie der zuweilen rigorose moralische Anspruch, der seine Herkunft aus den Zeiten der Studentenrevolte und der Mitbestimmung am Frankfurter Schauspiel nicht verleugnet. Die Spielerin, die auch tödlich Ernst machen kann: Da ist wieder die Erinnerung an Hilde Wangel, die gespannte, irrlichternde Mädchenfigur des alten Henrik Ibsen. Vor drei Jahren trug ihr die Rolle in München den Titel „Schauspielerin des Jahres" ein, und ihr Partner, der Baumeister Solness, den sie zum fatalen Ende dazu bringt, sein Versprechen einzulösen und den selbsterbauten Turm zu erklimmen, das war ihr damaliger Lebensgefährte Hans Michael Rehberg. Hymnisch schrieb „Theater heute": „Kaum je sind die Dunkelgründe und Geheimnisse einer bis in Kindheitserlebnisse gründenden erotischen Verstrickung strahlender und raffinierter offenbart worden als im Spiel zwischen der jungen Schwärmerin und dem betörten Alten, zwischen zwei hellwachen Träumern."

Eine ganz andersgeartete, schwarzgrundierte Frauenfigur von Ibsen würde Barbara Sukowa heute gerne spielen, gerade nach den Erfahrungen mit Rosa Luxemburg: Hedda Gabler. Was verbindet die beiden Frauen, was trennt sie? Beide sind in der bürgerlichen Plüschwelt des Fin de siècle groß geworden, ihre existentielle Verzweiflung lenkt sie jedoch in ganz verschiedene Bahnen: Rosa „verrät" ihre Klasse, stellt sich auf die Seite des Proletariats und kommt durch den Staat um, den sie herausfordert. Hedda, die Generalstochter, sieht ihre einzige Begabung darin, sich zu Tode zu langweilen, heiratet einen mediokren Bücherwurm und erschießt sich schließlich, im Ehrenkodex des Vaters gefangen, mit dessen Pistole. „Diese Gleichzeitigkeit und diese Verschiedenheit", sagt Barbara Sukowa, „finde ich spannend." Gibt es ein deutsches Theater, gibt es einen deutschen Regisseur, mit dem sie gerne auf dieses Abenteuer gehen würde? Peter Zadek? Luc Bondy? Sie blickt lange über die weißgedeckte Tafel, an der inzwischen die ehrenwerte, herausgeputzte Gesellschaft Palermos Platz genommen hat. „Man wird sehen." Das deutsche Theater, es ist im Augenblick sehr weit weg.

Hinter den Palmen, zweihundert Meter von hier, in einem verblichenen Luxusschuppen der Belle Époque, der aufs Meer hinausgebaut ist, hat sich das Neue Hollywood einquartiert. Dort arbeitet unter gleißenden Scheinwerfern, die die Nacht zum Tag machen, ein Besessener: Michael Cimino. Seine Besessenheit, und darin trifft er sich mit Barbara Sukowa, ist „auf Wahrhaftigkeit aus". Gewalt, Trauer, Zärtlichkeit und immer wieder Gewalt, sie sollen, sagt er, so physisch unmittelbar, so natürlich wirken, als seien sie nicht mehr kalkuliertes Ergebnis von Schauspielkunst plus Technik. In einem Speisesaal, von Vorhängen und Wächtern abgeschirmt, komponiert er wieder Zentimeter um Zentimeter eines seiner lebenden Fresken der „Comédie humaine", für die er seit der Hochzeits- und Abschiedsorgie in „The Deer Hunter" berühmt ist. Im Vorraum, in einer Bar, spielen Schauspieler und Statisten in Abendkleidung gedämpft ihre eigene Komödie, auf Abruf.

Barbara Sukowa kommt in ihrem zivilen Kostüm, kommt eigentlich nur, um sich zu verabschieden, denn sie ist „abgedreht", wie es in der Filmsprache heißt. Bloß aufzutreten braucht sie, und schon kann sie sich wie auf ihrer eigenen Party fühlen. Echte, burschikose Herzlichkeit strahlt sie aus. Man spürt, alle mögen sie. An der Bar steht, das Haar schwarz gefärbt, Christopher Lambert, seit seinem Tarzan in „Greystoke" und dem weißblonden Punk in „Subway" der Schwarm aller Teenager. Das Sweatshirt, die weite blaue Trainingshose, die Brille mit Goldrand lassen ihn eher wie einen Banker im Fitnessclub – das war er auch, bevor er Schauspieler wurde", weiß Barbara Sukowa – denn als einen Gangster aussehen, in den er sich gleich verwandeln wird.

Die Begrüßung der beiden ist eine Pantomime: In der Hand ein volles Wodkaglas, balanciert Barbara Sukowa auf dem linken Bein, um mit dem rechten Fuß das Schienbein des Partners zu streicheln, offenkundig ein Remake ihrer Verführungsszene. Als sie einen blitzschnellen Uppercut andeutet, schützt er gespielt hysterisch den Bauch: „That's our baby, from the rape!" Das Gelächter braucht nicht gedämpft zu werden, eine Einstellung ist gerade abgedreht, und aus dem Saal strömt eine Gruppe Statisten. „Der da", sagt Barbara Sukowa und zeigt auf einen kleinen Herrn mit silbernem Bürstenhaarschnitt, der sein Smokingjackett über der Schulter trägt, „der ist der Bruder des größten Mafia-Bosses von Palermo." Wen wundert es: Cimino arbeitet, wo es geht, mit den Originalen, und sie fühlen sich, wie man hört, geschmeichelt. Das Leben ist ein Film, zumindest in Hollywood und in Palermo, das nicht nur die Stadt der Mafia, sondern auch die Pirandellos ist.

Seit einem halben Jahr lebt Barbara Sukowa ein Nomadenleben, in Hotels, aus dem Koffer, und so wird es erst einmal weitergehen. Ihren achtjährigen Sohn, der zur Zeit bei seinem Vater, Hans Michael Rehberg, ist, hat sie in München auf die Internationale Schule geschickt, damit sie ihn überallhin mitnehmen kann. Englisch spricht er schon, in Paris kommt Französisch dazu. Ja, die deutsche Sprache fehlt ihr manchmal sehr: „Es ist immer nur der halbe Mensch in der fremden Sprache. Ich komme mir oft so plump vor. Ironie zum Beispiel, ich liebe Ironie, und die ganzen Sprachspiele, das alles liegt brach." „Er", sie zeigt auf Daniel Olbrychski, „er kennt mich nur halb." Und auf seinen fragenden Blick hin übersetzt sie: „Tu ne me connais qu'à moitié." Ganz verstanden werden, das hieße, ganz zu Hause zu sein. Diesen Wunsch hat sie natürlich. Aber hält sie ihn auch für erfüllbar? Barbara Sukowa greift nach einem neuen Wodka und verzieht das Gesicht wie ein Clown: „Ich glaube, ich muß immer wieder aufbrechen."

Immer hoch hinaus: Bondy vereinigt viele Rollen – den Theaterdirektor, Opernregisseur, Filmemacher und Grenzgänger zwischen Frankreich und Deutschland

Er drückt es am liebsten auf französisch aus, worum seine Inszenierungen alle kreisen: „Désir." Was ist das auf deutsch? Lust? „Nein, das wäre falsch." Begehren? Sehnsucht? Verlangen? „All das, ja. Mich interessieren nur Stücke, in denen es eine Form von Verlangen gibt." Im „Weiten Land", in Arthur Schnitzlers Tragikomödie zum Beispiel, da schlägt Hofreiter das Thema seiner Frau Genia gegenüber gleich zu Beginn an: „Ich finde überhaupt, man sollte die menschlichen Beziehungen mehr auf Sehnsucht einrichten als auf Gewohnheit." Luc Bondy blinzelt in die Märzsonne, die an diesem Nachmittag schon fast heiß in die Dachwohnung fällt. Über das Gewirr der Dächer, an der griechisch-orthodoxen Kirche vorbei, sieht man den Eiffelturm. Eine schlanke

*Von Andres Müry*

Immer nur das eine: Bulle Ogier und Michel Piccoli markieren Bondys Thema – Begehren, Verlangen, „désir“

Immer mit
Leidenschaft: Bondy
inszeniert seine
Stücke „in einem Atem" –
gefühlsklug, nicht
politisch

Frau in Hosen und T-Shirt, mit kurzen blonden Haaren und bernsteinfarbener Sonnenbrille bringt auf einem Tablett Kaffee. „Tu ne t'endors pas au soleil?" fragt sie. „Mais non, j'adore!" versichert er und streicht ihr über den Rücken. Und wie soll man so einen Dialog nun wiedergeben? Vielleicht so! Schläfst du in der Sonne nicht ein? – Nein, gar nicht, ich mag sie wahnsinnig gern.

Bulle Ogier, die da hereingekommen ist, habe ich zwei Etagen tiefer eben noch auf dem Monitor eines Schneidetisches gesehen, als Genia Hofreiter im weißen langen Sommerkleid aus der Belle Epoque, dunkle Ringe um die Augen und in einer heftigen Umarmung mit Michel Piccoli, bei der Abwehr und Begehren ununterscheidbar waren. Luc Bondy hat „Das weite Land", mit dem er 1984 sein Pariser Theaterdebüt gab, vergangenen Herbst in Österreich verfilmt, mit französischen, deutschen, österreichischen und italienischen Schauspielern. Jetzt bereitet er die französische Synchronisation vor, – eine deutsche macht er anschließend in Berlin.

„Ich hoffe, daß der Film durchschlagen wird." Das Vorurteil, das Cinéasten den Filmen von Theaterregisseuren entgegenbringen, hat er 1980 bei seinem Erstling „Die Ortliebschen Frauen" zu spüren bekommen, einer verhalten erzählten, unterschwellig inzestuösen Familiengeschichte nach dem Roman eines anderen k.u.k. Österreichers, Franz Nabl. „Das weite Land" dagegen hat er als „richtigen Kinofilm" konzipiert, mit Stars, mit kriminalistischer Spannung und „ohne Scheu vor trivialen Gefühlsmomenten". Bulle Ogier und Michel Piccoli spielen das großbürgerliche Ehepaar, dessen Villa zur Todesfalle für die Jungen wird, die sich in den ausgelegten erotischen Netzen verfangen – „ein Mörderpaar, kann man sagen". Zu Beginn ist es der Pianist Korsakow, der sich in Genia verliebt und sich erschießt, weil sie ihn, trotz erklärter Zuneigung, nicht erhört. Hofreiter, dem amoralischen Zyniker, der wie als Glühlampenfabrikant so auch bei den Frauen alles auf Expansion, auf Eroberung setzt, ist diese Anwandlung von Treue unbegreiflich, sie steht seiner Maxime von gleichem Tausch, von erotischer Symmetrie entgegen. Doch als Genia den Fähnrich Otto zum Geliebten nimmt, da fordert er den jungen Konkurrenten zum Duell, nicht etwa aus echter Eifersucht – „von dem verspür ich verdammt wenig", sagt er –, sondern aus dem Drang, die Machtfrage klarzustellen.

Für Luc Bondy steckt in diesem Hofreiter „die Gewalt eines Macbeth, aber auch die Melancholie einer Figur von Tschechow", und etwas hat ihn bei den langen Vorgesprächen mit Michel Piccoli ganz besonders beschäftigt: „Das ist einer, der nichts mehr sieht. Der im Dunkeln tappt, und zwar in doppeltem Sinn: den eigenen Gefühlen gegenüber und auch den Gefühlen seiner Frau. Daß ihn Schnitzler ausgerechnet zum Glühlampenfabrikanten gemacht hat, das finde ich sehr schön. Er bringt das Licht, er steht an der Front des industriellen Fortschritts, und privat ist er im Dunkeln." Solche Erläuterungen sind sonst eigentlich nicht seine Sache, weil es dann rasch banal klingt, aber in diesem Fall ist es anders: „Im Film habe ich diese Art von Banalität bedient."

Das Paar, das mit der Liebe experimentiert, denkt man da nicht gleich auch an Marivaux, dem Luc Bondy in Deutschland, zuletzt mit „Triumph der Liebe" an der Schaubühne, eine richtige Renaissance verschafft hat? Oder an die Marquise de Merteuil und den Vicomte de Valmont in den „Liaisons dangereuses"? „Der Unterschied besteht darin: Bei Schnitzler sind die Figuren ganz involviert, dort sind sie beobachtend. Alles, was im ‚Dixhuitième' noch Konstruktion ist, sozusagen ein Element des Theaters, ist hier in den Personen drin, eine höchste Form des Realismus. Sie sind beide auch ihre eigenen Opfer und damit näher bei Strindberg. Der Film könnte auch eine Art ‚Totentanz' sein."

Während Luc Bondy die dramaturgischen und theaterhistorischen Bögen schlägt, fällt seine anfängliche Siestastimmung ganz von ihm ab. Er springt auf, geht hin und her, und wenn er sich wieder an den Tisch setzt, da verraten noch die Schweißtröpfchen an den Nasenflügeln und der rechte Fuß, der nervös auf dem Ballen Zehntelsekundensynkopen schlägt, die innere Bewegung. Wie ist er beim Drehbuch vorgegangen? „Ich wollte nichts Episches machen, keine Art von ‚Sommergäste'-Verfilmung. Ich wollte mich ganz gezielt vom Stück entfernen. Man kann nicht einfach das Stück nehmen und damit in die Landschaft gehen." Mehrere Entwürfe hat er angefertigt, und zwar aus dem Gedächtnis, denn „Das weite Land" kannte er vom Inszenieren fast auswendig. In einem Prozeß der Verdichtung entstand eine eigene dramaturgische Struktur, und erst für die einzelnen Dialoge hat er dann Schnitzlers Text zu Hilfe genommen. „Das ist ja das Tolle beim Film, da bist du viel mehr Autor als bei einer Theaterinszenierung. Du arbeitest strukturell, während bei einem Stück die Struktur ja festgelegt ist." Am Anfang des Films steht jetzt eine Szene, die bei Schnitzler gar nicht existiert, ein Stück Vorgeschichte: Hofreiter und Korsakow stehen nach einem Match nachts auf dem elektrisch beleuchteten Tennisplatz vor der Villa, und der Pianist empfiehlt dem Industriellen „Die Welt als Wille und Vorstellung" zur Lektüre. Hofreiter, der Korsakows heimliche Leidenschaft erahnt, läßt sarkastisch fallen, er werde die Empfehlung, wenn er gestatte, auch an seine Frau weitergeben. Und dann schlägt er jäh den Tennisball in den Nachthimmel, trifft die Glühlampe, die zerplatzt. „Das soll ein triviales, gleichzeitig auch mehrdeutiges Moment sein, der erste Tod von Korsakow."

In der Möglichkeit, Motive, die bei Schnitzler aus Gründen der Bühnenökonomie am Rande bleiben, auszuphantasieren, darin nähert sich für Luc Bondy das Filmemachen dem Schreiben. „Es hat viel mit Prosa, auch mit Musik zu tun." Und vielleicht, das steht als Hoffnung hinter dieser diffizilen Transposition, „kann der Film sogar eine stärkere Vision dieses Stoffs geben als das Theaterstück." Sich den Text eines anderen derart anverwandeln, ihn über eine Zeitspanne von fast achtzig Jahren hinweg persönlich und neu wiedererzählen – setzt das eine Art Seelenverwandtschaft voraus? Arthur Schnitzler, sein Seelenverwandter? Luc Bondy, allen Etikettierungen, vor allem den nach Anmaßung klingenden, abhold, guckt einen Moment skeptisch, zeichnet mit dem Bleistift eine Telefonnummer nach. Dann zuckt er mit den Schultern. „Tja, das ist vielleicht gar nicht so ganz falsch." Sogar biographisch nicht: Die Familie seines Vaters, des Publizisten und „homme de lettres" François Bondy, kommt aus der versunkenen Donaumonarchie, sein Großvater Fritz, der unter dem Pseudonym N.O. Scarpi schrieb, hatte seine Wurzeln in Prag, kannte Franz Kafka, und gar Erich von Stroheim, der die Wiener Décadence nach Hollywood gebracht hat, grüßt von ferne; seine Mutter war eine Bondy. Geboren und aufgewachsen ist Luc in Zürich, dessen Dialekt ihm unverändert breit und melodiös von der Zunge komme; es folgen neun Jahre strenges Internat in Südfrankreich, und schon da steht fest: „Ich habe nie eine andere Idee gehabt, als Theater zu machen." Er besucht zwei Jahre lang die Schauspielschule des Pantomimen Jacques Lecoq in Paris und debütiert, knapp zwanzig, an der internationalen Theateruniversität mit einer von ihm selber dramatisierten Gombrowicz-Novelle als Regisseur. Damals hätte er in Paris weiterinszenieren können, aber er zieht es vor, nach Deutschland zu gehen, wird 1969 Regieassistent in Hamburg.

Damals dachte ich, in Deutschland wird das beste und professionellste Theater gemacht. Das stimmte ja 1969 auch. Was ich auf der Schauspielschule gemacht habe, war für mich irgendwie nicht ernsthaft. Es war eher die Vorstellung, Theater zu machen, als wirkliches Theater. Ich war überzeugt, ich brauche eine Art Disziplinierung, vor allem eine analytische Schulung." Bestimmte Regisseure als Vorbilder sind es nicht, „ich kannte niemand"; erst als er Kortners „Clavigo" und Peter Steins „Peer Gynt" sieht, bekommt er ein Gefühl, „was Theater sein könnte". Wenn es für ihn eine Lektion zu lernen gab, dann hat er sie sehr schnell gelernt. Aber mehr noch gleicht es dem traumsicheren Gang des Wunderkinds, wie er mit knapp einem halben Dutzend Inszenierungen ganz nach oben gelangt. Bei Goethes „Stella", auch so einem Stück über „désir", kommen die Kritiker gar nicht aus dem Staunen heraus, mit welcher Gefühlsklugheit, mit was für einem stimmungsgesättigten Realismus der gerade Fünfundzwanzigjährige zu Werke geht, und ein Jahr später, 1974, bei seinem endgültigen Durchbruch, bei der „See" in München, einer alptraumhaften Kleinstadtgroteske des Engländers Edward Bond, da wird ihm schon nachgesagt, er inszeniere wie Kortner. „Ja, das hat man damals gesagt, seltsam." Eine Erklärung hat er auch heute noch nicht dafür. Auffällig ist es jedenfalls, daß er, während sich das deutsche Theater politisiert und sich die tonangebenden Regisseure in zuweilen schwer erträglichen konzeptionellen Krämpfen winden, unbeirrt gerade an den Häusern, die die Zentren der Auseinandersetzung sind, am Schauspiel Frankfurt und an der Schaubühne, seine vergleichsweise konventionelle Bahn zieht. Sieht er bei sich selber, von „Stella" bis heute so etwas wie einen stilistischen Wandel?

„Ich bin schon durch Stile hindurchgegangen. Man merkt es nur nicht so eindeutig, weil es bei mir nicht durch ein politisches Bewußtsein geprägt war wie etwa bei Peter Stein. Konnte es auch gar nicht", fügt er hinzu, „weil ich unter ganz anderen Bedingungen großgeworden bin. Aber Veränderungen sehe ich selber schon – allerdings sonst niemand." Und da lacht er schallend. Nur eines weiß er mit Bestimmtheit: „Es wird immer anstrengender, da meine Forderungen an mich selber und an die Schauspieler immer höher werden. Ich liebe einfach die Natürlichkeit, die Freiheit und die Leichtigkeit auf der Bühne. Ich kann es immer weniger ertragen, wenn etwas nicht in einer Musikalität, nicht ‚in einem Atem' gearbeitet ist." Kann sich so ein Ideal letztlich nicht nur in der Oper erfüllen? „Ja, vielleicht ist die Oper die vollkommenste Kunstform. Ob aber der Sänger der vollkommene Schauspieler ist? Das weiß ich noch nicht."

Luc Bondy will ein Grenzgänger bleiben, so wie vorderhand auch zwischen Deutschland und Frankreich. Was ist das für ein Gefühl, wieder in Paris zu leben, mit französischen Schauspielern zu arbeiten? Ist es eine Art Heimkehr? „In die sprachliche Kultur, ja. Weil ich französisch denke, französisch besser fühle als deutsch." Er sagt das leicht und mit den Französismen des Grenzgängers, die er nie abgelegt hat, sagt es, als wäre es ganz selbstverständlich und kein Paradox, wo ihm das deutsche Theater doch ein paar der schönsten Inszenierungen des vergangenen Jahrzehnts verdankt. „Ich könnte mir vorstellen, daß es für mich kein so großes Problem ist, hier in dieser Sprache weiterzuinszenieren und Filme zu machen. Das könnte", fügt er nachdenklich hinzu, „auf die Dauer sogar einfacher sein." Daß es für ihn zuerst eine große Umstellung bedeutete, das hat er anläßlich der Schnitzler-Inszenierung, für die er auf Anhieb von der Pariser Kritik den „Grand trophée de théâtre" zugesprochen bekam, andernorts beschrieben: Der Realismus, den er an deutschen Schauspielern schätzt, ist hier nicht so leicht zu haben; das Verhältnis von Körper und Sprache auf der Bühne funktioniert im Französischen anders; dessen rhetorischer Charakter bringt es fast zwangsläufig mit sich, daß die Sprache sich vor die Figur schiebt. „Ja, das war eine schwierige Gratwanderung." Etwas anderes vermerkt er positiv: „Vielleicht wird der Schauspielerberuf hier existentieller ausgeübt." Es gibt sehr wenige feste Ensembles, und viele gute Schauspieler sind auf dem freien Markt. Er selber empfindet die gegenüber dem Luxus des deutschen Stadttheaters härteren Arbeitsbedingungen als eine Herausforderung: „Dort war ich immer sehr gestützt, sehr verwöhnt, hier muß man dagegen schon ein bißchen Einzelkämpfer sein." Dafür kann man dem französischen Theater im Augenblick etwas nachsagen, was dem deutschen abgeht: „Theater hat hier eine riesige Anziehungskraft, eine unglaubliche Aura."

Hat Luc Bondys Hinwendung zu Frankreich auch etwas mit der deutschen Krise zu tun? „In Deutschland gibt es einen Verfall, und das überall. Es ist mehr als eine Krise. Krisen, die gab's immer, diesmal ist es ein Verfall. In den siebziger Jahren gab es, von der Schaubühne ausgehend, eine richtige Theaterrevolution. Überall Öffnungen, bessere Probenbedingungen, die Regisseure konnten Forderungen stellen. Da sind tolle Dinge möglich geworden, das war eine richtige Hochzeit, eine ‚apogée'." Weshalb die in den Achtzigern so sang- und klanglos verfallen ist, dafür macht er, auch selbstkritisch, die allgemeine Saturiertheit verantwortlich, die selbstverständlich gewährten und ebenso selbstverständlich eingestrichenen Subventionen, die hohen Regiegagen: „Da fehlt die Reibung mit der ökonomischen Wirklichkeit, da ist irgendwie die Luft raus." Aber dann geht er vehement in die Offensive: „Am Theater allein kann das nicht liegen, das muß auch das Umfeld sein. Ohne Umfeld, ohne Stimulanz kann Theater nicht existieren." Wen er da im Visier hat, sind vor allem die Kritiker. Bei ihnen stellt er eine zunehmende Unlust, überhaupt noch richtig hinzusehen, fest – „mit ganz wenigen Ausnahmen". Seine Erklärung ist mindestens so alt wie die Theaterkritik selber, aber etwas mag dennoch dran sein: „Die haben das Problem, daß sie nicht wirklich kreativ sind, und projizieren die Neurosen, die daraus entstehen, auf eine Aufführung. Sie sehen sich als die Konstante, und auf der anderen Seite konstatieren sie eine Wandlung, natürlich zum Schlechteren." Peter Steins O'Neill-Inszenierung zum Beispiel: „Ich finde, man kann dafür oder dagegen sein. Man kann sogar sagen, die Epoche eines Theaters ist zu Ende. Aber hier geht man ja weiter, das hat etwas mit Töten zu tun, da will man mit Tinte die Existenz von jemandem in Frage stellen. Diese Aufführung hat, wie man auf französisch sagt, eine ‚tenue', sie ist ein Wurf, sie hat eine Qualität, und die kann niedergemacht werden wie der letzte Dreck. Auch die Sprache, wie man die Sachen anfängt zu behandeln, ist heruntergekommen, und auch wieder mit ganz wenigen Ausnahmen."

Als Peter Stein 1985 überraschend von der Leitung der Schaubühne zurücktrat, übernahm Luc Bondy erstmal das Steuer. Hat ihn das nicht von Anfang an überfordert? Es ist eine Frage, die er sich selbst auch immer wieder gestellt hat. Die Antwort faßt er in ein Bild: „Irgendwie ist die Schaubühne für mich, wie wenn ich Pilot einer Concorde sein müßte – und dabei bin ich Segelflieger. Ich kann die Concorde nicht steuern, ich irre mich in der Navigation. Ich glaube auch, die Schaubühne ist ein von Peter Stein erfundenes und auf sein Körpermaß zugeschnittenes Theater. Man kann nicht in das gut gewärmte Bett von einem anderen steigen und so tun, als wäre er nie dagewesen." Der Ausbruch einer Krankheit beendete das Interregnum, Luc Bondy mußte sich wegen eines Krebstumors einer Chemotherapie unterziehen, wie schon einmal Mitte der siebziger Jahre. Die Therapie hat zwar wieder gut angeschlagen, ist beendet, sagen die Ärzte, aber dennoch: „Inszenieren und gleichzeitig noch Verantwortung für etwas anderes übernehmen ist mir physisch zuviel."

Seine Krankheit ist für Luc Bondy kein Tabu, im Gegenteil: „Ich habe immer ganz offen darüber gesprochen. Und da wir nach Tschernobyl leben und ins Zeitalter einer Epidemie, von Aids, kommen, finde ich, sollte man eher Beispiele geben, darüber zu reden und nicht, es zu verschweigen." Seine Haltung zur Krankheit ist ambivalent: „Auf der einen Seite finde ich sie unerträglich, auf der anderen ist sie etwas, was einen zurückholt, auf einen Punkt der Besinnung bringt, wie eine Form von anderer Kraft, der man plötzlich gegenübersteht. Vielleicht", fügt er, etwas zögernd, hinzu, „vielleicht ist es ein Zustand, in dem man immer sein müßte. Man müßte richtig alt werden damit. Dann würde man immer ein bißchen anders leben. Das einzige, was einen krank macht bei dieser Krankheit, ist die Vorstellung der Tödlichkeit, wie viele Menschen daran sterben. Aber sowas darf ich ja gar nicht sagen, ich muß auf Holz klopfen..." Er tut es, lacht.

Dann will er wissen, ob ich das neue Buch von Botho Strauß, „Niemand anderes", gelesen habe und zeigt auf den „Spiegel" dieser Woche auf dem Tisch, in dem ein atemberaubender Verriß steht. „Hart, sehr hart" findet er das, und dann kommt bei ihm der Sohn des „homme de lettres" heraus, der mit unendlich vielen Büchern aufgewachsen ist und der sich außer dem Theater nur noch eine einzige andere Leidenschaft hätte vorstellen können: das Schreiben. „Wenn ein Schriftsteller einen Flop oder einen Angriff erlebt, dann berührt mich das immer mehr, als wenn das einem Regisseur oder einem Schauspieler passiert. Schriftsteller sind ausgestellter, einsamer. Wenn man sie angreift, greift man ihre Existenz an. Ein Schauspieler kann sich dann nochmal verstellen, aber ein Schriftsteller hat dann nichts anderes, er versucht sich ja immer weniger zu verstellen." Und dann erzählt er, daß er vor Lesebegierde kaum mehr lesen könne, Philosophen würde er gern lesen, „Über die Natur" von Lukrez, irgendwann will er dafür Ruhe und Zeit finden. „Während ich im Krankenhaus war, habe ich fast alle Shakespearestücke gelesen. Das war für mich ein richtiges Hochgefühl, ein unglaublich tranceartiges Erlebnis. Die Königsdramen zum Beispiel", fügt er hinzu, „die will ich gar nicht mehr dargestellt sehen, die sind so groß, und das Theater ist doch immer eine Vereinfachung gegenüber dem Lesen. Ja, das Lesen", sagt er nachdenklich, „das war wichtig, das war rettend."

Luc Bondy springt auf, verschwindet im Nebenzimmer. Mit einem braunen Borsalino kommt er zurück. Den trägt er, seit er bei der Chemotherapie, bis auf einen schwärzlichen Flaum, alle Haare verloren hat. Und jetzt fällt mir auch ein, an wen er mich von ferne erinnert mit seinem runden Kahlkopf, der fast übergangslos auf dem Nacken sitzt: an Erich von Stroheim, nur schmaler und fröhlicher, ohne dessen mürrische Herablassung. „Ja, wirklich?", fragt da Luc Bondy, grüßt schwungvoll mit dem Hut. Und lacht.

CIP-Titelaufnahme der Deutschen Bibliothek

**Cohen, Serge:**
Im Augenblick die Wahrheit : d. grossen Porträt-
Inszenierungen von Serge Cohen / Thomas Schröder (Hrsg.). –
München : Keyser, 1988
Aus: Frankfurter Allgemeine Magazin
ISBN 3-87405-193-5



Produktion: Martin Faust, Carola Hauck, Jürgen Wasseveld
S. 148: Arnold Newman „Picasso“/Arnold Newman Studios, New York

Gesamtherstellung: Wiesbadener Graphische Betriebe GmbH, Wiesbaden